D1665922

Adel Theodor Khoury/Ludwig Hagemann

Christentum und Christen im Denken zeitgenössischer Muslime

STUDIEN

Hrsg.: A.Th. Khoury, L. Hagemann

7

Adel Theodor Khoury/Ludwig Hagemann, Christentum und Christen im Denken zeitgenössischer Muslime
Altenberge 1986, 205 S., DM 39,80
ISBN 3-88733-067-6

Adel Theodor Khoury
Ludwig Hagemann

Christentum und Christen im Denken zeitgenössischer Muslime

Christlich-Islamisches Schrifttum
Altenberge

Umschlag: D. Rayen, Altenberge

CIS-Verlag
Postfach 11 45
D 4417 Altenberge

Vertrieb und Auslieferung:
CIS-Verlag
Postfach 6 29
D 4770 Soest, Tel. (02921) 1 41 16

ISBN 3-88733-067-6

INHALT

ABKÜRZUNGSVERZEICHNIS

1. Lexika, Sammelbände, Gesamtausgaben, Zeitschriften etc.

AAS	Acta Apostolicae Sedis, Rom 1909 ff.
Bessarione	Bessarione. Pubblicazione periodica di studi orientali 1-27, Roma 1896-1923
Cibedo	Christlich-islamische Begegnung. Dokumentationsleitstelle, Köln (seit Oktober 1981 Frankfurt). Cibedo-Dokumentation, Köln 1978 ff. Cibedo-Texte, Köln 1980 ff.
CIC	Codex Iuris Canonici, lat.-dt. Ausgabe, Kevelaer ^{2}1984
DS/ES	H. Denzinger/A. Schönmetzer, Enchiridion Symbolorum, Freiburg/Rom ^{36}1976
EIs	Enzyklopaedie des Islams, Leipzig 1913-38. Neue Ausgabe: Leiden 1960 ff.
HdK	Handbuch der Kirchengeschichte, hrsg. v. H. Jedin, 7 Bde., Freiburg/Basel/Wien 1962 ff.
Islamochristiana	Islamochristiana. Pontificio Istituto di studi arabi, Roma 1975 ff.
LThK	Lexikon für Theologie und Kirche, hrsg. v. J. Höfer und K. Rahner, Freiburg i.Brsg., ^{2}1957 ff.
Mansi	G.D. Mansi u.a., Sacrorum conciliorum nova et amplissima collectio, 53 Bde., Firenze 1759-1789 u.ö., mit den Konzilsdekreten und -akten bis 1440, fortges. bis 1871 von J.B. Martin/L. Petit, 53 Bde., Paris 1901-27, Nachdr. Graz 1960-62
NR	J. Neuner/H. Roos, Der Glaube der Kirche in den Urkunden der Lehrverkündigung, 8. neubearb. Auflage v. K. Rahner/K.H. Weger, Regensburg 1971
PrOrChr	Le Proche-Orient chrétien, Jerusalem 1951 ff.
RGG	Die Religion in Geschichte und Gegenwart. Handwörterbuch für Theologie und Religionswissenschaft, hrsg. v. K. Galling, 3., völlig neu bearb. Aufl., 6 Bde., Registerbd., Tübingen 1957-65
ShEIs	Shorter Encyclopaedia of Islam, hrsg. v. H.A.R. Gibb und J.H. Kramers, photomech. Nachdr., Leiden/London 1961
ZDMG	Zeitschrift der deutschen morgenländischen Gesellschaft, Leipzig 1847 ff.

ZMR	Zeitschrift für Missionswissenschaft, 34 ff. Münster 1950 ff. (Zeitschrift für Missionswissenschaft 1-17 ebd., 1911-27; Zeitschrift für Missionswissenschaft und Religionswissenschaft 18-25 ebd., 1928-35; Zeitschrift für Missionswissenschaft 26-27 ebd., 1935-17; Missionswissenschaft und Religionswischenschaft 28-33 ebd., 1938-41, 1947-49)

2. Bibel

Die biblischen Schriften zitieren wir im allgemeinen nach folgender Ausgabe: Die Bibel. Die Heilige Schrift des Alten und des Neuen Bundes. Deutsche Ausgabe mit den Erläuterungen der Jerusalemer Bibel, hrsg. von D. Arenhoevel, A. Deissler, A. Vögtle, Freiburg - Basel - Wien [7]1974.

AT: Altes Testament

Gn	Genesis	Jb	Job
Ex	Exodus	Ps	Psalmen
Lv	Leviticus	Spr	Sprüche
Nm	Numeri	Prd	Prediger
Dt	Deuteronomium	Hl	Hoheslied
Jos	Josua	Weish	Weisheit
Ri	Richter	Sir	Jesus Sirach
Rt	Rut	Js	Jesaja
1 Sm	1 Samuel	Jr	Jeremia
2 Sm	2 Samuel	Klgl	Klagelieder
1 Kg	1 Könige	Bar	Baruch
2 Kg	2 Könige	Ez	Ezechiel
1 Chr	1 Chronik	Dn	Daniel
2 Chr	2 Chronik	Hos	Hosea
Esr	Esra	Joel	Joel
Neh	Nehemia	Am	Amos
Tob	Tobit	Ob	Obadja
Jdt	Judit	Jon	Jona
Est	Ester	Mich	Micha
1 Makk	1 Makkabäer	Nah	Nahum
2 Makk	2 Makkabäer	Hab	Habakuk

Zeph	Zephanja	Sach	Sacharja
Hag	Haggai	Mal	Maleachi

NT: Neues Testament

Mt	Matthäusevangelium	1 Tim	1. Timotheusbrief
Mk	Markusevangelium	2 Tim	2. Timotheusbrief
Lk	Lukasevangelium	Tit	Titusbrief
Jo	Johannesevangelium	Phm	Philemonbrief
Apg	Apostelgeschichte	Hebr	Hebräerbrief
Röm	Römerbrief	Jak	Jakobusbrief
1 Kor	1. Korintherbrief	1 Petr	1. Petrusbrief
2 Kor	2. Korintherbrief	2 Petr	2. Petrusbrief
Gal	Galaterbrief	1 Jo	1. Johannesbrief
Eph	Epheserbrief	2 Jo	2. Johannesbrief
Phil	Philipperbrief	3 Jo	3. Johannesbrief
Kol	Kolosserbrief	Jud	Judasbrief
1 Thess	1. Thessalonicherbrief	Apk	Apokalypse
2 Thess	2. Thessalonicherbrief		

3. Koran

Der Koran ist im allgemeinen zitiert nach: R. Paret, Der Koran. Übersetzung, Stuttgart 1966.

Die Umschrift arabischer Buchstaben erfolgt nach der "Shorter Encyclopaedia of Islam", Leiden – London 1961 (repr.).
Gebräuchliche arabische Namen und Begriffe sind weitgehend der deutschen Schreibweise angeglichen.

AUSSPRACHE ARABISCHER BUCHSTABEN

(soweit sie in ihren Lautwerten von der deutschen Sprache abweichen)

’ = Explosionslaut – vor jedem anlautenden Vokal gesprochen
th = stimmloses englisches th (thing)
dj = stimmhaftes dsch
ḥ = scharfes, ganz hinten in der Kehle gesprochenes h
kh = ch
dh = stimmhaftes englisches th
z = französisches z
sh = sch
ṣ = dumpfes stimmloses s
ḍ = dumpfes stimmloses d
ṭ = dumpfes stimmloses t
ẓ = dumpfes stimmloses z
‘ = gepreßter, in der Kehle gebildeter, stimmhafter Reibelaut
gh = Gaumen-r
w = englisches w
y = englisches y
Lange Vokale = ā, ī, ū

VORWORT

Der Dialog zwischen Christen und Muslimen muß sich zunächst einmal um eine möglichst objektive Information über die jeweils andere Religion bemühen, und zwar so, daß sich der Muslim in dem wiederzuerkennen vermag, was Christen über den Islam schreiben und sagen, aber ebenfalls so, daß auch der Christ sich in dem, was Muslime über den christlichen Glauben denken und publizieren, wiederentdecken kann.
Die hier vorgelegte Untersuchung versucht festzustellen, was muslimische Autoren über das Christentum denken und schreiben, was als gängige Meinung über das Christentum das muslimische Denken und Fühlen beherrscht, in welchem Geist dies tradiert wird, was seine Quellen und inspirierenden Hintergründe sind.
Zwar gibt es in der islamischen Gedankenwelt der Neuzeit verschiedene Richtungen in der literarischen Behandlung des Christentums, und die in diesem Buch dominierende Haltung kann nicht alle Positionen der muslimischen Autoren wiedergeben. Sie ist aber charakteristisch für eine Mehrheit der Denker, die heute als vielgelesene Autoren in den arabisch-islamischen Ländern gelten können. Herangezogen wurden nämlich solche Verfasser, die eine gewisse Autorität genießen, und solche Bücher, die höhere Auflagen erfahren haben oder sich auf solche auflagenstarke Werke berufen.
Die meisten dieser Schriften und dieser Autoren gehören entweder zu den stark traditionsgebundenen Muslimen oder gar militanten islamischen Gruppen wie der Muslimbruderschaft an, oder sie stehen dieser sehr nahe. Es gibt auch Autoren, die, wie der selbst in den eigenen Reihen umstrittene Shī'it Āl Kāshif al-Ghiṭā', eine offen aggressive Haltung gegen das Christentum und die Christen vertreten. All diese Autoren verkörpern, und dies im Kontext der heutigen Renaissance des Islams mit offensichtlichem Erfolg, die polemische Seite der islamischen Tradi-

tion und prägen somit die Meinung der breiten Masse der islamischen Bevölkerung.
Aber – und das muß hier hervorgehoben werden – sie spiegeln nicht immer die Meinung und die Position der gesamten intellektuellen Schicht in den islamischen Ländern wider. Wohltuend heben sich nämlich davon diejenigen Autoren ab, die trotz des Druckes des sich stärker artikulierenden Anspruchs des Islams in der Welt doch für den Dialog mit den Christen eintreten. Einige dieser Stimmen kommen im letzten Abschnitt dieser Untersuchung zu Wort.
Diese Analyse will dazu helfen, den inhaltlichen Dialog zwischen Christen und Muslimen fortzuführen und die Positionen der Gesprächspartner gegenüber der jeweils anderen Religion einer offenen und ernsten Kritik zu unterziehen. Wie Vieles im Verhältnis von Christen zu Muslimen der Revision bedarf, so haben auch die Muslime die Pflicht, sich um eine profunde Information über das Christentum zu bemühen. Strikte wissenschaftliche Akribie ist die erste Voraussetzung, um ein Gespräch zwischen Christen und Muslimen als ebenbürtigen Partnern in Gang zu setzen. Zudem sollte jede Polemik der Vergangenheit angehören. Von kritischer Sympathie getragene objektive Information, verbunden mit der Suche nach theologischen Gemeinsamkeiten, ohne die Unterschiede verschweigen zu wollen, sollte zur Selbstverständlichkeit werden.
Um dieses anzustrebende Ziel zu erreichen, ist noch ein langer und mühsamer Weg zurückzulegen. Vorliegende Arbeit macht das – manchmal sogar in schmerzlicher Weise – in vielerlei Hinsicht deutlich.

I

DIE AUSSAGEN DES KORANS ALS GRUNDOPTION

1 DIE CHRISTOLOGIE DES KORANS

Die Frage, wer Jesus eigentlich sei, beantwortet der Koran eindeutig und unmißverständlich.[1]

[1] Zur koranischen Christologie vgl. S. Zwemer, The Moslem Christ, London-Edinburgh 1912; dt. Übersetzung: Die Christologie des Islams, Stuttgart 1921; J. Henninger, Spuren christlicher Glaubenswahrheiten im Koran, Schöneck/Beckenried 1951; M. Hayek, Le Christ de l'Islam, Paris 1959; H. Michaud, Jésus selon le Coran (Cahiers théologiques 46), Neuchâtel 1960; G. Parrinder, Jesus in the Qur'ān, London 1965; H. Räisänen, Das koranische Jesusbild. Ein Beitrag zur Theologie des Korans (Schriften der Finnischen Gesellschaft für Missiologie und Ökumenik. Bd. XX), Helsinki 1971; O.H. Schumann, Der Christus der Muslime. Christologische Aspekte in der arabisch-islamischen Literatur (Missionswissenschaftliche Forschungen, Bd. 10), Gütersloh 1975, 25-47; C. Schedl, Muhammad und Jesus. Die christologisch relevanten Texte des Koran, Wien-Freiburg-Basel 1978; A.Th. Khoury, Die Christologie des Korans: ZMR 52 (1968) 49-63; ders., Einführung in die Grundlagen des Islams, Graz-Wien-Köln ²1981, 110.159-166; ders., Begegnung mit dem Islam. Eine Einführung (Herderbücherei 815), Freiburg-Basel-Wien ³1986, 41-44; ders., Jesus und die Christologie in den Aussagen des Korans, in: Bibel und Kirche, Heft 1/1. Quartal 1984, 15-20; W.M. Watt/A.T. Welch, Der Islam I, Stuttgart-Berlin-Köln-Mainz 1980, 115-130; J. Bouman, Das Wort vom Kreuz und das Bekenntnis zu Allah, Frankfurt/Main 1980, 96-130; L. Hagemann, Propheten – Zeugen des Glaubens. Koranische und biblische Deutungen, Graz-Wien-Köln 1985, 90-110.

1.1 Jesus, der Sohn der Maria

Maria, die Mutter Jesu, nimmt im Koran eine besondere Stellung ein. Sie ist von Gott durch eine besondere Auserwählung ausgezeichnet.[2] Josef hingegen wird im Koran nicht genannt, wohl aber kennt ihn die islamische Tradition. Jesus wird im Koran häufig als "Sohn der Maria" bezeichnet.[3] Sie empfing ihren Sohn durch einen göttlichen Schöpfungsakt[4] oder durch das Einhauchen des Geistes[5], wie einige Kommentatoren meinen. Gegen Vorwürfe ihrer Verwandtschaft, sie habe einen unehelichen Sohn zur Welt gebracht, nimmt das Kind Jesus sie öffentlich in Schutz, indem es auf seine göttliche Sendung hinweist: "Ich bin der Diener Gottes. Er hat mir die Schrift gegeben und mich zu einem Propheten gemacht".[6] An anderer Stelle verteidigt der Koran Maria ausdrücklich gegen "eine gewaltige Verleumdung" seitens der Juden[7] und bezeichnet die Mutter Jesu wiederholt als die, die "sich keusch hielt".[8] Damit unterstreicht der Koran unmißverständlich die jungfräuliche Geburt Jesu.[9]

1.2 Jesus, Prophet und Gesandter Gottes

Nach dem Koran ist Jesus neben Noah, Abraham, Mose und Muḥammad eine der größten Persönlichkeiten der Propheten-

[2] Vgl. Koran 3,33. Vgl. näherhin dazu: L. Hagemann, Propheten – Zeugen des Glaubens a.a.O. 111-126: Würdigung Mariens im Koran.

[3] Vgl. Koran 2,87.253; 3,35 ff.; 4,157.171; 5,17.46.72.78.110.112.114. 116; 9,31; 19,34; 23,50; 33,7; 43,57; 57,27; 61,6.14.

[4] Vgl. ebd. 19,20.21.

[5] Vgl. ebd. 19,22.

[6] Ebd. 19,30.

[7] Ebd. 4,156.

[8] Ebd. 21,91; 66,12.

[9] Zu den Kindheitserzählungen im Koran vgl. L. Hagemann, Propheten – Zeugen des Glaubens a.a.O. 90-102.

geschichte[10]. Gott hat ihn auserwählt, um ihn zum Propheten zu machen[11]. Als "Diener Gottes"[12] wurde Jesus besondere Gnade zuteil[13]: Er wird als ein lauterer Junge bezeichnet[14], als ein Gesegneter[15], den Gott "zu einem Beispiel für die Kinder Israels gemacht hat"[16]. Sowohl im Diesseits als auch im Jenseits wird er großes Ansehen genießen, und er wird zu denen gehören, die Gott nahestehen[17]. Gott selbst begleitete Jesu Predigt und Wirken mit verschiedenen Wundern und Zeichen, um die Echtheit seiner Sendung zu beglaubigen[18].
Darüber hinaus ist Jesus vor allem der Verkünder des Evangeliums. Er steht damit in der Reihe derer, die unmittelbar von Gott eine Offenbarungsschrift erhalten haben, wie vor ihm Mose, der Überbringer der Thora, und nach ihm Muḥammad, der Übermittler des Korans. So ist Jesus nicht nur ein herausragender Prophet, sondern auch einer der großen Gesandten Gottes.

1.3 Jesus, Wort und Geist Gottes

Im Koran wird Jesus als "Wort Gottes" bezeichnet[19]. "Wort" (kalima) als koranische Bezeichnung für Jesus beinhaltet zweierlei:

1) Jesus ist wie alles Seiende durch Gottes Schöpfungswort ins Dasein gerufen worden, und

[10] Koran 33,7.
[11] Ebd. 19,30.
[12] Vgl. ebd. 19,30; 43,59; 4,172.
[13] Ebd. 43,59.
[14] Ebd. 19,19.
[15] Ebd. 19,31.
[16] Ebd. 43,59.
[17] Ebd. 3,45.
[18] Vgl. ebd. 5,110; 3,48 f.
[19] Koran 3,39-45; 4,171. Vgl. Th. O'Shaughnessy, The Coranic Concept of the Word of God (Biblica and Orientalia 11), Roma 1948.

2) er ist als Prophet und Gesandter Gottes Verkünder von Gottes Wort.

Auch wenn der Ursprung der koranischen Terminologie christlich beeinflußt sein mag, so hat Muḥammad ihr doch einen neuen Sinn gegeben, der mit dem von ihm vehement vertretenen Monotheismus in Einklang steht und jede Deutung etwa im Sinne des Johannesprologs ausschließt[20]. Was für die Bezeichnung "Wort Gottes" für Jesus gilt, trifft ebenso auf seine Charakterisierung als "Geist" (rūḥ) Gottes zu[21]. Auch in diesem Fall wird besonders die Geschöpflichkeit Jesu hervorgehoben: Durch das Schöpfungswort Gottes und das Einhauchen seines Geistes wurde Jesus wie Adam ins Leben gerufen[22].

1.4 Jesus, ein gewöhnlicher Mensch

Auch als Prophet und Gesandter Gottes, so sagt der Koran, ist und bleibt Jesus ein gewöhnlicher Mensch: "Christus wird es nicht verschmähen, ein Diener Gottes zu sein ...", heißt es in Sure 4,172. Deswegen dürfen ihm keine Eigenschaften zugeschrieben werden, die ihm nicht zukommen[23]. Alle Menschen stehen vor Gott wie Sklaven da: "Es gibt niemand im Himmel und auf Erden, der nicht als Diener zum Barmherzigen kommen würde"[24]. Ferner stellt der Koran ausdrücklich fest, daß sowohl Jesus als auch seine Mutter Maria wie jeder sterbliche Mensch "Speise zu sich nahmen"[25].

[20] Jo 1,14.
[21] Koran 4,171; 21,91; 66,12. Vgl. Th. O'Shaughnessy, The Development of the Meaning of the Spirit in the Koran (Orientalia Christiana Analecta 139), Roma 1953.
[22] Vgl. Koran 15,29; 32,9; 38,72.
[23] Vgl. ebd. 4,171.
[24] Ebd. 19,93.
[25] Ebd. 5,75.

1.5 Jesus, der Messias

1.5.1 Zum Begriff "Messias"

Der Begriff "Messias" bedeutet "der Gesalbte". Im Alten Testament wird das Wort in dieser Bedeutung für den in Stellvertretung und im Auftrag Jahwes handelnden König verwendet, der bei seiner Krönung in einem rituellen Weiheakt[26] mit Öl gesalbt[27] und deswegen "der Gesalbte Jahwes" genannt wurde[28]. Man sah in ihm eine geheiligte und mit göttlicher Autorität ausgestattete Persönlichkeit. Nach dem babylonischen Exil (587-538 v. Chr.), als es keinen König mehr gab, wurde der Hohepriester zum Oberhaupt der Gemeinde und – wie zuvor die Könige – für seine Aufgabe gesalbt[29]; später wurde dann die Salbung auf alle Priester ausgedehnt. Doch hat in der weiteren Entwicklung die erstere Bedeutung vom König als dem Gesalbten Gottes die nachhaltigsten Spuren in der jüdischen Eschatologie hinterlassen:
Die alttestamentlichen Königspsalmen, die einst den gesalbten König der Gegenwart besungen hatten, wurden, als kein Messiaskönig mehr an der Spitze des Volkes stand, auf den zu erwartenden eschatologischen Messias hin gedeutet, von dem man glaubte, daß er die politisch-nationale Einheit des Volkes wiederherstellen und das endgültige Reich Gottes aufrichten werde. Diese Hoffnung stützte sich auf die dem David in der sogenannten Natanweissagung gegebene Verheißung[30], daß Gott das Weiterbestehen der davidischen Dynastie garantieren werde[31]. Diese Erwartung – so sagt das Neue Testament – hat sich, wenn auch anders als von Teilen des jüdischen Volkes er-

[26] Vgl. Ri 9,8.
[27] Vgl. 1 Sm 10,1; 2 Sm 2,4; 1 Kg 1,39 etc.
[28] 1 Sm 24,7; 2 Sm 1,14 etc.
[29] Lv 4,3.5.16.
[30] 2 Sm 7,12-16.
[31] Vgl. Ps 132,17.

hofft, in Jesus erfüllt: Er ist der ersehnte Messias, der Sohn Davids, der Retter und Heiland.

1.5.2 Die koranische Messiasbezeichnung für Jesus

Auch der Koran bezeichnet Jesus an zahlreichen Stellen als Messias, allerdings erst in den Suren aus madinischer Zeit.[32]
So hat das der jüdisch-christlichen Umwelt entstammende Wort relativ spät Eingang in den Koran gefunden. Ohne biblische Inhalte damit zu verbinden, hat Muḥammad diesen Titel übernommen und als Ehrennamen auf Jesus übertragen. Die muslimische Deutung dieses Titels ist vielschichtig. Danach wird Jesus deswegen als Messias bezeichnet, weil er (1) mit dem Segen Gottes gesalbt wurde, (2) durch den Engel Gabriel von der Berührung des Satans verschont blieb, (3) Sündenfreiheit erlangte, (4) jungfräulich empfangen, (5) zum Propheten gesalbt wurde oder auch (6) selbst Kranke gesalbt und geheilt hat.[33]

1.6 Jesus ist nicht Gottes Sohn

"Ihr Leute der Schrift! Treibt es in eurer Religion nicht zu weit und sagt gegen Gott nichts aus, außer der Wahrheit! Christus Jesus, der Sohn der Maria, ist (nicht Gottes Sohn. Er ist) nur der Gesandte Gottes und sein Wort (kalima), das er der Maria entboten hat, und Geist von ihm ..."[34] Daß Jesus nur Prophet und Gesandter Gottes war, betont der Koran wiederholt. Als eine Religion des strikten Monotheismus negiert der Islam jede Möglichkeit der Zeugung in Gott und jede Art der Vaterschaft Gottes: "Sag: Er ist Gott, ein Einziger Gott, der souveräne

[32] Vgl. Koran 3,45; 4,171 f.; 5,17.72.75 etc.
[33] Vgl. A.Th. Khoury, Jesus und die Christologie in den Aussagen des Korans a.a.O. 17 f.
[34] Ebd. 4,171.

(Herrscher). Er hat weder Kinder gezeugt, noch ist er (selber) gezeugt worden. Und keiner kann sich mit ihm messen"[35]. Selbst in übertragenem Sinn kann man nicht von Gott als Vater sprechen, denn kein Geschöpf kann zu Gott ein Vater-Kind-Verhältnis haben.[36] Das gilt in gleichem Maße auch für Jesus.

1.7 Jesus ist nicht am Kreuz gestorben

Daß Jesus sterblich ist, kann aus dem Koran erschlossen werden. Bereits als neugeborenes Kind, so heißt es da, habe Jesus gesagt: "Heil sei über mich am Tag, da ich geboren wurde, am Tag, da ich sterbe, und am Tag, da ich wieder zum Leben auferweckt werde".[37] In Koran 3,55 – eine Sure aus madinischer Zeit – ist zu lesen: "(Damals) als Gott sagte: 'Jesus! Ich werde dich (nunmehr) abberufen und zu mir (in den Himmel) erheben und rein machen, so daß du den Ungläubigen entrückt bist.' " Nach Sure 5,117 erklärt Jesus vor Gott im Himmel: "Und ich war Zeuge über sie, solange ich unter ihnen weilte. Nachdem du mich abberufen hattest, warst du es, der auf sie aufpaßte." Gegen die Juden, die sagen: "Wir haben Christus Jesus, den Sohn der Maria und Gesandten Gottes, getötet"[38], behauptet der Koran: "Aber sie haben ihn (in Wirklichkeit) nicht getötet und (auch) nicht gekreuzigt. Vielmehr erschien ihnen (ein anderer) ähnlich (so daß sie ihn mit Jesus verwechselten und töteten). Und diejenigen, die über ihn uneins sind, sind im Zweifel über ihn. Sie haben kein Wissen über ihn, gehen vielmehr Vermutungen nach. Und sie haben ihn nicht mit Gewißheit getötet. Nein, Gott hat ihn zu sich (in den Himmel) erhoben. Gott ist mächtig und weise"[39]. Nach der koranischen Darstellung gelang

[35] Ebd. 112.
[36] Vgl. ebd. 5,18.
[37] Koran 19,33.
[38] Ebd. 4,157.
[39] Ebd.

es den Juden nicht, Jesus zu kreuzigen. Gott hat ihn errettet. Das betont auch Sure 5,110: "(Damals) als Gott sagte: 'Jesus, Sohn der Maria! Gedenke meiner Gnade, die ich dir und deiner Mutter erwiesen habe ... (damals) als ich die Kinder Israels von dir zurückhielt (so daß sie dir nichts anhaben konnten) ...'" Gott allein verfügt über Leben und Tod[40]. Über den Zeitpunkt des Todes Jesu gehen die Meinungen der islamischen Exegeten auseinander. Einige vermuten, Gott habe Jesus aus den Händen seiner Feinde errettet und vor dem Kreuztod bewahrt, dann aber sei Jesus gestorben, nach kurzer Zeit von den Toten auferweckt und in den Himmel erhoben worden; andere sind der Auffassung, die Aufnahme in den Himmel sei ohne vorherigen Tod erfolgt, und Jesus werde erst nach seiner Wiederkunft am Ende der Zeit sterben.

1.8 Jesus wird wiederkommen

Am Ende der Zeit, so die islamische Tradition, wird Jesus, der zum Himmel erhoben wurde, wiederkommen. Mit seiner Wiederkunft beginnt die Endzeit und kündigt sich das Endgericht an.[41] In Jerusalem wird sich Jesus dann aufhalten und dort die Pflichten eines rechtgläubigen Muslims erfüllen. Alles, was dem Islam und seiner Gesetzgebung widerspricht, wird er abschaffen: Synagogen, Kirchen, Kreuze usw. Gegen die "Leute der Schrift", also Juden und Christen, wird er Zeugnis ablegen,[42] weil sie entweder nicht an ihn geglaubt oder aber seine Botschaft verfälscht haben.[43] Die ursprünglich von Gott gewollte Einheit der Menschheit wird Jesus wiederherstellen und das endgültige Reich der Endzeit über vierzig Jahre hinweg in Gerechtigkeit und Frieden regieren. Er wird, so will es die islami-

[40] Vgl. ebd. 3,145.
[41] Vgl. A.Th. Khoury, Begegnung mit dem Islam a.a.O. 44.
[42] Vgl. Koran 4,159.
[43] Siehe unten den Abschnitt 2.2.1 des Ersten Kapitels.

sche Tradition weiter, auch heiraten und Kinder zeugen; schließlich wird er sterben und in Madina neben Muḥammad und den Khalifen Abū Bakr und ʿUmar beigesetzt. Von Gott wird Jesus am Jüngsten Tag die Erlaubnis erhalten, für die Menschen fürsprechend einzutreten[44], und er wird "am Tag der Auferstehung" Zeuge über die "Leute der Schrift" sein.[45]

2 ZUR KORANISCHEN THEOLOGIE DES CHRISTENTUMS[1]

2.1 Die Einheit der Offenbarung

Ursprünglich sah Muḥammad seine Botschaft in Kontinuität stehen mit den früheren Offenbarungsschriften Thora und Evangelium: "Und dies (d.h. die koranische Offenbarung) ist eine von uns hinabgesandte, gesegnete Schrift, die bestätigt, was (an Offenbarungen) vor ihr da war ..."[2]. Immer wieder betonte er diese Übereinstimmung zwischen Bibel und Koran: "Sag: wir glauben an Gott und (an das) was (als Offenbarung) auf uns, und was auf Abraham, Ismael, Isaak, Jakob und die Stämme (Israels) herabgesandt worden ist, und was Mose,

[44] Vgl. Koran 3,45.
[45] Ebd. 4,159.

[1] Vgl. J. Jomier, Bible et Coran, Paris 1959; G.C. Anawati, Die Botschaft des Korans und die biblische Offenbarung, in: A. Paus (Hrsg.), Jesus Christus und die Religionen, Graz-Wien-Köln 1980, 109-159; G. Mensching, Der offene Tempel. Die Weltreligionen im Gespräch miteinander, Stuttgart 1974, 203-214; D. Masson, Le Coran et la Révélation judéo-chrétienne I, Paris 1958, 255-284; M. Fitzgerald, Islam und die Bibel, in: Cibedo-Texte 5 (1980) 2-16; L. Hagemann, Christentum und Islām zwischen Konfrontation und Begegnung, Altenberge 1982, 39-43. 50-59.
[2] Koran 6,92; vgl. ebd. 12,111; 46,30; 2,97.101; 3,3; 3,81; 5,48.

Jesus und die Propheten von ihrem Herrn erhalten haben, ohne daß wir bei einem von ihnen (den anderen gegenüber) einen Unterschied machen. Ihm sind wir ergeben."[3] Diese Einheit der Offenbarungen ist durch die Vielheit der Offenbarungsschriften – Thora, Evangelium, Koran – nicht gefährdet, sondern wird durch deren inhaltliche Identität nachdrücklich bestätigt. Weil die Offenbarung grundsätzlich immer dieselbe ist und bleibt, gibt es letztlich auch nur eine sich auf verschiedenste Art und Weise explizierende Religion. Diese Einheit der Religion gilt es zu behüten und zu bewahren: "Er hat euch als Religion verordnet, was er dem Noah anbefohlen hat, und was wir (nunmehr) dir (als Offenbarung) eingeben, und was wir dem Abraham, Mose und Jesus anempfohlen haben. Haltet die (Vorschriften der) Religion und teilt euch nicht (in verschiedene Gruppen)!"[4]
Denn "Gott ist (gleichermaßen) unser und euer Herr"[5].
Ausführlich geht Koran 5,44-48 auf das Verhältnis der drei Offenbarungsschriften Thora, Evangelium und Koran und ihre innere Zuordnung zueinander ein: "Wir haben (seinerzeit den Kindern Israels) die Thora herabgesandt, die (in sich) Rechtleitung und Licht enthält, damit die Propheten, die sich (Gott) ergeben haben (aslamū), für diejenigen, die dem Judentum angehören, danach entscheiden, und (damit) die Rabbiner und Gelehrten (aḥbār) nach der Schrift Gottes entscheiden, soweit sie ihrer Obhut anvertraut worden ist. Sie waren (ja) Zeugen darüber. Ihr sollt nicht die Menschen fürchten, sondern mich. Und verschachert meine Zeichen nicht! Diejenigen, die nicht nach dem entscheiden, was Gott (in der Schrift) herabgesandt hat, sind die (wahren) Ungläubigen. Wir haben ihnen darin (d.h. in der Thora) vorgeschrieben: Leben um Leben, Auge um Auge, Nase um Nase, Ohr um Ohr, Zahn um Zahn ...

3 Ebd. 3,84; vgl. auch 2,4.136; 4,150.163; 5,59.
4 Ebd. 42,13.
5 Ebd. 42,15; 2,139. "Unser und euer Gott ist einer": Koran 29,46.

Und wir ließen hinter ihnen (d.h. den Propheten Israels) her Jesus, den Sohn der Maria, folgen, daß er bestätige, was von der Thora vor ihm da war. Und wir gaben ihm das Evangelium, das (in sich) Rechtleitung und Licht enthält, damit es bestätige, was von der Thora vor ihm da war, und als Rechtleitung und Ermahnung für die Gottesfürchtigen. Die Leute des Evangeliums sollen (nun) nach dem entscheiden, was Gott darin herabgesandt hat ...
Und wir haben (schließlich) die Schrift (d.h. den Koran) mit der Wahrheit zu dir herabgesandt, damit sie bestätige, was von der Schrift vor ihr da war, und darüber Gewißheit gebe ... Entscheide nun zwischen ihnen nach dem, was Gott (dir) herabgesandt hat, und folge nicht (in Abweichung) von dem, was von der Wahrheit zu dir gekommen ist, ihren (persönlichen) Neigungen! – Für jeden von euch (die ihr verschiedenen Bekenntnissen angehört) haben wir ein (eigenes) Brauchtum und einen (eigenen) Weg bestimmt. Und wenn Gott gewollt hätte, hätte er euch zu einer einzigen Gemeinschaft (umma) gemacht. Aber er (teilte euch in verschiedene Gemeinschaften auf und) wollte euch (so) in dem, was er euch (von der Offenbarung) gegeben hat, auf die Probe stellen. Wetteifert nun nach den guten Dingen! Zu Gott werdet ihr (dereinst) allesamt zurückkehren. Und dann wird er euch Kunde geben über das, worüber ihr (im Diesseits) uneins waret."
Thora, Evangelium und Koran sind also von Gott auf Mose, Jesus und Muḥammad herabgesandte Schriften. Wie der Koran als zeitlich letzte von Gott kommende Schrift die beiden früheren Offenbarungsschriften bestätigt, so beglaubigen ihrerseits Thora und Evangelium den Koran: "Wenn du über das, was wir (als Offenbarung) zu dir herabgesandt haben, im Zweifel bist, dann frag diejenigen, die die Schrift (bereits) lesen, (nachdem sie sie) vor dir (erhalten haben)!"[6] Alle drei Offenbarungsschriften sind somit als eine Einheit anzusehen. Denn es gibt

[6] Koran 10,94.

nur eine ewige Schrift bei Gott, die "Mutter des Buches" (umm al-Kitāb)[7], die den Völkern im Laufe der Zeit in ihren jeweiligen Sprachen geoffenbart worden ist.

2.2 Kritik an Thora und Evangelium

Als sich weder Juden noch Christen die unerschütterliche Überzeugung Muḥammads von der inhaltlichen Identität aller Offenbarungsreligionen zu eigen machten und – wie von ihm erhofft – den Islam als zeitlich letzte Offenbarung annahmen, änderte er seine Haltung gegenüber den "Leuten der Schrift" (ahl al-Kitāb) und erhob gegen sie verschiedene Einwände.

2.2.1 Der Vorwurf der Schriftverfälschung (taḥrīf)[8]

Juden und Christen warf Muḥammad vor, den ursprünglich von ihnen richtig erfaßten Sinn ihrer Schrift (Thora, Evangelium) entstellt zu haben: "Wie könnt ihr (Muslime) verlangen, daß sie (d.h. die Juden) euch glauben, wo doch ein Teil von ihnen das Wort Gottes gehört und es daraufhin, nachdem er es verstanden

[7] Vgl. ebd. 3,7; 13,39; 43,4. Näherhin dazu J. Horovitz, Art. "Umm al-Kitāb", in: ShEIs, 601.

[8] Vgl. F. Buhl, Art. "taḥrīf", in: ShEIs, 560-561; I. di Matteo, Il Tahrif od alterazione della Bibbia secondo i musulmani, in: Bessarione 38 (1922) 64-111.223-260; ders., Le pretese contraddizioni della S. Scrittura secondo Ibn Hazm, in: Bessarione 39 (1923) 77-127; E. Fritsch, Islam und Christentum im Mittelalter. Beiträge zur Geschichte der muslimischen Polemik gegen das Christentum in arabischer Sprache (Breslauer Studien zur historischen Theologie, Bd. XVII), Breslau 1930; W.M. Watt, The Early Development of the Muslim Attitude to the Bible: Transactions of the Glasgow University Oriental Society 16 (1957) 50-62; ders., Bell's Introduction to the Qur'ân, Edinburgh 1970, 156-157; A.Th. Khoury, Einführung in die Grundlagen des Islams a.a.O. 107-110; W.M. Watt, A.T. Welch, Der Islam I a.a.O. 120-122.

hatte, wissentlich entstellt hat!"[9] Weiterhin: "Und (auch) von denen, die sagen: 'Wir sind Naṣārā' (d.h. Christen), haben wir ihre Verpflichtungen entgegengenommen. Aber dann vergaßen sie (ihrerseits) einen Teil von dem, womit (woran) sie erinnert worden waren".[10] Über die Bedeutung des koranischen Begriffs "taḥrīf" geht die Meinung der muslimischen Theologen auseinander: Einige verstehen taḥrīf im Sinne der Fehlinterpretation biblischer Texte, andere vermuten nicht nur Sinnentstellung, sondern textliche Eingriffe und Veränderungen.[11]

2.2.2 Einspruch gegen die Christologie und Trinitätslehre der Christen

Die zunächst zurückhaltende Kritik Muḥammads an den Christen spitzte sich nach und nach immer mehr zu. Diese Verschärfung der antichristlichen Position resultierte einmal aus der fortschreitenden Präzisierung seiner eigenen Botschaft, zum anderen aus dem Expansionsdrang zum byzantinischen Norden.
Zum einen waren es christologische Fragen, die immer mehr in den Mittelpunkt der Kritik gerieten – Ablehnung der Gottessohnschaft Jesu und seines Kreuzestodes[12] – und zum anderen in enger Verbindung mit der Christologie die Frage der Einheit und Einigkeit Gottes. "Es gibt keinen Gott außer Gott", so lautet der erste Hauptteil des islamischen Glaubensbekenntnisses[13].

[9] Koran 2,75; vgl. 4,46; 5,41: "Sie entstellten die Worte (der Schrift) ..."; 7,165; 5,13; 3,78.

[10] Koran 5,14; vgl. 5,116-117.

[11] Vgl. unten: Drittes Kapitel.

[12] Siehe oben Abschnitt 1.6 und 1.7.

[13] Vgl. L. Gardet, Art. "Allah", in: EIs I, 406-417; J. Wellhausen, Reste arabischen Heidentums, Berlin 1887; Nachdruck: Berlin und Leipzig 1927, 215-224; T. Andrae, Mohammed, sein Leben und sein Glaube, Göttingen 1932, 19-22; K. Ahrens, Muhammed als Religionsstifter (Abhandlungen für die Kunde des Morgenlandes, hrsg. von der Deutschen Morgenländischen Gesellschaft, Bd. XIX/4, Leipzig 1935; Nachdruck: Nendeln/

Damit weist der Koran unter anderem die christliche Lehre von der Dreieinigkeit Gottes zurück:
"Glaubt an Gott und seine Gesandten und sagt nicht: Drei! Hört auf, das ist besser für euch. Gott ist nur ein einziger. Gepriesen sei er! (Er ist darüber erhaben) ein Kind zu haben. Ihm gehört (alles), was im Himmel und auf Erden ist. Und Gott genügt als Sachwalter."[14] Allerdings gibt der Koran die christliche Trinitätsauffassung nicht authentisch wieder. Er scheint die christlicherseits vertretene Lehre von der Trinität Gottes als Tritheismus mißverstanden zu haben und sich eine Trias aus Gott (Vater), Maria (Mutter) und Jesus (Kind) vorzustellen: "Und (dann), wenn Gott sagt: Jesus, Sohn der Maria! Hast du (etwa) zu den Leuten gesagt: Nehmt euch außer Gott mich und meine Mutter zu Göttern? ..."[15]
Dagegen polemisiert der Koran und verbindet seine Kritik mit der Androhung göttlicher Strafe: "Ungläubig sind diejenigen, die sagen: Gott ist einer von dreien. Es gibt keinen Gott außer einem einzigen Gott. Und wenn sie mit dem, was sie sagen,

Liechtenstein 1966, 15-17; J. Fück, Die Originalität des arabischen Propheten: ZDMG 90 (1936) 515-517; R. Paret, Die Gottesvorstellung im Islam: ZMR 34 (1950) 81-92.206-218; ders., Mohammed und der Koran, Stuttgart-Berlin-Köln-Mainz ²1966, 62-71; R. Caspar, La foi selon le Coran: PrOrChr 18 (1968) 21-25; H. Stieglecker, Die Glaubenslehren des Islam, Paderborn 23-96, bes. 42-48; H. Askari, Kontinuität und Konflikt in der monotheistischen Tradition, in: A. Falaturi, J.J. Petuchowski, W. Strolz (Hrsg.), Drei Wege zu einem Gott. Glaubenserfahrung in den monotheistischen Religionen (Veröffentlichungen der Stiftung Oratio Dominica), Freiburg-Basel-Wien 1976, 162-188; A.Th. Khoury, Der Islam als religiöses Phänomen. Versuch einer Strukturanalyse des Islams, in: M. Fitzgerald, A.Th. Khoury, W. Wanzura (Hrsg.), Moslems und Christen – Partner? Graz-Wien-Köln 1976, 29-35; ders., Einführung in die Grundlagen des Islams a.a.O. 140-172; ders., Begegnung mit dem Islam a.a.O. 47-58; W.M. Watt, A.T. Welch, Der Islam I a.a.O. 214-221; J. Bouman, Das Wort vom Kreuz und das Bekenntnis zu Allah a.a.O. 14-16 ff.

[14] Koran 4,171.

[15] Ebd. 5,116; vgl. dazu L. Hagemann, Christentum. Für das Gespräch mit Muslimen, Altenberge ³1986, 75 ff.

nicht aufhören, so wird diejenigen von ihnen, die ungläubig sind, eine schmerzhafte Strafe treffen."[16]

2.2.3 Wider den Rigorismus von Thora und Evangelium

Hatte sich Muḥammad ursprünglich mit seiner Botschaft in Kontinuität und Übereinstimmung mit der Thora des Mose und dem Evangelium Jesu gesehen, so sollte sich das mit der zunehmenden Abgrenzung von Juden und Christen zugunsten der Konsolidierung der eigenen islamischen Gemeinde ändern. Letztendlich verstand sich Muḥammad als abschließenden Höhepunkt der Prophetengeschichte, als "das Siegel der Propheten".[17]
Infolgedessen versteht sich der Islam "als die einzig wahre Religion"[18], ja als die von Gott ursprünglich jedem Menschen eingestiftete Religion.[19]
Damit sind von Muḥammads Offenbarungstheologie her die früheren Offenbarungsschriften durch den Koran überholt: Die Thora hatte lediglich vorläufigen Charakter[20]; Jesus hat das Gesetz des Mose zwar ergänzt, zu strikte Vorschriften gelockert und strittige Fragen unter den Juden geklärt[21], doch auch sein Evangelium war noch zu wenig der menschlichen Schwäche angepaßt[22]. Deshalb sandte Gott Muḥammad mit der nunmehr definitiv-gültigen Offenbarung[23]: Aller Rigorismus hat nun sein Ende gefunden[24], denn Gott will dem Menschen keine

[16] Koran 5,73.
[17] Ebd. 33,40.
[18] Ebd. 3,19; vgl. 48,28; 5,5 f.
[19] Ebd. 30,30.
[20] Vgl. A.Th. Khoury, Einführung in die Grundlagen des Islams a.a.O. 107-109.
[21] Vgl. Koran 3,50; 43,63.
[22] Vgl. ebd. 3,50.
[23] Vgl. ebd. 3,19; 5,3; 48,29 u.ö.
[24] Vgl. ebd. 4,26.28.

drückende Last aufbürden[25]. Als letztverbindliche Offenbarung Gottes stellt der Koran die goldene Mitte zwischen Thora und Evangelium dar: "Und so haben wir euch (Muslime) zu einer in der Mitte stehenden Gemeinschaft gemacht, damit ihr Zeugen über die (anderen) Menschen seiet und der Gesandte über euch Zeuge sei".[26]

3 DER KORAN UND DIE CHRISTEN[1]

Die Haltung Muḥammads gegenüber den Christen war lange Zeit von Sympathie und Wohlwollen geprägt. Gewiß enthält der Koran – wie wir gesehen haben – Angriffe gegen die Christen und manche ihrer Lehren, aber diese Angriffe waren nie so heftig, daß sie die friedlichen, ja freundschaftlichen Beziehungen tiefgreifend erschütterten, die zwischen Muḥammad und den Christen seiner Umgebung bestanden. Erst in einer späteren Phase führten die politischen Umstände dazu, daß Muḥammad gegen Ende seines Lebens eine härtere Einstellung den Christen gegenüber einnahm. Um dem Islam zur alleinigen Herrschaft auf der Arabischen Halbinsel zu verhelfen, wurden nach und nach der Einfluß der jüdischen Stämme zurückgedrängt und die Wirkungsmöglichkeiten der Christen eingeschränkt. Schließlich kam die entscheidende Anweisung, Juden und Christen

[25] Vgl. ebd. 5,6; 22,78; 7,157.
[26] Ebd. 2,143.

[1] Wir halten uns im folgenden teils im Wortlaut an das, was A.Th. Khoury, Begegnung mit dem Islam a.a.O. 110-115 ausgeführt hat. Vgl. ders., Der Islam. Anspruch und Herausforderung. Münster 1982/83, 48-69; ders., Christen und Muslime, in: ebd. 92-95; ders., Die rechtliche Stellung religiöser Minderheiten im Vorderen Orient, in: Zeitschrift für Vergleichende Rechtswissenschaft 84 (1985) 105-117.

zu unterwerfen und sie dem Schutz der islamischen Gemeinschaft zu unterstellen.[2]
In der frühen Phase der Verkündigung Muḥammads erinnert seine Botschaft an die Themen und die Art der christlichen Prediger. Man gewinnt sogar den Eindruck, daß sich Muḥammad den Christen sehr nahe fühlte. Er schickte einen Teil seiner ersten Anhänger in das christliche Abessinien, als die frühislamische Gemeinde unter dem wachsenden Druck der polytheistischen Makkaner zu leiden hatte – das war im Jahr 615. Als Botschaft an den dortigen Kaiser übergab er den Muslimen den ersten Teil der Sure 19 über Maria, die Mutter Jesu (19,16-34). Das war wie eine Zugehörigkeits- bzw. eine Verwandtschaftserklärung. Auch stellt sich der Koran auf die Seite der Christen und nennt die Märtyrer Nadjrāns im Jemen die "Gläubigen", die "an Gott glauben"[3]; er ergreift auch die Partei für die christlichen Byzantiner gegen die heidnischen Perser[4].
Im Laufe der Zeit und je nach den Umständen seines Kampfes um die Anerkennung seiner prophetischen Sendung und um die Sicherung der Existenz seiner Gemeinschaft vertrat Muḥammad den Christen gegenüber eine differenziertere Meinung und nahm eine jeweils andere Haltung ein. Man kann die Angaben des Korans in diesem Zusammenhang wie folgt zusammenfassen: Für den Koran gibt es zwei Kategorien von Christen; die guten und die schlechten. Die guten Christen stehen dem Islam ziemlich nahe, die schlechten dagegen haben sich von der wahren Botschaft Christi entfernt, ja sie in grundlegenden Punkten verfälscht oder zumindest falsch interpretiert; sie verdienen daher den Tadel und die Verurteilung.[5]
Zu den guten Christen (die in manchen Aussagen die Christen ganz allgemein und allesamt sind) sagt der Koran, daß sie an Jesus Christus geglaubt haben, ihm treu geblieben sind. Deswe-

[2] Vgl. Koran 9,29.
[3] Ebd. 85,7-8.
[4] Vgl. ebd. 30,2-5.
[5] Vgl. unten: III. Kapitel.

gen sind sie den Ungläubigen bis zum Tag der Auferstehung überlegen[6], und sie werden von Gott gegen sie unterstützt[7]. Diejenigen, die sich in der Nachfolge Christi besonders ausgezeichnet haben, werden mit einem hohen Lob bedacht: "... Und wir ließen im Herzen derer, die sich ihm anschlossen, Milde Platz greifen, Barmherzigkeit und Mönchtum ... Und wir gaben denjenigen von ihnen, die glaubten, ihren Lohn ..."[8]. Vor allem das Leben der christlichen Mönche findet im Koran große Anerkennung und begründet seine Parteinahme für die Christen gegen die Juden, die an Jesus nicht geglaubt haben. An einer Stelle lobt der Koran die Mönche für ihre Rechtgläubigkeit, Frömmigkeit, Ausdauer in der Ausübung der guten Werke, Mahnung zur Tugend und Heiligkeit[9].

Nach Einschätzung des Korans stehen die guten Christen der islamischen Botschaft aufgeschlossen gegenüber. Sie erkennen in ihr eine göttliche Offenbarung und sind bereit, sie anzunehmen und an den Koran zu glauben: "Wenn er ihnen verlesen wird, sagen sie: Wir glauben an ihn. Es ist die Wahrheit (die) von unserem Herrn (kommt). Wir waren (schon) Muslime, noch ehe er da war"[10]. Diese positive Einstellung, die der Koran manchen Chrsiten zuschreibt, führt Muḥammad dazu, ihnen offen vorzuschlagen, sich mit ihm zu verbinden und sich zum Islam zu bekennen: "Darum glaubt an Gott und seinen Gesandten, den heidnischen Propheten, der (seinerseits) an Gott und seine Worte glaubt und folgt ihm! Vielleicht werdet ihr euch (dann) rechtleiten lassen"[11]. Denn Muḥammad sei in der Thora und im Evangelium angekündigt[12] und sogar von Jesus

[6] Vgl. Koran 3,55.
[7] Vgl. ebd. 61,14.
[8] Ebd. 57,27.
[9] Vgl. ebd. 2,113-115.
[10] Ebd. 28,53.
[11] Ebd. 7,158.
[12] Vgl. ebd. 7,157.

mit Namen erwähnt worden[13]. Im übrigen hätten bereits einige Christen in der Botschaft Muḥammads die Erfüllungen der Verheißung Gottes erkannt; sie bezeugten: "Unser Herr sei gepriesen! Das Versprechen unseres Herrn ist in Erfüllung gegangen"[14].

Aufgrund dieser offenen Haltung, die der Koran bei manchen Christen erkennt, hat er für die Christen bis zuletzt freundliche Worte gefunden. Bekannt ist folgende Stelle: "... Und du wirst finden, daß diejenigen, die den Gläubigen in Liebe am nächsten stehen, die sind, welche sagen: Wir sind Christen. Dies deshalb, weil es unter ihnen Priester und Mönche gibt, und weil sie nicht hochmütig sind"[15].

Aber, so die Feststellung des Korans, neben den guten gibt es auch die schlechten Christen. Die schlechten Christen sind diejenigen, die den Koran nicht als im wesentlichen dieselbe göttliche Botschaft annehmen, die von den früheren Propheten, vor allem von Mose und von Jesus, verkündet wurde. So stellt der Koran fest: "Die Juden und die Christen werden nicht mit dir zufrieden sein, solange du nicht ihrem Bekenntnis folgst. Sag: Die rechte Leitung ist (allein) die von Gott"[16]. Wie die Juden bestehen diese Christen darauf, daß für sie nur das Christentum der einzig wahre Heilsweg ist: "Und sie sagen: Niemand wird ins Paradies eingehen außer denen, die Juden und Christen sind"[17]; – "und sie sagen: Ihr müßt Juden oder Christen sein, dann seid ihr rechtgeleitet"[16]. Der Koran weist diese Aussage als Anmaßung zurück, die durch keine Beweise unterstützt werde[19]. In Wahrheit sei der Islam die einzig wahre, von Gott

[13] Vgl. ebd. 61,6.
[14] Ebd. 17,108.
[15] Ebd. 5,82.
[16] Ebd. 2,120.
[17] Ebd. 2,111.
[18] Ebd. 2,135.
[19] Vgl. ebd. 2,111.

gewollte Religion[20]. So mahnt der Koran die Muslime, sich an folgendem Grundsatz zu orientieren: "Wenn sie an das gleiche wie ihr glauben, sind sie rechtgeleitet. Wenn sie sich aber abwenden, sind sie eben in der Opposition. Doch Gott wird dir (als Helfer) gegen sie genügen ..."[21]
Die schlechten Christen halten Jesus, so der Vorwurf des Korans, für den Sohn Gottes und Gott selbst, und sie glauben an drei Götter.[22]
Später, als Muḥammad dabei war, die Vorherrschaft des Islams in ganz Arabien zu sichern, wurden seine Vorwürfe heftiger, denn er fürchtete, die Christen könnten seinen politischen Plänen hinderlich sein. So mischt sich der religiöse Streit mit der Warnung gegen jeden Versuch, die Gläubigen irrezuführen: "Sag: Ihr Leute der Schrift! Treibt es nicht zu weit (und sagt nichts aus) außer der Wahrheit! Und folge nicht der (persönlichen) Neigung von Leuten, die (schon) früher irregegangen sind und viele irregeführt haben und vom rechten Weg abgeirrt sind!"[23] Das Bestehen der schlechten Christen auf ihren irrigen Ansichten macht sie also den Ungläubigen gleich oder auch den Juden, die versucht haben, die Muslime irrezuführen, und deswegen bekämpft, vernichtet oder ins Exil getrieben wurden. Die Drohung wird deutlich: "Ungläubig sind diejenigen, die sagen: Gott ist Christus, der Sohn der Maria. Sag: Wer vermöchte gegen Gott etwas auszurichten, falls er (etwa) Christus, den Sohn der Maria, und seine Mutter und (überhaupt) alle, die auf der Erde sind, zugrunde gehen lassen wollte?"[24].
Die Sure 5 enthält eine Reihe von Versen, die von den Christen wie von Ungläubigen spricht, die man mit den Polytheisten vergleichen kann, denen der Eingang des Paradieses verwehrt

[20] Siehe oben den Abschnitt 2.2.3.
[21] Koran 2,137.
[22] Siehe oben die Abschnitte 1.6; 1.7 und 2.2.2.
[23] Koran 5,77.
[24] Ebd. 5,17.

wird[25]. Wenn sie nicht aufhören, solche Lehren zu verbreiten, wird sie eine schmerzliche Strafe treffen[26]. Denn sie sind der Lehre Jesu untreu geworden[27]. Der Koran entrüstet sich: "... Sieh, wie wir ihnen die Verse klar machen! Und dann sieh, wie verschroben sie sind!"[28] Das "Verschrobensein" und die Opposition der schlechten Christen gegen den Islam drücken sich in einer aggressiven Haltung aus, die für die Muslime gefährlich werden kann: "Sie wollen das Licht Gottes ausblasen ..."[29]; sie "halten ihre Mitmenschen vom Wege Gottes ab"[30]. Daher sollen sich die gläubigen Muslime vor ihnen in acht nehmen. Sie sollen die Juden und die Christen nicht als Freunde betrachten und behandeln. "Sie sind untereinander Freunde. Gott leitet das Volk der Frevler nicht recht"[31]. Weil diese schlechten Christen "verschrobene, gottverfluchte" Leute sind[32], sollen die Gläubigen sie bekämpfen, solange sie sich nicht zum Islam bekennen: "Kämpft gegen sie, bis sie kleinlaut aus der Hand Tribut entrichten"[33]. Durch diese Bestimmung versetzt der Koran die Christen in den Status von Schutzbefohlenen des Islams, die von der islamischen Gemeinschaft toleriert, aber nicht voll integriert werden, die aber auch gelegentlich ihre Unterordnung durch gewisse Demütigungen spüren sollen. Denn alle Welt muß wissen: Gott "ist es, der seinen Gesandten mit der Rechtleitung und der wahren Religion (= dem Islam) geschickt hat, um ihr zum Sieg zu verhelfen über alles, was es (sonst) an Religion gibt, auch wenn es den Heiden zuwider ist"[34]. Die

[25] Vgl. ebd. 5,72.
[26] Vgl. ebd. 5,73.
[27] Vgl. ebd. 5,116-117.
[28] Ebd. 5,75.
[29] Ebd. 9,32; vgl. 61,8.
[30] Ebd. 9,34.
[31] Ebd. 5,51.
[32] Ebd. 9,30
[33] Ebd. 9,29.
[34] 9,33; vgl. 61,9; 48,28.

noch unter Muḥammad abgeschlossenen Unterwerfungsverträge mit den Juden[35] und dann auch mit den Christen[36] wurden zum Vorbild für die Verträge mit den Nicht-Muslimen in der Zeit der großen arabischen Eroberungen.

[35] Vgl. dazu A.Th. Khoury, Toleranz im Islam (Entwicklung und Frieden. Wissenschaftliche Reihe 22), München-Mainz 1980, 61-63.
[36] Vgl. ebd. 63-68.

II

JESUS CHRISTUS UND SEIN EVANGELIUM

Für den Koran ist Jesus ein großer Prophet und Gesandter Gottes, durch einmalige Zeichen der Erwählung und einzigartige Gnadenerweise ausgezeichnet. Zu diesen besonderen Zeichen gehört auch seine Geburt aus Maria, der Jungfrau (vgl. Koran 3,42).

1 DIE JUNGFRÄULICHE GEBURT JESU

Wie der Koran, so verteidigen auch die muslimischen Autoren die jungfräuliche Geburt Jesu aus Maria.
Aḥmad ʻAbd al-Wahhāb beruft sich dabei sowohl auf das Zeugnis des Korans als auch auf Textstellen aus den Evangelien.[1]
Während der Koran Maria und die Jungfrauengeburt gegen jüdische Unterstellungen in Schutz nimmt, geht ʻAbd al-Wahhāb einen Schritt weiter: Er weist nicht nur die Verleumdungen und Anschuldigungen seitens der Juden zurück, die Maria der Unzucht bezichtigt hätten, sondern darüber hinaus auch die

[1] Aḥmad ʻAbd al-Wahhāb, Al-Nubuwwa wa l-anbiyā' fī l-Yahūdiyya wa l-Masīḥiyya wa l-Islām, Kairo 1979 59 ff.; vgl. auch die Ausführungen von Muḥammad ʻIzzat Ismāʻīl al-Ṭahṭāwī, Al-Naṣrāniyya wa l-Islām. Kairo 1977, 232.234 f. Aufgrund der bei Matthäus und Lukas je unterschiedlich überlieferten Genealogie Jesu (vgl. Mt 1,1-17 und Lk 3,23-38) zweifelt der Autor an der Authentizität der Darstellungen und vermutet, daß die Evangelisten, "weil sie der Legende des Messias, des Erlösers hinterherliefen" (ebd. 234), die Genealogie Jesu fingiert hätten (ebd.). "Ohne den Koran wäre die Geschichte der einzigartigen Geburt Jesu Christi, des Sohnes Marias, verloren gegangen" (ebd. 235).

Interpretation der Jungfrauengeburt durch die Christen, die in ihr einen Beweis der Göttlichkeit Christi sehen wollten. Nach ihm sind beide Positionen – die jüdische wie die christliche – falsch. Sowohl diejenigen, die die Jungfrauengeburt verneinen und Maria Unzucht vorwerfen, als auch diejenigen, die sie ausdrücklich bejahen und daraus die Gottessohnschaft Christi abzuleiten versuchen, gehen an der Wahrheit vorbei.
Der Vorwurf der Juden, Jesus sei aus einem unehelichen Verhältnis hervorgegangen, läßt sich nach Aḥmad ʿAbd al-Wahhāb aus dem Koran und aus der Bibel herauslesen: Er erinnert in diesem Zusammenhang an Sure 4,156, wo davon die Rede ist, daß die Juden "ungläubig waren und gegen Maria eine gewaltige Verleumdung vorbrachten", d.h. sie der Unzucht bezichtigten, und verweist gleichzeitig auf Jo 8,41, wo die Juden Jesus entgegenhalten, daß sie "nicht aus der Hurerei geboren" seien.
Im Gegensatz zu den Juden sehen die Christen in der Jungfrauengeburt "eine göttliche Dimension, die ihn (Jesus) über den Rest der Menschen auszeichnet".[2] ʿAbd al-Wahhāb hält das für eine Übertreibung.
Weder Juden noch Christen sind zum richtigen Verständnis der Jungfrauengeburt durchgedrungen. Die Wahrheit findet sich im Koran. Die Gläubigen bezeugen von Gott: "Er erschafft, was er will" (Koran 42,49); und ferner: "Sein Befehl, wenn er etwas will, ist, daß er zu ihm sagt: Sei! und es ist" (Koran 36,82). Demnach kommt in der Jungfrauengeburt die absolute und souveräne Schöpfungsmacht Gottes zum Ausdruck.
ʿAbd al-Wahhāb verteidigt damit nicht nur die theologische Interpretation der Jungfrauengeburt durch den Koran – er vergleicht die Geburt Jesu mit der Isaaks und Johannes' des Täufers[3] sowie mit der Erschaffung Adams und der Entstehung Evas[4] –, sondern macht sich darüber hinaus auch eingehend

[2] ʿAbd al-Wahhāb, Al-Nubuwwa a.a.O. 67; vgl. auch Al-Ṭahṭāwī, Al-Naṣrāniyya a.a.O. 234 f.
[3] ʿAbd al-Wahhāb, Al-Nubuwwa a.a.O. 60-61.
[4] Ebd. 62.

Gedanken über die medizinische Möglichkeit einer Jungfrauengeburt[5], um auch von dieser Seite her die koranische Position zu rechtfertigen und zu untermauern.

2 DAS WIRKEN JESU: SEINE WUNDERTÄTIGKEIT

Die Wundertätigkeit Jesu, im Neuen Testament bezeugt und vom Koran bestätigt, ist ein beliebtes Thema innerhalb der arabisch-islamischen apologetischen und polemischen Literatur. Das gilt sowohl für die klassischen islamischen Positionen[1] als auch für heutige muslimische Autoren.
Was das öffentliche Auftreten Jesu betrifft, so ist es nach Muḥammad Abū Zahra zunächst einmal verwunderlich, daß es über das Alter Jesu zu Beginn seines prophetischen Wirkens keine exakten Angaben gibt[2]. Da weder Koran noch Ḥadîth darüber Auskunft geben, verläßt sich der Autor auf jene islamischen Quellen, die das Alter auf 30 Jahre beziffern; diese Angabe stimme mit dem Zeugnis der Evangelien überein, so daß man es als Möglichkeit annehmen könne[3]. Kennzeichnend für die Position ist die Tatsache, daß der Autor christliche Quellen nur beiläufig heranzieht und sich in erster Linie auf sekundäre islamische Quellen – nicht einmal auf Koran und Ḥadîth – stützt. Die Stellungnahmen muslimischer Autoren zur Wundertätigkeit Jesu verfolgen durchweg das apologetische Ziel, die

[5] Ebd. 65-67.

[1] Vgl. O.H. Schumann, Der Christus der Muslime. Christologische Aspekte in der arabisch-islamischen Literatur (Missionswissenschaftliche Forschungen, Bd. 10.), Gütersloh 1975.
[2] Muḥammad Abū Zahra, Muḥāḍarāt fī l-Naṣrāniyya, Kairo 1943; [2]1949; [3]1966, 22.
[3] Ebd.

christlicherseits vertretene Gottessohnschaft Jesu als aus seiner Wundertätigkeit nicht ableitbar zu erweisen. Aḥmad 'Abd al-Wahhāb führt in diesem Zusammenhang eine Fülle von Bibelzitaten an, die nach seinem exegetischen Verständnis gegen die Gottessohnschaft Jesu sprechen[4]. Ausgangspunkt seiner Überlegungen und Ausführungen ist Jo 20,30-31: "Jesus wirkte noch viele andere Zeichen vor seinen Jüngern, die in diesem Buch nicht niedergeschrieben sind. Diese aber wurden niedergeschrieben, damit ihr glaubt, daß Jesus Christus der Sohn Gottes ist und damit ihr, wenn ihr glaubt, das ewige Leben habt in seinem Namen".[5]

"Sohn Gottes", so der Autor, ist nach Johannes derjenige, der "an Gott glaubt, wer ihn liebt und ihn fürchtet, wen Gott erhört und wem er Güte erweist".[6] Schon im Alten Testament diene die Bezeichnung "Sohn Gottes" dazu, auf Gottes Liebe und Huld hinzuweisen: "Israel ist mein erstgeborener Sohn" (Ex 4,21-23; 5,1); oder: "Ihr seid Kinder des Herrn, eures Gottes ..." (Dt 14,1-2).[7] Diese Bedeutung sei auch im Neuen Testament gemeint (vgl. Jo 8,41; 1,12; Mt 23,8-9), und das Bekenntnis des Petrus in Mt 16,13-16: "Du bist Christus, der Sohn des lebendigen Gottes" sei – der Autor beruft sich hierbei ausdrücklich auf John Fenton, einen christlichen Exegeten[8] – von Matthäus der Markus-Vorlage hinzugefügt worden.

Daß die Wunder Jesu eben nicht als Beweis seiner Gottheit dienen können, erhellt nach Aḥmad 'Abd al-Wahhāb aus den Evangelientexten selbst, wenn dort von seinem Unvermögen, Wunder zu wirken, die Rede sei: "Der Sohn kann von sich aus nichts tun, nur das, was er den Vater tun sieht ... Denn der

[4] Aḥmad 'Abd al-Wahhāb, Al-Nubuwwa a.a.O. 88-107.
[5] Ebd. 88.
[6] Ebd.
[7] Ebd. 70-71; vgl. die desweiteren vom Verfasser angeführten Stellen: Ps 68,5; 89,20-26; 103,13; Spr. 3,12; 1 Chr 22,7-10; Js 63,16.
[8] John Fenton, Saint Matthew. H. Harmondsworth/England 1963, 265.

Vater liebt den Sohn und zeigt ihm alles, was er tut" (Jo 5,19-20).[9]

Jesus wirkte seine Taten nicht aus sich, sondern im Namen seines Vaters: "Die Werke, die ich im Namen meines Vaters tue, die legen Zeugnis über mich ab" (Jo 10,25). Dieses für die Evangelien typische theozentrische Verständnis der Wundertätigkeit Jesu schließt für Aḥmad 'Abd al-Wahhāb das für ihn spätere Bekenntnis zur Gottessohnschaft aus, das erst mit der Rezeption hellenistischer Begrifflichkeit Eingang ins Christentum gefunden habe. Mit Bezug auf Jo 14,12 stellt der Autor fest: "Das Evangelium erwähnt ein Wort Christi, das jede Auffassung zerstört, die die Wunder als Beweis für die Wahrheit jener philosophischen Meinungen nimmt, die sich in der Antike über die Verkörperung eines Gottes im Menschen oder über das Zustandekommen einer Einigung zwischen den beiden ausgebreitet haben. Es legt Christus in den Mund: 'Wahrlich ich sage euch: Wer an mich glaubt, wird die Werke, die ich tue, auch selber tun, und er wird noch größere tun' (Jo 14,12)".[10]

Aḥmad 'Abd al-Wahhāb hebt nicht nur die theozentrische Interpretation der von Jesus gewirkten Wunder hervor, sondern versucht darüber hinaus, ihnen jedwede Besonderheit abzusprechen. Der Autor unterscheidet vier Kategorien von Wundern Jesu:

(1) Totenerweckungen,
(2) Voraussagen zukünftiger Ereignisse,
(3) Heilungswunder und
(4) Speisungswunder.

Alle diese vier Arten von Wundern sind, so der Verfasser, hinlänglich aus dem Alten Testament bekannt, haben also keinen außergewöhnlichen Charakter.[11] Jesus stehe da ganz und gar in der Tradition seiner Vorgänger, die eben solche Wunder ge-

[9] Aḥmad 'Abd al-Wahhāb, Al-Nubuwwa a.a.O. 88; vgl. ebd. 77-78.
[10] Ebd. 89.
[11] Ebd. 94-102.

wirkt hätten.[12] "Die Wahrheit ist, daß in den Wundern Jesu nichts Neues war ... Wie es Kohelet sagt: Es gibt nichts Neues unter der Sonne"[13], faßt Aḥmad 'Abd al-Wahhāb sein abschließendes Urteil zusammen.
Mit Berufung auf Stellen aus der Apostelgeschichte betont er noch einmal das theozentrische Wunderverständnis des Neuen Testaments und zitiert Petrus, der von den Wundern, "die Gott durch ihn (Jesus) gewirkt hat" (Apg 2,22) gesprochen habe.[14]
So ist also die Fähigkeit Jesu wie die seiner Vorgänger, Wunder zu wirken, eine besondere Auszeichnung durch Gott. Desweiteren weist 'Abd al-Wahhāb darauf hin, daß Jesus stets bemüht gewesen sei, seine Wundertätigkeit geheim zu halten. Während die Aufforderung zur Geheimhaltung von christlichen Exegeten als markinische Messiasgeheimnistheorie bezeichnet worden ist, d.h. Jesus konnte in seinem irdischen Leben noch nicht als der erkannt werden, der er eigentlich war, sondern erst nach seiner Auferweckung wurde sein wirkliches "Wesen" als Sohn Gottes offenbar, versteht der muslimische Interpret die Aufforderung zur Geheimhaltung als Jesu eigene Absage an eine eventuelle Vergöttlichung durch die Menschen. Als Beispiele für die Gefahr, Menschen zu vergöttlichen, führt er Belege aus der

[12] Aḥmad 'Abd al-Wahhāb führt eine ganze Liste von alttestamentlichen Stellen an, die seine These untermauern sollen:
ad 1 (ebd. 95-96): 1 Kg 17; 2 Kg 4,32-37; 2 Kg 13,20-21; Ez 37,1 ff.
ad 2 (ebd. 96-97): 2 Kg 8,1-3; Gn 21,3; 2 Kg 4,14-18.
ad 3 (ebd. 97-99): Nm 16,46-49 – diese Stelle existiert allerdings nicht; nach dem Zitat geht es um Nm 17,11-15; Nm 21,6-9; 2 Kg 5,9-14; 2 Kg 6,13-23.
ad 4 (ebd. 99): 1 Kg 17; 2 Kg 4,3-7.42-43.
Weitere Wunder, wie etwa dem Baum fluchen (Mk 11,12-21), hätten ebenfalls alttestamentliche Vorbilder und Parallelen, vgl. 2 Kg 2,23-24; 5,27. Auch die Himmelfahrt sei im Alten Testament vorgebildet: vgl. u.a. Gn 5,25 (ebd. 100-101).
[13] Ebd. 102; vgl. Prd 1,10.
[14] Ebd. 101; vgl. Apg 10,34-38.

Apostelgeschichte an: Als nach Apg 14,8-15 Paulus einen Kranken heilte, reagierte das Volk mit den Worten: "Götter sind in Menschengestalt auf uns herabgekommen" (Apg 14,11b); als Paulus den Biß einer Schlange überlebte, hielt es ihn für einen Gott (Apg 28,1-6), und als Herodes eines Tages eine Ansprache hielt, schrie das Volk: "Eines Gottes, nicht eines Menschen Stimme" (Apg 12,22).[15]
Der Autor verschweigt hier allerdings in selektischer Manier, daß in den von ihm zitierten Stellen die Apostel gegen ihre eigene und anderer Menschen Vergöttlichung protestieren, während sie in gleichem Atemzug den Glauben an die Gottessohnschaft Jesu predigen.
'Abd al-Wahhāb schließt seine Analyse der neutestamentlichen Wundererzählungen mit der Frage ab: "Wenn es sich mit den Wundern Christi so verhält, und wenn seine Haltung ihnen gegenüber so ist, – wir haben gesehen, daß er sich bemühte, sie geheimzuhalten und sie als ein Mittel zur Linderung der Leiden der Gläubigen betrachtete –, wie ist es dann möglich, sie als Beweis für seine Anbetung und seine Vergöttlichung anzuführen?"[16]
Stand bei 'Abd al-Wahhāb die Apologie des muslimischen Glaubens, wonach Jesus Christus eben nicht der Sohn Gottes ist, als Leitmotiv im Vordergrund seiner Ausführungen über die Wundertätigkeit Jesu, sind die Akzente bei Aḥmad Shalabî deutlich anders gesetzt, und zwar zugunsten einer naiv polemischen Auseinandersetzung mit der christlichen Lehre.[17]
Kritik übt der Autor zunächst an den Berichten der Evangelien über die Wunder Jesu[18]. Sinn und Zweck der Wunder sei es – und der Verfasser referiert getreu die koranische Position –, die Sendung der Propheten zu beglaubigen, d.h. nach ihm, daß Wunder nur "in einigen Fällen" erfolgen sollen, um die Men-

[15] Ebd. 103.
[16] Ebd. 107.
[17] Aḥmad Shalabī, Al-Masīḥiyya, Kairo [6]1978, 29-69.
[18] Ebd. 39-40.

schen zum Glauben zu führen.[19] Die große Anzahl der neutestamentlichen Wundererzählungen widersprechen demnach dem eigentlichen Sinn des Wunders. In den Evangelien seien die Wunder gleichsam "ein Schauspiel, d.h. Gott läßt sterben, und Jesus erweckt stets wieder zum Leben, wen Gott sterben ließ. Gott hat die Blindheit für jemanden bestimmt, und Jesus schenkt ihm das Augenlicht."[20] Kein Wort verliert der Autor über jene Wunder des Jesuskindes, die im Koran und in der islamischen Tradition in Parallele zu neutestamentlichen Apokryphen überliefert werden. Statt dessen sucht er nach einer Erklärung für die in den Evangelien erwähnte große Anzahl von Kranken, Toten und Blinden. Und er kann sich des Eindrucks nicht erwehren, "daß diese Anzahl die Zahl aller Bewohner Palästinas damals übersteigt ... daß alle Bewohner von Aussatz oder Blindheit befallen waren und Jesus sie heilte, oder daß sie starben und Jesus sie wieder zum Leben erweckte"[21]. In Auseinandersetzung mit einem Buch von Pater Paul Elias stempelt Aḥmad Shalabî dessen Meinung als Legende ab.[22] Nach P. Elias hat Jesus seine Vollmacht, Wunder zu wirken, auch auf seine Jünger übertragen "und dies nach seiner Auferstehung und Himmelfahrt erneuert und diese Macht auch der Kirche vererbt".[23] In naiv-vordergründiger Polemik schreibt Aḥmad Shalabî dazu: "Wenn heute der Papst diese Macht hätte, würde der Widerspruch zwischen den Religionen aufhören, und alle Menschen würden ihm folgen. Aber der Papst ist doch nur ein Mensch, der krank wird und nicht weiß, wie er zur Heilung kommt; wie sollte er wissen, wie er andere behandelt ...?"[24] Und er fragt sich verwundert, woher denn P. Elias und seine Gesinnungsgenossen eine solche Legende hätten.

[19] Ebd. 39.
[20] Ebd.
[21] Ebd. 40.
[22] P. Elias, Al-Mashra' (ohne nähere Angaben), 89. Das Buch wird jedoch in der Bibliographie unter dem Namen von "Paul Shbāṭ" angegeben!
[23] Ebd. 89, zitiert nach Aḥmad Shalabī, Al-Masīḥiyya a.a.O. 41.
[24] Aḥmad Shalabī, Al-Masīḥiyya a.a.O. 41.

Von einer ernsthaften Auseinandersetzung kann hier nicht mehr gesprochen werden. Daß bei muslimischen Autoren exegetisches Wissen, wenn überhaupt, dann nur sehr rudimentär und oberflächlich vorhanden ist, beweisen auch Muḥammad Djalāl Sharaf und 'Abd al-Raḥmān Muḥammad 'Īsawī.[25] Sie nehmen Bezug auf eine nicht näher genannte Totenerweckung durch Jesus und versuchen sie zu interpretieren: "Der Tote, den er (Jesus) zum Leben erweckte, bevor der Tote begraben wurde, war in Ohnmacht gefallen. Als er (Jesus) ihn rief, weckte Gott den Toten und gab ihm Kraft, Gesundheit und Leben zurück"[26]. Konkretere Hinweise zu dieser Thematik finden sich bei 'Abd al-Wahhāb. Er zitiert in diesem Zusammenhang Lk 7,14-15, also die Auferweckung des jungen Mannes von Nain, läßt sie aber ohne eigene Interpretation im Raum stehen[27]. Was er bezweifelt, ist die Auferweckung der Tochter des Synagogenvorstehers Jairus nach Mk 5,21-43. Weil im Markus-Evangelium Jesus sagt: "Sie ist nicht tot, sie schläft nur" (vgl. Mk 5,39), liegt es für 'Abd al-Wahhāb auf der Hand, daß das Mädchen nur in einen tiefen Schlaf versunken war[28]. Das Ergebnis seiner Exegese formuliert er so: "Das Mädchen war ohnmächtig oder bewußtlos oder stand am Rande des Todes"[29].
Derartige Interpretationen biblischer Wundererzählungen sind zu vordergründig, als daß sie zum Kern ihrer Aussage vorstoßen könnten. Die Nichtbeachtung von Literar-, Form- und Redaktionskritik führt unausweichlich zu einem verbalen Verständnis biblischer Texte, das diese gar nicht für sich beanspruchen. Erst eine methodisch konsequente historisch-kritische Interpretation kann die eigentliche Sinnspitze eines Textes herausarbeiten.

[25] Muḥammad Djalāl Sharaf/'Abd al-Raḥmān Muḥammad 'Īsawī, Sykolodjiyya al-ḥayāt al-rūḥiyya fī l-Masīḥiyya wa l-Islām, Alexandrien 1972.
[26] Ebd. 322.
[27] 'Abd al-Wahhāb, Al-Nubuwwa a.a.O. 92.
[28] Ebd. 91-92.
[29] Ebd. 92.

Was die oben erwähnten Aussagen der muslimischen Autoren betrifft, so ist zumindest für 'Abd al-Wahhāb positiv zu vermerken, daß er sich in seiner Analyse wenigstens direkt mit den biblischen Texten auseinandersetzt und aus ihnen zitiert, während Muḥammad Djalāl Sharaf und 'Abd al-Raḥmān Muḥammad 'Īsawî sie offensichtlich gar nicht berücksichtigt haben, sondern sich mit sekundärer und tertiärer Literatur begnügten.

3 DIE LEHRE UND BOTSCHAFT JESU

Nach koranischer Auffassung ist Jesus, der Sohn der Maria, Prophet und Gesandter Gottes; sein Auftrag bestand darin, das Evangelium zu verkünden. Gott hat ihn mit heiligem Geist gestärkt[1], ihn "die Schrift, die Weisheit, die Thora und das Evangelium" (Koran 5,110; 3,48) gelehrt, und beauftragt, das Gesetz der Thora zu bestätigen.[2] Als "Rechtleitung und Licht" (Koran 5,46) ist das Evangelium Entscheidungsnorm für die Christen und besitzt für sie autoritative Gültigkeit (Koran 5,47). Darüberhinaus enthält das Evangelium eine gewisse Erleichterung des mosaischen Gesetzes (Koran 3,50) sowie mehr Klarheit bezüglich Glaube und Gesetz (Koran 43,63).

3.1 Jesus als Verkünder des Monotheismus

Mit Nachdruck betonen die muslimischen Apologeten die Bedeutung Jesu als Verkünder des Monotheismus. Muḥammad Abū Zahra beruft sich dabei in seiner Darstellung nicht auf das Zeugnis des Neuen Testamentes, sondern auf den Koran. Um

[1] Vgl. u.a. Koran 2,87.253; 5,110.
[2] Vgl. Koran 5,46; 19,21.

darzulegen, daß Jesus den Glauben an einen einzigen Gott gepredigt hat, führt der Autor Sure 5,116 an: "Und (dann), wenn Gott sagt: Jesus, Sohn der Maria! Hast du (etwa) zu den Leuten gesagt: Nehmt euch außer Gott mich und meine Mutter zu Göttern? Er sagt: Gepriesen seist du! (Wie dürfte man dir andere Wesen als Götter beigesellen!) Ich darf nichts sagen, wozu ich kein Recht habe. Wenn ich es (tatsächlich) doch gesagt hätte, wußtest du es (ohnehin und brauchtest mich nicht zu fragen). Du weißt Bescheid über das, was ich (an Gedanken) in mir hege. Aber ich weiß über das, was du in dir hegst, nicht Bescheid. Du (allein) bist es, der über die verborgenen Dinge Bescheid weiß".[3]
Anders als Muḥammad Abū Zahra geht Aḥmad ʻAbd al-Wahhāb in seiner Beweisführung vor. Er stützt sich vorwiegend auf Stellen aus der Bibel, die nach ihm deutlich machen, daß Jesus den Monotheismus verkündet hat.[4] Primäre Fundstelle ist für ʻAbd al-Wahhāb das Johannesevangelium, doch zieht er für seine Argumentation ebenso auch die Synoptiker heran. Das Alte Testament zitierend, genauerhin Dt 6,4-5, hat sich Jesus nach den synoptischen Evangelien dezidiert zum Monotheismus bekannt: "Unser Gott ist ein einziger ..."[5] Dieses eindeutige Bekenntnis zum Glauben an einen einzigen Gott wird nach ʻAbd al-Wahhāb durch das Johannesevangelium bekräftigt, insofern Jesus klar zwischen sich und Gott unterscheidet:

– "Meine Lehre ist nicht von mir, sondern die Lehre dessen, der mich gesandt hat ..." (Jo 7,16).
– "Ich habe nicht von mir aus geredet, sondern der Vater, der mich gesandt hat" (Jo 12,49-50).
– "Wer meine Worte hört und an den glaubt, der mich gesandt hat ..." (Jo 5,24).

[3] Muḥammad Abū Zahra, Muḥāḍarāt a.a.O. 14 f.; vgl. ebenfalls Muḥammad al-Ḥusyan Āl Kāshif al-Ghiṭā', Al-Tawḍīḥ fī bayān ḥāl al-Indjīl wa l-Masīḥ, Beirut 1980, 18 f.

[4] ʻAbd al-Wahhāb, Al-Nubuwwa a.a.O. 84-87.

[5] Ebd. 85; vgl. Mk 12,28-34; Mt 22,35-40; Lk 10,25-28.

– "Das ist das ewige Leben: daß sie dich, den allein wahren Gott erkennen und Jesus Christus, den du gesandt hast" (Jo 17,1-3).

Dieser zuletzt zitierte Vers, so glaubt der Autor in Anlehnung an das islamische Glaubensbekenntnis (shahāda), sei gleichbedeutend mit der betont monotheistischen Aussage: "Es gibt keinen Gott außer Gott, und der Messias ist der Gesandte Gottes".[6] 'Abd al-Wahhāb gibt hier also das griechische Χριστός (Christus), d.h. der Gesalbte, mit dem entsprechenden hebräischen Wort, nämlich Messias, wieder, wobei er allerdings Jesus unterschlägt und unerwähnt läßt.

Nicht nur daß Jesus klar zwischen sich und Gott unterschieden habe, lasse sich aus dem Johannesevangelium entnehmen, sondern auch die Tatsache, daß er mit Gott nicht gleichrangig sei: "Der Vater ist größer als ich" (Jo 14,28). Der Autor zieht daraus dann diese Konsequenz: "Christus hat es gezeigt: Gott ist ein Wesen, und Christus ist ein anderes Wesen. Sie sind also zwei, nicht ein Wesen, und es ist unmöglich, daß die zwei eins sind. Er hat nämlich zu den Pharisäern gesagt: 'In eurem Gesetz steht geschrieben, daß das Zeugnis zweier Männer (so im arabischen Text!) die Wahrheit bestätigt. Und hier bin ich Zeuge für mich, und auch der Vater, der mich gesandt hat, ist Zeuge' (Jo 8,17-18)".[7] Und 'Abd al-Wahhāb fährt fort: "Dieses Wort ist so deutlich, daß es keines Kommentars mehr bedarf".[8]

Daß Christus nicht wesensgleich mit Gott sein könne, ergibt sich für den Autor auch aus Mk 14,35-36: "Nicht mein Wille, sondern dein Wille geschehe", habe Jesus gesagt. Und im Johannesevangelium stehe das Wort Jesu: "Ich suche nicht meinen Willen, sondern den Willen des Vaters, der mich gesandt hat" (Jo 5,30). Die Folgerung daraus sei eindeutig: "Gott hat seinen Willen, und auch Christus hat seinen Willen ... Denn er ist – wie

[6] Ebd. 85.
[7] Ebd. 86.
[8] Ebd. 87.

alle anderen guten Knechte Gottes – stets bemüht, seinen Willen dem Willen Gottes anzupassen".[9]
Schließlich und endlich habe Jesus oft gebetet; als Belege führt 'Abd al-Wahhāb eine Reihe von neutestamentlichen Stellen an.[10]
Auffällig ist in der Argumentation des Autors, daß er nur jene Stellen aus dem Neuen Testament heranzieht, in denen Jesu Menschsein ersichtlich wird, während er diejenigen, die für die Christen auf die Gottheit Jesu hinweisen, übergeht. Ein solches selektives methodisches Vorgehen wird dem Bekenntnis der Christen, daß Jesus Christus wahrer Mensch und wahrer Gott ist, nicht gerecht.
Nach Aḥmad Shalabī ist das wahre Christentum ein absoluter Monotheismus, dessen von Gott gesandter Prophet und Verkünder Jesus gewesen ist.[11] Als Beweis führt der Autor die Verse 72, 73, 75 und 117 der 5. Sure an:

- "Ungläubig sind diejenigen, die sagen: 'Gott ist Christus, der Sohn der Maria'. Christus hat (ja selber) gesagt: 'Ihr Kinder Israel! Dienet Gott, meinem und eurem Herrn!' Wer (dem einen) Gott (andere Götter) beigesellt, dem hat Gott (von vornherein) den Eingang in das Paradies versagt. Das Höllenfeuer wird ihn (dereinst) aufnehmen, Und die Frevler haben (dann) keine Helfer" (Koran 5,72).
- "Ungläubig sind diejenigen, die sagen: 'Gott ist einer von dreien! Es gibt keinen Gott außer einem einzigen Gott. Und wenn sie mit dem, was sie (da) sagen, nicht aufhören (haben sie nichts Gutes zu erwarten). Diejenigen von Ihnen, die ungläubig sind, wird (dereinst) eine schmerzhafte Strafe treffen" (Koran 5,73).
- "Christus, der Sohn der Maria, ist nur ein Gesandter. Vor ihm hat es schon (verschiedene andere) Gesandte gegeben. Und seine Mutter ist eine Wahrhaftige. Sie pflegten (als sie noch

[9] Ebd. 87.
[10] Ebd. 87; vgl. Mk 1,35-36; Mt 14,22-23; Lk 6,12; 10,21; Jo 11,41.
[11] Aḥmad Shalabī, Al-Masīḥiyya a.a.O. 59-60.

auf Erden weilten, wie gewöhnliche Sterbliche) Speise zu sich zu nehmen. Sieh, wie wir ihnen die Verse klar machen! Und dann sieh, wie verschroben sie sind (so daß sie trotz aller Belehrung kein Einsehen haben)!" (Koran 5,75).

– "Ich (d.h. Jesus) habe ihnen nur gesagt, was du mir befohlen hast (nämlich): 'Dienet Gott, meinem und eurem Herrn!' Und ich war Zeuge über sie, solange ich unter ihnen weilte. Nachdem du mich abberufen hattest, warst du es, der auf sie aufpaßte. Du bist über alles Zeuge" (Koran 5,117).

Um seine Argumentation auch vom Neuen Testament her zu untermauern, verweist Aḥmad Shalabî auf Mk 12,28-36, jene schon oben bei 'Abd al-Wahhāb erwähnte Perikope, in der ein Schriftgelehrter mit der Frage nach dem ersten und grundlegenden Gebot an Jesus herantritt und dieser dann antwortet: "Das erste ist: 'Höre Israel, der Herr, unser Gott ist ein einziger Herr' ..."[12]

So stellt sich also "das Christentum, wie Christus es gebracht hat"[13], um mit Muḥammad Abū Zahra zu sprechen, für die muslimischen Apologeten als reiner und vollkommener Monotheismus dar. Doch gibt es nach ihnen noch ein anderes Christentum, auf das wir später eingehen werden.[14]

3.2 Das Evangelium Jesu als Bestätigung der Thora

Im Einklang mit den Aussagen des Korans heben die muslimischen Autoren hervor, daß das auf Jesus herabgesandte Evangelium eine Bestätigung der Thora des Mose sei. Nach Abū Zahra hat Jesus das Gesetz der Thora durch die Verkündigung des Evangeliums wieder mit neuem Leben erfüllt[15]. Er habe – so

[12] Vgl. oben Anm. 5.

[13] Muḥammad Abū Zahra, Muḥāḍarāt a.a.O. 14-33; vgl. 'Abd al-Wahhāb, Ṭā'ifa al-Muwaḥḥidīn min al-Masīḥiyyin 'ibr al-qurūn, Kairo 1980, 55 ff.

[14] Siehe unten im Dritten Kapitel.

[15] Muḥammad Abū Zahra, Muḥāḍarāt a.a.O. 15.

Aḥmad Ḥidjāzî al-Saqqā – unter den Juden strittige Fragen geklärt, von den Gelehrten und Rabbinern vertretene allzu rigorose und strikte Auslegungen des Gesetzes wieder richtig interpretiert und so Dinge für erlaubt erklärt, die den Juden damals verboten waren.[16] Ebenso wie Muḥammad Abū Zahra betont auch Aḥmad Ḥidjāzî al-Saqqā, daß Jesus die Vorschriften des mosaischen Gesetzes weder geändert noch aufgehoben habe.[17] Während Abū Zahra seine Meinung ohne jeden Bezug auf biblische Stellen ausschließlich auf den Koran stützt[18], zieht al-Saqqā für seine Argumentation auch Belege aus der Bibel und deren Umfeld an.[19]

Ein besonderes Gewicht mißt er dabei dem apokryphen Barnabasevangelium bei, auf das er sich wiederholt beruft und das er auch ausführlich zitiert.[20] Daß das Evangelium Jesu eine Bestätigung der Thora sei, unterstreicht al-Saqqā mit Verweis auf Barnabas 38,2-3 und Mt 5,17-18,[21] wonach Jesus gesagt hat: "Meinet nicht, ich sei gekommen, das Gesetz oder die Propheten aufzulösen. Ich bin nicht gekommen aufzulösen, sondern zu erfüllen. Denn wahrlich ich sage euch: bis Himmel und Erde vergehen, wird nicht ein Jota oder Häkchen vom Gesetze vergehen, bis alles geschehen ist." Ausdrücklich habe sich Jesus in seinem

[16] Aḥmad Ḥidjāzî al Saqqā, Allāh wa ṣifātuhū fī l-Yahūdiyya wa l-Naṣrāniyya wa l-Islām, Kairo 1978, 43.

[17] Muḥammad Abū Zahra, Muḥāḍarāt a.a.O. 15; Al-Saqqā, Allāh a.a.O. 43-44. Demgegenüber polemisiert der Shī'it Āl Kāshif al-Ghiṭā', Al-Tawḍīḥ a.a.O. 57 ff. gegen diese Auffassung und hält den "Jesus der Evangelien" für einen "Lügner", der das Gesetz der Thora geändert und damit Gottes Vorschriften außer Kraft gesetzt habe (ebd. 57). – Das gesamte Buch ist ein Frontalangriff auf das Christentum, kurz: ein polemisches Pamphlet, dessen Analyse wegen seines mangelhaften wissenschaftlichen Charakters und seines tendenziösen Inhalts für eine ernsthafte Diskussion nicht lohnenswert ist. Der Autor verfälscht seinen eigenen islamischen Glauben, in dessen Überlieferung Jesus ein hohes Ansehen genießt.

[18] Abū Zahra, Muḥāḍarāt a.a.O. 15.

[19] Al-Saqqā, Allāh a.a.O. 44 ff.

[20] Ebd. 44; 50 ff.

[21] Ebd. 44-45.

Urteil auf die Thora berufen, schreibt der Autor und nennt als Belege Mt 23,2-4, Mk 12,1 ff[22], Mt 4,1 ff[23] sowie mit besonderer Ausführlichkeit Barnabas 91-95.[24] Mit Berufung auf Mt 15, 1-14, wo von Jesu Streitreden über pharisäische Traditionen wie das Waschen der Hände vor dem Essen und die Bedeutung von Rein und Unrein die Rede ist, versucht al-Saqqā die koranische Aussage zu untermauern, daß Jesus den Juden damals untersagte Dinge erlaubt habe (vgl. Koran 3,50)[25].
Ebenso wie Ra'ūf Shalabī versucht Aḥmad Shalabī nachzuweisen, daß Jesus in erster Linie zu Israel gesandt worden sei. Er greift dabei sowohl auf den Koran als auch auf die biblischen Aussagen, das Barnabasevangelium sowie christliche Schriftsteller zurück[26]. Der Autor will auf diese Weise seine These erhärten, daß von seiner Genese her das "Christentum von einer den Juden vorbehaltenen Religion" erst durch Paulus zu einer Weltreligion geworden sei.[27]

3.3 Das Spezifische der Verkündigung Jesu: die Askese

Für die muslimischen Autoren liegt das Spezifische und Charakteristische der Verkündigung Jesu in der Askese begründet.[28] Sie sehen Jesus als Vorbild der Asketen und späteren

[22] Ebd. 48.
[23] Ebd. 49-50.
[24] Ebd. 50-57.
[25] Ebd. 46-47.
[26] Ra'ūf Shalabī, Yā ahl al-kitāb ta'ālaw ilā kalima sawā'. Dirāsa muqārana lil-Masīḥiyya, Kairo [2]1980, 315-316; Aḥmad Shalabī, Al-Masīḥiyya a.a.O. 61 ff.; vgl. Koran 3,48-49; Mt 15,21-24; 10,5-6; 19,28; Apg 11,1; 1528. Barnabasevangelium 52,13.
[27] Aḥmad Shalabī, Al-Masīḥiyya a.a.O. 63; vgl. unten im Dritten Kapitel den Abschnitt 3.2.2.
[28] Vgl. Muḥammad Abū Zahra, Muḥāḍarāt a.a.O. 15; Muḥammad Djalāl Sharaf/'Abd al-Raḥmān Muḥammad 'Īsawī, Sykolodjiyya a.a.O. 330 ff.; Aḥmad Shalabī, Al-Masīḥiyya a.a.O. 41 f. Eine Ausnahme macht auch in

Sufis[29]; von ihm und den christlichen Mönchen hätten die ersten Asketen des Islams die Angewohnheit übernommen, wollene Kleidung zu tragen.[30] Muḥammad selbst habe gesagt: "Jesus pflegte wollene Kleider zu tragen".[31] Um die Einfachheit von Jesu Lebensstil zu unterstreichen, zitieren Sharaf und 'Īsawī das Wort von Ḥasan al-Baṣrī: "Jesus pflegte sich mit Haaren zu bekleiden und von den Bäumen zu essen und dort zu übernachten, wo er ankam"[32]. Beide Verfasser heben besonders die geistliche Seite der Botschaft Jesu hervor: Jesu Seligpreisungen, seine Forderung zur Feindesliebe, Verzicht auf das, was einem lieb ist, vollständige Loslösung von materiellen Dingen[33] etc.

"Die grundlegende Zielsetzung des Herrn Jesus Christus" – so sagen sie – "ist die geistliche Reform durch die Änderung der eigenen Beweggründe, Handlungsmotive und psychischen Absichten".[34] Die Autoren lassen sowohl muslimische als auch christliche Stimmen zu Wort kommen, ohne jedoch auf neutestamentliche Texte selbst zu rekurrieren.[35] Das legt die Ver-

diesem Punkt der besagte Āl Kāshif al-Ghiṭā', Al-Tawḍīḥ a.a.O. 63 ff.: "Der Christus der Evangelien ist verflucht", so seine Wertung (ebd. 63), "ein hochmütiger Gewalttäter, der zu viel ausgibt und verschwenderisch ist" (ebd. 66), ein Mann ohne Ehre und Ansehen (ebd. 67), ungerecht und aggressiv (ebd. 68 ff.), kurzum: "In Wahrheit war Jesus nach ihren eigenen Evangelien eine Summe von Sünden und Verbrechen, ein Keim von Unheil und Vergehen ... Er bedarf selbst eines Erlösers, der ihn erlöst, und eines Fürsprechers, der für ihn Fürsprache einlegt ..." (ebd. 71).

29 Sharaf/'Īsawī, Sykolodjiyya a.a.O. 331; die Autoren zitieren Texte von Ibn al-Munabbih (gest. 110 H.) und Ḥasan al-Baṣrī.

30 Ebd. 331; die Verfasser berufen sich auf Nicholson, Islamische Mystiker ... 68.

31 Ebd. 331.

32 Ebd. 331; zitiert nach Al-Kalābādhī, Al-Ta'arruf li madhab ahl al-taṣawwuf, Kairo 1933, 7.

33 Vgl. auch Aḥmad Shalabī, Al-Masīḥiyya a.a.O. 42.

34 Muḥammad Djalāl Sharaf/'Abd al-Raḥmān Muḥammad 'Īsawī, Sykolodjiyya a.a.O. 334; vgl. auch Aḥmad Shalabī, Al-Masīḥiyya a.a.O. 42.

35 Sharaf/ 'Īsawī, Sykolodjiyya a.a.O. 332 ff.: Zitate von 'Aqqād, Ḥayāt

mutung nahe, daß die Verfassser Zweifel an der Echtheit und Authentizität der kanonischen Evangelienberichte hegen. Der koranische Vorwurf der Schriftverfälschung (taḥrīf) dürfte dafür den Hintergrund abgeben.[36]

4 DAS LEBENSENDE JESU

Daß Jesus dem Tod unterworfen, also sterblich ist, kann aus dem Koran als gesichert angenommen werden.[1]
Aber über den Zeitpunkt seines Todes gehen die Meinungen weit auseinander. Der Koran selbst gibt dazu keine Angaben, sondern läßt eine genaue Datierung vermissen. Gegen die Juden, die sagen: "Wir haben Christus Jesus, den Sohn der Maria und Gesandten Gottes getötet", behauptet der Koran: "Aber sie haben ihn (in Wirklichkeit) nicht getötet und (auch) nicht gekreuzigt. Vielmehr erschien ihnen (ein anderer) ähnlich (so daß sie ihn mit Jesus verwechselten und töteten). Und diejenigen, die über ihn uneins sind, sind im Zweifel über ihn. Sie haben kein Wissen über ihn, gehen vielmehr Vermutungen nach. Und sie haben ihn nicht mit Gewißheit getötet. Nein, Gott hat ihn zu sich (in den Himmel) erhoben. Gott ist mächtig und weise" (Koran 4,157).
Diese koranische Position, wonach Jesus nicht gekreuzigt worden ist, zu rechtfertigen, sind die muslimischen Apologeten in ihrer Argumentation bemüht.

al-Masīḥ, Kairo 1968, 127 ff.; Zakī Shenuda, Tārikh al-Aqbāṭ I, Kairo [2]1968, 48-49.
[36] Siehe unten: Drittes Kapitel.

[1] Vgl. Koran 19,33; 3,55; 5,117. Jeder Mensch ist sterblich: 21,35 f.; 56,60; 5,75 bzgl. Jesus und Maria.

4.1 Jesus ist nicht gekreuzigt worden

Durchweg leugnen die muslimischen Autoren die Kreuzigung Jesu.[2] Sie stützen sich dabei auf die für sie verbindlichen Worte des Korans. Darüber hinaus unternehmen sie aber auch den Versuch, Bibelstellen für ihre Argumentation heranzuziehen.
"Die bei den Christen anerkannten Evangelien widersprechen sich" – so Muḥammad Abū Zahra – "in keinem anderen Punkt so sehr, wie in der Erzählung (qiṣṣa) der Kreuzigung. Jede Erzählung hat ihren eigenen Charakter".[3] Nicht einmal über den Tag der Kreuzigung sind sie sich einig, argumentiert 'Abd al-Wahhāb. Im Johannesevangelium sei der Donnerstag der jüdischen Passahwoche angegeben, während die Synoptiker den Freitag als Todestag überlieferten.[4]
Wenn nicht Jesus, wer ist dann gekreuzigt worden? Zeitgenössische muslimische Autoren entscheiden sich für Judas Iskariot, den Verräter Jesu. Nach dieser Version ist er Jesus ähnlich geworden und wurde statt seiner am Kreuz hingerichtet.[5]
'Abd al-Wahhāb sieht in Ps 9,1-16 die Kreuzigung des Verräters[6] und in Ps 91,9-16 die Aufnahme Jesu in den Himmel ohne vorherigen Kreuzestod angedeutet. Daß bei der Gefangennahme Jesu die Soldaten zurückwichen und zu Boden stürzten (Jo 18,6), diese johanneische Überlieferung sei ein Nachhall des 91. Psalms und deute auf die Errettung Jesu von der Kreuzigung hin.[7]

[2] Vgl. Muḥammad Abū Zahra, Muḥāḍarāt a.a.O. 28 f.; Aḥmad Shalabī, Al-Masīḥiyya a.a.O. 42 f.; Muḥammad Djalāl Sharaf/'Abd al-Raḥmān Muḥammad 'Īsawī, Sykolodjiyya a.a.O. 327; 'Abd al-Wahhāb, Al-Nubuwwa a.a.O. 111 f.

[3] Abū Zahra, Muḥāḍarāt a.a.O. 29.

[4] 'Abd al-Wahhāb, Al-Nubuwwa a.a.O. 112; vgl. Jo 19,14; Mk 14,12 ff.; Mt 26,17 ff.; Lk 22,7 ff.

[5] Vgl. 'Abd al-Wahhāb, Al-Nubuwwa a.a.O. 112; Muḥammad Abū Zahra, Muḥāḍarāt a.a.O. 28; Aḥmad Shalabī, Al-Masīḥiyya a.a.O. 42 f.

[6] 'Abd al-Wahhāb, Al-Nubuwwa a.a.O. 113.

[7] Ebd. 112.

4.2 Jesus wurde in den Himmel erhoben

Während sich die muslimischen Autoren in Übereinstimmung mit dem Koran darin einig sind, daß Jesus nicht gekreuzigt worden ist, sondern daß Gott ihn vor dem schmachvollen Kreuzestod errettet hat, gibt es in der Frage der Himmelfahrt Jesu gravierende Meinungsverschiedenheiten: Ist Jesus mit Leib und Seele in den Himmel aufgenommen worden oder wurde nur seine Seele erhoben? Auf diese Frage geben die Autoren unterschiedliche Antworten. Die Aussage des Korans, daß Gott Jesus "zu sich (in den Himmel) erhoben" hat (Koran 4,157), läßt in dieser allgemein gehaltenen Form verschiedene Interpretationen zu. Ausführlich diskutiert Aḥmad Shalabī diesen Fragenkomplex. In einer Art Forumsdiskussion läßt er bedeutende muslimische Gelehrte zu Wort kommen und legt ihre Argumente und Stellungnahmen dar[1], um seine eigene Position zu rechtfertigen, wonach Jesus gestorben ist und nur seine Seele in den Himmel erhoben wurde.[2] Die Annahme, daß Jesus mit Leib und Seele in den Himmel eingegangen sei, hält Aḥmad Shalabī für abwegig und sieht in ihr eine im Dunkel der Geschichte aufgebaute und konstruierte irrige Meinung, "um den Vorzug Jesu über Muḥammad zu bestätigen"[3] beziehungsweise die Sendung Muḥammads für überflüssig zu erklären, da Jesus ja noch am Leben sei.[4] Mit Bezug auf Rashīd Riḍā führt der Autor weiter aus, daß die Auffassung, Jesus sei mit Leib und Seele in den Himmel erhoben worden, in Wahrheit eine von den Christen in das Denken der Muslime eingeschleuste Intrige sei.[5] Wörtlich heißt es dann: "Das ist die Glaubenslehre der Mehrheit der Christen, und sie haben in jeder Epoche seit dem Erscheinen des Islams versucht, sie unter den Muslimen zu verbrei-

[1] Aḥmad Shalabī, Al-Masīḥiyya a.a.O. 45-58.
[2] Ebd. 53.
[3] Ebd. 45.
[4] Ebd. 45.
[5] Ebd. 54.

ten"[6]. Auch Muḥammad al-Ghazālî wird als Gewährsmann für die Position des Autors herangezogen und wie folgt zitiert: "Da unsere Schrift, der ehrwürdige Koran, keine eindeutige Aussage enthält, ob Jesus noch körperlich lebt, ist es nach meiner Meinung besser für uns Muslime ..., jene Auffassung zu vertreten, die besagt, daß Jesus gestorben ist und sein Leben beendet hat und daß er – wie andere Propheten auch – nur mit seiner Seele fortlebt, ein Leben der Ehre und ein Leben von hohem Rang"[7]; anderenfalls würde man dem Gedanken an seine Göttlichkeit Vorschub leisten.[8]

Aus der langen Diskussion über diese Thematik sei noch Shalabîs Kommentar zu Sure 4,159 angeführt. Im Koran heißt es: "Und es gibt keinen von den Leuten der Schrift, der nicht vor seinem Tod an ihn glauben würde". Was ist gemeint mit "an ihn" und "vor seinem Tod"? Gemeinhin werden diese Worte auf Jesus und seine Wiederkunft am Ende der Zeit hin gedeutet. Aḥmad Shalabî vertritt in diesem Punkt eine gewisse Außenseiterposition, auch wenn er mit seiner Meinung nicht ganz allein steht, wenn er Koran 4,159 wie folgt interpretiert: "an ihn" bezieht sich auf Jesus, "vor seinem Tod" hingegen auf den Tod eines Schriftbesitzers. Deswegen – so sein Kommentar – ist dieser Koranvers in diesem Sinne zu verstehen: "Es gibt keinen von den Leuten der Schrift, der nicht im Angesicht des Todes in den letzten Atemzügen die Wahrheit erblickt. Er sieht, daß Jesus ein Gesandter ist und daß seine Botschaft wahrhaftig ist. Er glaubt daran, aber erst dann, wenn kein Glaube mehr weiterhelfen kann"[9].

Das Autorenteam Sharaf und ʿĪsawî stellt ebenfalls die Frage, ob Jesus mit Leib und Seele in den Himmel aufgenommen worden sei.[10] Sie geben ausdrücklich zu, daß die muslimischen Ge-

[6] Rashīd Riḍā, Tafsīr al-manār, Bd. 22, S. 20: Ebd. 54.
[7] Muḥammad al-Ghazālī, in: Liwā' al-Islām, April 1963, 254: Ebd. 56.
[8] Ebd.
[9] Ebd. 49 mit Verweis auf Fī ẓilāl al-Qur'ān VI, S. 14.
[10] Sharaf/ʿĪsawī, Sykolodjiyya a.a.O. 327.

lehrten auf diese Frage unterschiedlich antworten. Ohne sich selbst festzulegen, referieren sie die Meinungen anderer: Früher sei die Auffassung vertreten worden, daß Jesus mit Leib und Seele in den Himmel erhoben worden sei[11], während heutige Interpreten die These unterstützen, daß nur die Seele Jesu fortlebe. Denn Gott ließ Jesus erst sterben, nachdem er ihn aus den Händen seiner Mörder errettet hatte. Daß Jesus mit Leib und Seele in den Himmel erhoben worden sei, geben Sharaf und 'Īsawī unter Berufung auf Ḥilwānī[12] als eine von den Christen in den Islam eingeführte Meinung wieder. Die koranische Aussage, daß Gott Jesus zu sich erhoben habe, wollen sie in dem Sinn verstehen, daß Jesus eine höhere Rangstellung bei Gott erhalten habe.[13]

5 DIE ANKÜNDIGUNG MUḤAMMADS

"Die Muslime glauben, daß Christus die prophetische Sendung Muḥammads vorausverkündigt hat", schreibt Aḥmad Shalabī.[1] Grundlegender Beweis ist für ihn Koran 61,6: "Und (damals) als Jesus, der Sohn der Maria, sagte: 'Ihr Kinder Israels! Ich bin

[11] Vgl. auch Muḥammad Abū Zahra, Muḥāḍarāt a.a.O. 29.
[12] Ḥilwānī, Al-Dīn al-muqāran, S. 73-75.
[13] Sharaf/'Īsawī, Sykolodjiyya a.a.O. 327.

[1] Aḥmad Shalabī, Al-Masīḥiyya a.a.O. 69; vgl. auch Muḥammad Abū Zahra, Muḥāḍarāt a.a.O. 15; Ra'ūf Shalabī, Yā ahl al-kitāb a.a.O. 315; Aḥmad Ḥidjāzī al-Saqqā, Allāh wa ṣifātūhu a.a.O. 43 f.; Aḥmad 'Abd al-Wahhāb, Al-Nubuwwa a.a.O., 277; Muḥammad 'Izzat Ismā'īl al-Ṭahṭawī, Al-Naṣrāniyya a.a.O. 298-301 versucht durch exegetische Eskapaden nachzuweisen, daß das von Jesus verkündete Reich Gottes die islamische Gemeinschaft sei.

von Gott zu euch gesandt, um zu bestätigen, was von der Thora vor mir da war, und einen Gesandten mit einem hochlöblichen Namen (ismuhū aḥmadu) zu verkünden, der nach mir kommen wird' ..." Mit den anderen muslimischen Kommentatoren, die aḥmadu durchweg als Eigenname verstehen und auf Muḥammad hin interpretieren, will auch Aḥmad Shalabî diesen Koranvers verstanden wissen. Als weitere Beweise für die Ankündigung Muḥammads durch Jesus führt der Autor das Barnabasevangelium (39,14; 112,17) und Lk 2,14 an. Bezüglich der lukanischen Stelle "Ehre sei Gott in der Höhe und Friede auf Erden den Menschen seiner Gnade" gibt Shalabî eine Interpretation von Al-Sayyid 'Abd al-Aḥad wieder[2]. Ausgehend vom griechischen Text "*δόξα ἐν ὑψίστοις θεῷ καὶ ἐπὶ γῆς εἰρήνη ἐν ἀνθρώποις εὐδοκίας*" richtet nach den Worten von Shalabî Al-Sayyid 'Abd al-Aḥad sein Augenmerk auf die hier verwendeten Ausdrücke Eirene (Friede) und Eudokia (Gnade/Huld) und erläutert deren Verständnis: Danach bedeutet Eirene (arab.: islām) den Islam und Eudokia meint soviel wie das beste, das meiste Lob oder – arabisch ausgedrückt – Aḥmad. Der Sinn des Verses ist demnach folgender: "Ehre sei Gott in der Höhe, bald kommt der Islam auf die Erde, und Aḥmad wird ihn den Menschen bringen".[3] Diese Art vermeintlicher Exegese steht ganz im Dienst muslimischer Apologetik; hier kann nicht mehr von Auslegung des biblischen Textes geredet werden, sondern von einer willkürlichen koranischen Interpretation der Bibel.

Über Koran 61,6 hinaus gibt Aḥmad Shalabî einen weiteren Grund für die seiner Meinung nach notwendige Sendung Muḥammads an: Die Verfälschung der ursprünglich reinen Lehre des Christentums[4], so sagt er, "war das Signal für die

[2] 'Abd al-Aḥad/Dāwūd, Al-Indjīl wa l-ṣalīb (ohne nähere Angaben) 33-53.

[3] Aḥmad Shalabī, Al-Masīḥiyya a.a.O. 69.

[4] Siehe oben im I. Kapitel den Abschnitt 2.2.1.

Sendung eines neuen Propheten mit einer neuen Botschaft ... Damit kam Muḥammad und mit ihm die Botschaft des Islams ..."[5].

[5] Aḥmad Shalabī, Al-Masīḥiyya a.a.O. 278; 'Abd al-'Aẓīm Ibrāhīm al-Maṭ'anī, Muwādjaha ṣarīḥa bayn al-Islām wa khuṣūmihi, Kairo 1980, 154 spricht in bezug auf Mose und Jesus von vorläufigen "Sendungen im Wissen Gottes", wohingegen die islamische Botschaft von ewiger Bedeutung sei.

III

DAS ANDERE CHRISTENTUM: DIE VERFÄLSCHUNG DER URSPRÜNGLICHEN LEHRE

Muḥammad selbst hat Juden und Christen vorgeworfen, den ursprünglich von ihnen richtig erfaßten Sinn ihrer heiligen Schrift, Thora und Evangelium, entstellt zu haben[1]. "Taḥrîf" – zunächst als Vorwurf gegen die Juden erhoben – entstammt einer Wurzel, die "biegen" bedeutet und meint eine falsche Interpretation des Textes, ein eigenmächtiges Drehen und Wenden seines Sinns. Die muslimischen Theologen sind sich in ihrer Beurteilung nicht einig: Einige verstehen taḥrîf im Sinne der Fehlinterpretation biblischer Texte, andere vermuten nicht nur Sinnentstellung, sondern textliche Veränderungen und Eingriffe.[2]

1 DAS EVANGELIUM JESU

Die muslimischen Apologeten unterscheiden durchweg zwischen dem Evangelium Jesu einerseits und der Lehre der Christen andererseits. Mit dieser Differenzierung wollen die Autoren zum Ausdruck bringen, daß die ursprüngliche Botschaft Jesu bereits

[1] Siehe oben: I. Kapitel, Abschnitt 2.2.1.

[2] Vgl. z.B. 'Abd al-'Aẓīm Ibrāhīm al-Maṭ'anī, Mawādjaha ṣariḥa bayn al-Islām wa khuṣūmihi, Kairo 1980, 3 ff. in seiner Auseinandersetzung mit dem koptischen Patriarchen Shenuda, Al-Qur'ān wa l-masīḥiyya, in: Al-Hilāl Nr. 12 (Kairo, Dez. 1970); ders., Istiḥāla taḥrīf al-Kitāb al-muqaddas, Kairo 1977; [2]1978, 30-57. Islamische Zeugnisse für die Echtheit der Bibel ebd. 58-283.

in der neutestamentlichen Überlieferung und später dann in den Aussagen der Konzilien depraviert wiedergegeben worden ist.

"Das Christentum, wie es Christus gebracht hat", so überschreibt Muḥammad Abū Zahra ein Kapitel seines Buches.[1] Bevor er auf das *Christentum der Christen* eingeht, schickt er diesen Abschnitt voraus, um das echte und ursprüngliche Christentum darzulegen. Dieses echte, weil ursprüngliche Christentum kann nicht aus christlichen Quellen eruiert werden; denn, so Abū Zahra, einmal ist ihre Authentizität nicht mehr überprüfbar und zum anderen spiegeln sie in vielfältiger Weise die eigenen Erfahrungen der Christen wider. Darüber hinaus ist auch die Möglichkeit in Betracht zu ziehen, daß direkte Eingriffe in literarische Überlieferungen vorgenommen worden sind, daß einige Passagen getilgt und andere festgeschrieben worden sind.[2] Um das echte Christentum in seiner ursprünglichen Reinheit in den Blick zu bekommen, ist der Rückgriff auf authentische Quellen vonnöten, d.h. für den Muslim Abū Zahra, der Rückgriff auf Koran und prophetischen Ḥadīth[3]: "Da die Gestalt Christi die Mitte des heutigen Christentums und die Grundlage seines Glaubens ist, müssen wir sie (d.h. die Person Christi) nachzeichnen, wie sie im Koran dargestellt ist. Ebenso werden wir aufnehmen, was das Christentum dazu sagt, damit der Leser beide Deutungen vergleicht und erkennen kann, welche von beiden der Vorstellungskraft eher entspricht sowie vernunftkonform ist."[4]

Zweifel an der Echtheit der biblischen Schriften äußern sämtliche Autoren. "Auch wenn wir die historische Existenz Jesu bestätigen, befinden wir uns doch unmittelbar im Dunkeln der Geschichte ... Sichere Angaben sind nicht nachweisbar. Die Bücher, die vorgeben, das Leben Jesu zu beschreiben, sind

[1] Muḥammad Abū Zahra, Muḥāḍarāt a.a.O. 14-33.

[2] Ebd. 14; vgl. ebd. 181 f.

[3] Ebd. 14.

[4] Ebd. 16-17.

Schriften, die auf beträchtliche Eigenmächtigkeit und persönliche Neigungen fußten", so zitiert Ra'ūf Shalabī den Franzosen Charles Guignebert, Professor für christliche Religion und Direktor der religionsgeschichtlichen Abteilung an der Pariser Universität[5]. Er ist für ihn der westliche Kronzeuge und Garant dafür, daß die neutestamentlichen Schriften nicht als sichere Quellen über Jesus und sein Evangelium angesehen werden können. Die authentische Botschaft Jesu als nachweisbares Schriftstück gilt als nicht mehr existent und sein Verschwinden wird als vorsätzliche Maßnahme beschrieben: "Die Muslime glauben, daß das Verschwinden des Evangeliums eine absichtliche Tat war", schreibt Aḥmad Shalabī und fügt als Grund hinzu: "Denn das Evangelium Jesu steht dem Koran nahe".[6] Wie er diese seine Meinung begründet, wird nicht gesagt; darüber schweigt der Autor sich aus. Doch gibt ihm diese These die Möglichkeit und Gelegenheit, die muslimischerseits vertretene Auffassung der Schriftverfälschung erneut zu propagieren. Denn durch "das Verschwinden dieses Evangelium," wurde der Boden sowohl für Hinzufügungen wie für Auslassungen bereitet und damit der Verfälschung der christlichen Lehre Vorschub geleistet.[7] Deswegen glauben nach Aḥmad Shalabī die Muslime, "daß sich das Christentum der Christen vom Christentum Christi entfernt hat".[8] Die Schlüsselfigur dieses sich von der Botschaft Jesu völlig unterscheidenden Christentums ist für die muslimischen Autoren Paulus.[9]

[5] Ra'ūf Shalabī, Yā ahl al-Kitāb a.a.O. 71; der Autor nennt das Buch, dem er das Zitat entnommen hat, nicht.

[6] Aḥmad Shalabī, Al-Masīḥiyya a.a.O. 66; vgl. 'Abd al-'Aẓīm Ibrāhīm al-Maṭ'anī, Muwādjaha ṣarīḥa bayn al-Islam wa khuṣūmihī, Kairo 1980, 81; Muḥammad 'Abd al-Laṭīf Ibn al-Khaṭīb, Hādhā huwa l-ḥaqq, Kairo 1966; [2]1979, 50 f; Muḥammad al-Ḥusyan Āl Kāshif al-Ghiṭā', Al-Tawḍīḥ a.a.O. 17.

[7] Aḥmad Shalabī, Al-Masīḥiyya a.a.O. 66.

[8] Ebd. 66; vgl. ebd. 264; s. auch Sayyid Quṭb. Khaṣā'iṣ al-taṣawwur al-islāmī wa muqawwimātuhū. Beirut o.J., 15 f.; 68.

[9] Vgl. unten im Dritten Kapitel den Abschnitt 3.2.

2 DIE EVANGELIEN DES NEUEN TESTAMENTES: ZWEIFEL AN IHRER AUTHENTIZITÄT

Die muslimischen Apologeten sind einhellig der Meinung, daß die überlieferten Evangelien nach Matthäus, Markus, Lukas und Johannes nicht die authentische Botschaft Jesu wiedergeben: "Diese vier Evangelien wurden nicht von Christus diktiert, und sie beinhalten nicht jene Offenbarung, die ihm geoffenbart wurde, sondern sie wurden nach ihm geschrieben."[1]
Aus der Vielzahl der Evangelien, die anfangs im Umlauf gewesen seien, habe die Kirche den Kanon der vier Evangelien festgelegt und entschieden, daß nur diese authentisch und wahr seien.[2] "Wir hätten gerne diese anderen Evangelien gekannt", schreibt Muḥammad Abū Zahra, "und gewußt, was sie enthielten und warum sie abgelehnt wurden ..."[3] Doch leider schweige sich die Kirche darüber aus.

2.1 Gegen eine christliche Interpretation des Alten Testamentes

Die muslimischen Autoren, die sich mit den Schriften des Alten und Neuen Testamentes auseinandersetzen (Anzahl, Inhalt, Kanonizität), wenden sich gegen eine christliche Interpretation

[1] Muḥammad Abū Zahra, Muḥāḍarāt a.a.O. 48; R. Shalabī, Yā ahl al-Kitāb a.a.O. 146: "Die christlichen Autoren geben zu, daß diese Evangelien mit einer Diktierung durch Jesus nichts zu tun haben." Vgl. A. Shalabī, Al-Masīḥiyya a.a.O. 225; 'Abd al-'Aẓīm Ibrāhīm al-Maṭ'anī, Muwādjaha a.a.O. 80 f.

[2] Muḥammad Abū Zahra, Muḥāḍarāt a.a.O. 47; vgl. Aḥmad 'Abd al-Wahhāb, Al-Masīḥ fī maṣādir al-'aqā'id al-masīḥiyya. Khulāṣa, Kairo 1978, 36-38.

[3] Muḥammad Abū Zahra, Muḥāḍarāt a.a.O. 47. Die sogenannten *Apokryphen* sind Bücher, die "wegen phantastischer Inhalte, unbekannter Herkunft und häretischer Verfasser nicht im Gottesdienst und in der Theologie verwendet und trotz jüdischen bzw. christlichen und teilweise frühen Ursprungs nicht in den Kanon der Heiligen Schrift aufgenommen wurden" (Rahner/Vorgrimler, Kleines Theol. Wörterbuch, Freiburg [14]1983, 31).

des Alten Testamentes. Aḥmad ʻAbd al-Wahhāb widmet dieser Thematik ein eigenes Kapitel und bezeichnet die Bezugnahme auf das Alte Testament als "Irrtum"[4] und als ein "falsches Verständnis des Alten Testamentes"[5]. Er führt eine Fülle von neutestamentlichen Stellen an, die sich als Erfüllung alttestamentlicher Aussagen ausgeben, um dann festzustellen: "Es ist heute klar, daß das Alte Testament keine Prophetien über die Zukunft zusammenstellt, die man erst nach Ablauf mehrerer Jahrhunderte verstehen kann."[6] Im Gegenteil: Die Verfasser des Alten Testamentes schrieben für ihre jeweilige Zeit, griffen Themen ihrer Umwelt und des aktuellen Zeitgeschehens auf, und zwar so, daß ihre Zeitgenossen sie auch verstehen konnten. Deshalb gebe es für eine Interpretation im nachhinein gar keinen Anlaß. Bezüglich der vielen Reflexionszitate beim Evangelisten Matthäus meint ʻAbd al-Wahhāb: "Die Untersuchung des Alten Testamentes unterstützt nicht das Verständnis des Matthäus, was inhaltliche Aussagen seines Evangeliums angeht. Sie stimmt nicht mit ihm in der Interpretation der von ihm angeführten Stellen aus dem

[4] Aḥmad ʻAbd al-Wahhāb, Khulāṣa a.a.O. 105-124.

[5] Ebd. 106-108; vgl. auch Ra'ūf Shalabī, Yā ahl al-Kitāb, Kairo [3]1980, 138-144; verwundert fragt er sich: "Wie können die Christen das Alte Testament als Quelle des Christentums betrachten?" (ebd. 139), wo doch Texte des AT bis zum Konzil von Nikaia im Jahr 325 umstritten waren (ebd. 141) und alttestamentliche Gesetzesvorschriften als von Jesus aufgehoben angesehen werden (ebd. 141). Was den Autor am meisten erstaunt und befremdet, ist die Tatsache, "daß das Alte Testament von den Christen respektiert wird ohne Gegenleistung seitens der Juden, die die Evangelien ablehnen" (ebd. 144).
Zur gleichen Thematik stellt A. Shalabī fest: "Wir haben leider gesehen, daß die Christen, obwohl sie die Thora für heilig halten, sie doch nicht befolgt haben. Sie haben für erlaubt erklärt, was sie verboten hat, und sie haben ihre gesetzlichen Bestimmungen nicht gehalten. Da es ihnen möglich war, über ihre Texte zu verfügen ..., gingen sie in ihren Konzilien dazu über, das vom Text der Thora zu ändern, was sie wollten, und fingen an, die Thora dem Evangelium entsprechend zu interpretieren, wie es deutlich wird in dem Versuch, in ihr einen Hinweis auf die Gottheit Christi und die Gottheit des heiligen Geistes zu finden": Al-Masīḥiyya a.a.O. 201.

[6] ʻAbd al-Wahhāb, Al-Masīḥ, a.a.O. 107.

Alten Testament überein"...[7] Zu der in einigen Psalmen angesprochenen Messiaserwartung und ihrer neutestamentlichen Deutung auf Jesus Christus hin zitiert der Verfasser den christlichen Autor Fenton[8], der schreibt: "Es ist bekannt, daß diese Psalmen nicht von David stammen, sondern eine Produktion späterer Zeiten sind. Der ursprüngliche Sinn jener Stellen aus diesen Psalmen, die die Christen auf Christus als den [erwarteten] Messias anwenden, ist ein anderer, als der, den ihnen die Christen geben"[9]. 'Abd al-Wahhāb beruft sich in seiner Argumentation auch auf den bekannten englischen Exegeten Charles H. Dodd[10], wonach lediglich "eine kleine Anzahl von Stellen, in denen ausschließlich vom Messias die Rede ist, ... auf Christus angewendet werden können"[11]. Dazu gehören nach Dodd die Hoheitstitel "Menschensohn" und "Knecht Gottes". Doch hätten diese beiden Titel weder ursprünglich noch im Frühchristentum jene Bedeutung gehabt, die ihnen innerhalb der Entwicklung der theologischen Lehre der Kirche später zugeschrieben worden sei[12]. Daraus zieht 'Abd al-Wahhāb den Schluß, daß sich die Lehre der frühchristlichen Kirche erheblich von der der späteren Entwicklung unterscheide: "Ja, die erste Phase des Christentums – die Zeit Christi, seiner Jünger und ihrer Anhänger – glaubte, daß Christus der Sohn Adams und der Knecht Gottes ist. Aber die Lehre, die sich später entwickelte, hat dies vernachlässigt und ihm theologische Titel gegeben, die dazu führten, daß sich die *eine* Lehre in verschiedene Lehren und unterschiedliche Philosophien spaltete."[13]
Der Autor erläutert dann anhand verschiedener Textstellen aus dem Matthäus- und Johannesevangelium seine These, daß sich

[7] Ebd. 107.
[8] Fenton a.a.O. 17, 18, 359.
[9] 'Abd al-Wahhāb, Al-Masīḥ a.a.O. 108.
[10] Charles H. Dodd, According to the scriptures, London 1965, 116.
[11] Ebd. 116, zitiert nach 'Abd al-Wahhāb, Al-Masīḥ a.a.O. 108.
[12] Ebd.
[13] 'Abd al-Wahhāb, Al-Masīḥ a.a.O. 108.

eine christliche Interpretation alttestamentlicher Aussagen verbiete: "Aus dem falschen Verständnis der Bücher des Alten Testaments ergibt sich, daß jene [alttestamentlichen] Zeugnisse, die die Verfasser der Evangelien und die übrigen Bücher des Neuen Testamentes zitieren, nicht mit dem übereinstimmen, was sie beweisen wollen, daß nämlich Christus der Sohn Gottes sei und daß er als Lösegeld für viele gekreuzigt worden sei."[14]

2.1.1 Reflexionszitate aus dem Matthäusevangelium[15]

– Mt 2,4-7: "Und er [König Herodes] ließ alle Hohenpriester und Schriftgelehrten des Volkes zusammenkommen und forschte sie aus, wo der Messias geboren werden solle. Sie sagten ihm: "In Bethlehem im Lande Juda. Denn so steht geschrieben im Propheten [Mich 5,1]: 'Und du, Bethlehem, Land Judas, bist keineswegs die geringste unter den Fürstenstädten Judas, denn aus dir wird der Herrscher hervorgehen, der mein Volk Israel weiden wird.' Da rief Herodes die Weisen heimlich zu sich und horchte sie aus, wann ihnen der Stern erschienen sei." 'Abd-al-Wahhāb bringt diesen Matthäustext nicht nur mit der darin zitierten Micha-Stelle zusammen, sondern verweist auch auf 2 Sam 5,1-3, wo von der Salbung Davids als König von Israel die Rede ist. Dazu sein Kommentar: "Es ist offenbar, daß der Absatz aus dem zweiten Buch Samuel von der Geschichte Davids spricht, davon, wie das Volk ihn zum König gewählt hat. Der Micha-Text verkündet einen guten Herrscher, der Israel regiert."[16] Da Christus aber keinen einzigen Tag über Israel geherrscht habe, so 'Abd al-Wahhāb mit Verweis auf Lk 12,13-14 und Jo 6,15 weiter, könne "diese Mischung aus Texten des Alten Testamentes ... keine Prophetie abgeben, die auf Christus paßt".[17]

[14] Ebd. 109.
[15] Ebd. 110-118.
[16] Ebd. 111.
[17] Ebd. 112.

– Mt 2,14-15: "Da stand er [Joseph] auf, nahm des Nachts das Kind und seine Mutter und floh nach Ägypten und blieb dort bis zum Tode des Herodes. So sollte das Wort in Erfüllung gehen, das der Herr durch den Propheten [Hos 11,1] gesprochen hat: 'Aus Ägypten habe ich meinen Sohn gerufen' ". Unter Berufung auf Ex 4,21-23 stellt 'Abd al-Wahhāb fest, daß sich die von Matthäus zitierte Hosea-Stelle auf das Volk Israel bezieht, das Gott aus Ägypten herausgeführt habe, – ein längst vergangenes Geschehen, das in keiner Weise einen Hinweis auf die Rückkehr des Jesuskindes aus Ägypten impliziere.[18]

– Mt 12,17-21: ... "Damit sich das Schriftwort erfülle, das durch den Propheten Jesaja erging [Js 42,1-4]: 'Siehe mein Knecht, den ich erwählt habe, mein Geliebter, an dem meine Seele Wohlgefallen gefunden. Ich werde meinen Geist auf ihn legen, und er wird den Völkern das Recht verkünden. Er wird nicht streiten noch schreien, und auf den Straßen wird man seine Stimme nicht hören. Das geknickte Rohr wird er nicht zerbrechen und den glimmenden Docht nicht auslöschen, bis er das Recht zum Siege hinausführt. Und auf seinem Namen werden die Völker hoffen." 'Abd al-Wahhāb zitiert, um seine Position zu erhärten, Fenton: "Es ist deutlich, daß Matthäus weder der hebräischen noch der griechischen Textüberlieferung folgte, sondern das übernahm, was ihm für seine Meinung passend erschien, daß sich nämlich [in seinen Augen] die [alttestamentliche] Prophetie in Jesus und der Kirche realisiert hat".[19] Dieser matthäischen Interpretation hält 'Abd al-Wahhāb entgegen, daß sie widersprüchlich sei: "Hier sagen, daß Jesus der Knecht Gottes sei, und dann einige Verse weiter, er sei etwas anderes, das ist ein offensichtlicher Widerspruch, den zu beurteilen dem Verstand und dem Gewissen des Lesers überlassen bleibt".[20] In diesem Zusammenhang verwundert allerdings die Auffassung des Autors, daß bereits Jesaja auf Jesus hingedeutet habe.

[18] Ebd. 112-113.
[19] Ebd. 114; Fenton a.a.O. 195.
[20] Ebd. 115.

'Abd al-Wahhābs Kommentar liest sich so: "Jesaja und das Evangelium [nach Mt] nennen Jesus hier 'Knecht Gottes'".[21] Hier wird die Inkonsequenz seiner Argumentation offenbar: Das alttestamentliche "Knecht-sein" darf deswegen auf Jesus hin interpretiert werden, weil es der koranischen Auffassung entspricht. Dementsprechend schreibt 'Abd al-Wahhāb resümierend: "Wenn sich die Christen darauf einigen könnten, daß es die erste Eigenschaft Jesu ist, Knecht Gottes zu sein, dann wird sich die Einheit des Christentums verwirklichen"[22] – eine koranische, keine christliche Position.

– Mt 27,3-10: "Als nun Judas, der ihn überliefert hatte, sah, daß er verurteilt war, ergriff ihn Reue, und er brachte die dreißig Silberlinge den Hohenpriestern und Ältesten zurück und sagte: 'Ich habe gesündigt, denn ich habe unschuldiges Blut überliefert.' Die aber sagten: 'Was geht das uns an? Sieh du zu!' Da warf er die Silberlinge in den Tempel, entfernte sich und ging hin und erhängte sich. Die Hohenpriester aber nahmen die Silberlinge und sagten: 'Man darf sie nicht in den Tempelschatz tun, denn es ist Blutgeld.' Nachdem sie aber Rat gehalten hatten, kauften sie davon den Töpferacker als Begräbnisplatz für die Fremden. Deshalb heißt jener Acker 'Blutacker' bis auf den heutigen Tag. Da wurde das Wort erfüllt, das durch den Propheten Jeremia gesprochen wurde: 'Und sie nahmen die dreißig Silberlinge, den Preis für den Geschätzten, wie er von den Söhnen Israels abgeschätzt worden war und gaben sie für den Töpferacker, wie es mir der Herr aufgetragen hat.'" Zunächst einmal hebt 'Abd al-Wahhāb hervor, daß die von Matthäus aufgenommene Textstelle nicht aus dem Buch Jeremia stamme, sondern eine Zitierung von Zach 11,12 ff. sei.[23] Abgesehen davon, könne das Wort des Propheten Zacharja nicht auf das Ende des Judas hin verstanden werden; denn in Zach 11,12 ff. gehe es um einen edlen Propheten, der im Namen Gottes auf-

[21] Ebd. 114.
[22] Ebd. 114.
[23] Ebd. 115 mit Berufung auf Fenton a.a.O. 432.

getreten sei, und nicht um einen Verräter, wie im Matthäusevangelium. Darüberhinaus sei zu erwägen, daß Zacharja die dreißig Silberlinge als gerechten Lohn für seine gute Tat an seinem Volk erhalten habe – daß das ein Spottpreis war (vgl. Ex 21,32: Preis für einen Sklaven), läßt 'Abd al-Wahhāb außer acht – während Judas das Geld für seinen Verrat in Empfang genommen habe. Als weiteren Unterschied zwischen der Zacharjastelle und ihrer Matthäusrezeption vermerkt der Autor die Tatsache, daß die dreißig Silberlinge, die Zacharja erhalten hatte, in den Tempelschatz geflossen seien, das Entgeld für den Verrat des Judas hingegen von den Priestern abgelehnt worden war, weil es der Lohn eines Frevels gewesen sei (vgl. Dt 23,18).[24]

– Mt 2,23: "Er kam in eine Stadt namens Nazareth und nahm dort Wohnung; so sollte sich das Wort des Propheten erfüllen: 'Er wird Nazaräer heißen' ". Da unbekannt ist, auf welchen Propheten Matthäus hier anspielt, schreibt 'Abd al-Wahhāb: "Da stehen wir vor einem Zeugnis, dessen Ursprung unbekannt ist, und das ist eine verwunderliche Art von Zeugnissen."[25]

2.1.2 Zitationen aus dem Johannesevangelium[26]

– Jo 13,18: "... die Schrift muß erfüllt werden: 'Der mein Brot ißt, hat seine Ferse gegen mich erhoben' [Ps 41,10]". Die Anwendung dieses Psalmverses auf den Verrat des Judas führt nach 'Abd al-Wahhāb entgegen der johanneischen Darstellung notwendigerweise zu folgenden Interpretationen: Da der Psalm davon spreche, daß Gott seinen Knecht schütze und ihn nicht den Absichten seiner Feinde ausliefere, bedeute das hinsichtlich des Todes Christi, daß Gott Jesus aus den Intrigen seiner Gegner befreie. Sie suchten zwar seinen Tod, Gott aber bewahrte ihn davor. So sieht 'Abd al-Wahhāb in diesem Psalm die koranische

[24] Ebd. 116.
[25] Ebd. 118.
[26] Ebd. 118-122.

Position vorweggenommen, wonach Gott Jesus vor dem Kreuzigungstod bewahrt hat. Deswegen sei es ein Irrtum, wenn Johannes glaube, daß das Komplott des Judas Erfolg haben werde.[27]

– Jo 15,24-25: "Hätte ich nicht die Werke in ihrer Mitte getan, die kein anderer getan hat, so hätten sie keine Sünde. Jetzt aber haben sie gesehen und haben doch mich und auch meinen Vater gehaßt. Aber das Wort mußte erfüllt werden, das in ihrem Gesetze geschrieben ist: 'Sie haben mich grundlos gehaßt' [Ps 35,19]." Zum Verständnis dieses Psalmverses schreibt 'Abd al-Wahhāb: "In diesem Psalm sehen wir den guten Knecht zu seinem Herrn flehen mit der Bitte um Errettung aus der Schlinge des Verderbens, die ihm sein Feind gestellt hat. Dann bittet er darum, daß sein Gegner in die Grube fällt, die er ihm gegraben hat, und er vertraut auf die Erhörung seiner Bitte.
Die Komplotteure haben geglaubt, sie hätten ihn vernichtet, aber der Herr hat ihn errettet und hat Freude an der Unversehrtheit seines Knechts".[28] Wenn nun Johannes den von ihm zitierten Psalmvers als Prophetie über Jesus verstehe, dann bedeute das konsequenterweise, daß Christus aus den Händen der ihn grundlos hassenden Komplotteure, die der Meinung waren, ihn zugrundegerichtet und getötet zu haben, errettet worden sei und auf diese Weise unversehrt blieb. So sieht 'Abd al-Wahhāb auch in dieser alttestamentlichen Stelle eine Bestätigung der koranischen Position.

– Jo 19,32-36: "Die Soldaten kamen also und zerschlugen dem einen und ebenso dem anderen, der mit ihm gekreuzigt worden war, die Beine. Als sie aber zu Jesus kamen, fanden sie, daß er schon gestorben war; sie zerschlugen seine Beine nicht, sondern einer von den Soldaten stieß ihm seine Lanze in die Seite, und sofort kam Blut und Wasser heraus. Und der es gesehen hat, hat es bezeugt, und sein Zeugnis ist wahr; und er weiß, daß er die Wahrheit sagt, damit auch ihr glaubt. Denn das ist gesche-

[27] Ebd. 119.
[28] Ebd. 120.

hen, damit die Schrift erfüllt wurde: 'Kein Bein soll an ihm zerbrochen werden' [Ps 34,21]". Aus dem Grundduktus des Psalms wird auch hier – so 'Abd al-Wahhāb – wie bei den zuvor erwähnten Texten die Errettung des guten Knechts aus dem Komplott der Bösen ersichtlich, da Gott die Bitte seines Knechtes erhört und seine Engel schickt, ihn zu erretten, wohingegen der Böse und Komplotteur dem Untergang geweiht ist.[29] Während Johannes in der Tatsache, daß kein Bein an Jesus zerbrochen worden sei, die Erfüllung alttestamentlicher Prophetie sehe und damit den Kreuzestod Jesu als im Plan Gottes vorgesehen betrachtet, sprächen die synoptischen Evangelien eine andere Sprache: Sie "stimmen darin überein, daß Jesus Gott um seine Errettung aus dem Mordkomplott gebeten hat (Mt 26, 37-39). Und es ist klar, daß Christus Gott angefleht hat, die drohende Gefahr von ihm abzuwenden, die Gefahr nämlich, in die Hände von Feinden zu fallen, die ihn zu töten suchten".[30] Wer – wie Johannes – den 34. Psalm auf Jesus hin interpretiere, müsse auch die dem Psalm immanente Logik und Konsequenz übernehmen: die Errettung Jesu vor dem Kreuzestod. Denn: "Der Engel des Herrn stellt sich um die, die ihn fürchten, und er errettet sie".[31]

2.1.3 Resümee und Appell

Abschließend faßt 'Abd al-Wahhāb das Ergebnis der ihm eigenen Exegese zusammen: "Wir haben gesehen, daß viele Verse, in denen die Verfasser der Evangelien und die übrigen Bücher des Neuen Testamentes Prophetien über Christus gesehen haben, von ihnen wörtlich verstanden und angewandt worden sind; sie sind damit einem Irrtum aufgesessen ... Und wir haben auch gesehen, wie die Worte des Alten Testamentes verdreht und in einer Weise zusammengestellt worden sind, die weder dem Text

[29] Ebd. 122.
[30] Ebd. 121.
[31] Ebd. 122.

entspricht noch logisch annehmbar ist. Diese Methode sollte dazu dienen, das Ziel zu erreichen, das sich die Schriftsteller im vorhinein gesetzt hatten. Es ging sogar so weit, daß man von Prophetien sprach, die in den Büchern des Alten Testamentes gar nicht erwähnt sind und für die die Gelehrten keine Quelle und keine Grundlage kennen."[32] Deswegen appelliert 'Abd al-Wahhāb an die Exegeten, ihre Bemühungen um die Erhellung des Alten Testamentes zu intensivieren: "Da die meisten [alttestamentlichen] Zeugnisse [im NT] in einer Deutung wiedergegeben worden sind, deren Irrtum leicht nachzuweisen ist, erfordert es die Sache, daß die heutigen Gelehrten die Aussagen des Alten Testamentes noch näher untersuchen und analysieren, indem sie sich vom Geist der Wissenschaft inspirieren lassen, der nach der Wahrheit sucht und sie unverfälscht den Menschen kundtut."[33] Den Anfang glaubt 'Abd al-Wahhāb gemacht zu haben.

2.2 Die neutestamentlichen Schriften als Produkt christlicher Autoren

In ihrer Analyse des Neuen Testamentes gehen die muslimischen Autoren Fragen der Verfasserschaft, Abfassungszeit, sowie Anlaß und Absicht der neutestamentlichen Schriften nach. Dabei versuchen sie den Nachweis zu erbringen, daß diese Bücher weder auf Jesus Christus selbst zurückgehen noch seine Botschaft authentisch wiedergeben, sondern das Produkt christlicher Autoren sind, um die Glaubenslehren des Paulus zu stützen.

[32] Ebd. 123.
[33] Ebd. 124.

2.2.1 *Zur Frage der Schriftinspiration*

Es besteht kein Zweifel, schreibt Ra'ūf Shalabî, "daß zwischen den vier Evangelien und Jesus keine Beziehung besteht, auch nicht zwischen den Aposteln und Jesus; denn alle – auch Petrus – haben ihre Beziehung zu Jesus geleugnet. Diese Haltung des Petrus zeigt, daß die Herabkunft des heiligen Geistes auf die siebzig eine reine Erfindung ist."[34]

R. Shalabî spielt damit offensichtlich auf die Geistsendung und in diesem Zusammenhang auf die christliche Lehre von der Schriftinspiration an, die er als grundlos hinstellen zu können glaubt. Was die verschiedenen christlichen Konfessionen dazu sagen und was sie unter Inspiration verstehen, will 'Abd al-Wahhāb seinen Lesern mit den Worten des Religionsgeschichtlers Günter Lanczkowski vermitteln; danach hält die katholische Kirche an der Inspiration der kanonischen Schriften des Alten und Neuen Testamentes fest: Sie seien unter Inspiration des Heiligen Geistes geschrieben und so der Kirche anvertraut worden. Die Konservativen unter den Protestanten verträten ebenfalls die Lehre von der Schriftinspiration – gemeint ist in beiden Fällen wohl die Verbalinspiration –, während die Liberalen die biblischen Bücher für historische Dokumente hielten, die – wie die literarischen Zeugnisse der Antike – Gegenstand wissenschaftlicher Untersuchung seien und sich der Literarkritik stellen müßten.[35] Die orthodoxe Kirche, so 'Abd al-Wahhāb mit Berufung auf Timothy Wore, verbiete ihrerseits historisch-kritische Bibelstudien nicht, auch wenn sie sich als letzte legitime Instanz zur Auslegung der heiligen Schriften verstehe.[36] Ob und inwieweit die Positionen der genannten Kirchen richtig wiedergegeben sind, muß hier außer acht bleiben, da es uns auf

[34] R. Shalabī, Yā ahl al-Kitāb a.a.O. 146f. Vgl. Mk 14,66-72; Mt 26, 69-75; Lk 22,56-62; Jo 18,17.25-27.

[35] Aḥmad 'Abd al-Wahhāb, Al-Masīḥ a.a.O. 16, nach G. Lanczkowski, Sacred Writings,London 1961, 31.

[36] Ebd. 17; nach T. Ware, The Orthodox Church, Harmondsworth/England 1964, 207-290.

die Argumentation der muslimischen Autoren ankommt, die sowohl die Verbal- als auch Realinspiration der neutestamentlichen Schriften ablehnen und dementsprechend nach Gründen suchen, die ihnen in ihrer Beweisführung dienlich sein könnten. Aḥmad Shalabī zitiert einen zum Islam übergetretenen Christen, ʻAbd al-Aḥad Dāwūd mit Namen, der der Auffassung ist, daß die Evangelien zur Stützung der paulinischen Glaubenslehren aufgezeichnet worden seien: "Diese Evangelien wurden in Angleichung an die Glaubensauffassungen des Paulus erstellt ... Im Lauf der Zeit ist es den Christen klar geworden, daß für die von ihnen vertretenen Glaubenslehren die Evangelien keinen Rückhalt bieten, wie die Vergebung der Sünden [Bußsakrament ?] und die Unfehlbarkeit des Papstes u.a. Daher beriefen sie Konzilien ein, um durch sie ihre Ansichten festlegen zu lassen. Wenn also die Konzilien sich das Recht nahmen, den Glauben an die Gottheit Christi für verbindlich zu erklären, ist es nicht erstaunlich, daß sie auch in weniger wichtigen Angelegenheiten dasselbe Recht beanspruchten ... Damit sind die Konzilien, d.h. Menschenwerk, die eigentliche Quelle des Christentums."[37] Wie kann man da noch von Inspiration und Offenbarung sprechen? fragt Aḥmad Shalabī.[38] Und hat nicht Lukas selbst zugegeben, daß schon viele vor ihm über Leben und Werk Jesu geschrieben und daß sie ihre Informationen von denen erhalten haben, die Augenzeugen jener Ereignisse gewesen sind (vgl. Lk 1,1 ff.)? Ihre Gewährsmänner, so folgert der Autor, sind also Menschen, und der heilige Geist ist entgegen der Meinung der Christen nicht ihr Garant.[39] So sieht es auch

[37] ʻAbd al-Aḥad Dāwūd, Al-Indjīl wal-ṣalīb (ohne nähere Angaben) 15, zitiert nach Aḥmad Shalabī, Al-Masīḥiyya a.a.O. 206.

[38] Aḥmad Shalabī, Al-Masīḥiyya a.a.O. 226.

[39] Ebd. 226; vgl. auch ʻAbd al-Wahhāb, Al-Masīḥ a.a.O. 62: "Er [Lukas] hat nicht behauptet, daß er sie [seine Informationen] unter Inspiration oder Drängen des heiligen Geistes geschrieben habe ..., vielmehr bestätigt er offen, daß seine Informationen das Ergebnis eigener Bemühungen waren, denn er habe alles von Anfang an genau verfolgt." Vgl. Abū Zahra, Muḥāḍarāt a.a.O. 93 f.

Ra'ūf Shalabî: Von Inspiration kann bei den Evangelien nicht gesprochen werden, meint er; denn ihre Verfasser "stimmen nicht in einer bestimmten Methode des Schreibens überein, sondern jeder folgte seinen eigenen Neigungen."[40] Sie ließen keine ausreichende Kenntnis des Lebens Jesu erkennen und seien intellektuell unfähig gewesen, geschichtliche Ereignisse darzustellen. Auch sei keine lückenlose Gewährskette ihrer Informationsquellen verbrieft. Deswegen seien, so faßt R. Shalabî seine Untersuchungsergebnisse zusammen, "die Evangelien von heute ... nicht das Evangelium, das auf unseren Herrn Jesus – über ihm sei Friede – herabgekommen ist und das im ehrwürdigen Koran erwähnt ist ..."[41] Im Gegenteil: "Das Evangelium Jesu hat in der kirchlichen Tradition selbst keine nennenswerte Relevanz".[42] Im selben Sinn äußert sich Abū Zahra, wenn er schreibt, daß die neutestamentlichen Schriften nicht auf Jesus zurückgeführt werden könnten.[43] Die von den Christen behauptete Schriftinspiration werde ohne jede Beweisführung vorgetragen, wobei doch die offensichtlichen Widersprüche in den Aussagen der einzelnen Schriften gerade das Gegenteil erkennen ließen, daß nämlich diese Bücher weder "durch Gottes Inspiration" zustandegekommen seien noch eine sichere Gewährskette zu denen verbürgt sei, "denen sie zugeschrieben werden".[44]

2.2.2 Zur Frage der Genese des Neuen Testamentes

Breiten Raum widmen die muslimischen Autoren der Frage der Entstehung des Neuen Testamentes. Abū Zahra führt eine Reihe von Kriterien an, die nach ihm eine Schrift erfüllen muß, um

[40] Ra'ūf Shalabī; Yā ahl al-Kitāb a.a.O. 171.
[41] Ebd. 171.
[42] Ebd. 171; der Autor verweist in diesem Zusammenhang auf sein Buch: Aḍwā' 'alā l-Masīḥiyya, veröffentlicht in Kuwait, in dem er diese Thematik eingehender behandelt habe.
[43] Abū Zahra, Muḥāḍarāt a.a.O. 92.
[44] Ebd. 107.

Anerkennung und Autorität beanspruchen zu können. Es sind dies jene Kriterien, die die Muslime bezüglich ihrer Ḥadîth-Sammlungen entwickelt haben. Als absolut verstandene Normen werden sie nun einfachhin auf die neutestamentlichen Schriften angewandt. Da diese Kriterien auch bei den anderen zeitgenössischen Denkern zu finden sind, sollen sie hier wiedergegeben werden, wie Abū Zahra sie aufgelistet hat:

1. Ein Gesandter, dem eine heilige Schrift zugeschrieben wird, muß ohne jeden Zweifel wahrhaftig sein. Er muß diese seine Integrität durch ein Wunder oder etwas Außergewöhnliches ausgewiesen haben, durch das er seine Gegner herausfordert. Dieses Faktum muß durch eine von Generation zu Generation ununterbrochene Überlieferung abgesichert sein.

2. Die Schrift darf keine Widersprüche enthalten, denn was von Gott ausgeht, kann sich nicht widersprechen.

3. Der Gesandte muß von der ihm anvertrauten Offenbarung überzeugt sein und sie als solche durch Beweise ausweisen. Das geschieht durch Wunder, die er durch Gottes Vollmacht wirkt. Diese Tatsache muß ebenfalls durch eine überprüfbare Gewährskette verbürgt sein.

4. Die Schrift muß direkt auf den Gesandten zurückgeführt werden können; jede Möglichkeit apokrypher Überlieferung muß ausgeschlossen sein.

5. Als ununterbrochene Gewährskette ist anzusehen, wenn eine Gruppe von vertrauenswürdigen Menschen, von denen nicht zu befürchten ist, daß sie sich auf das Falsche einigen, von einer zeitlich früheren, ebenfalls vertrauenswürdigen Gruppe eine Überlieferung übernimmt, und letztere wieder von einer ihr vorhergehenden usw. bis man zum Gesandten selbst zurückkommt, so daß eine lückenlose und glaubwürdige Tradition gewährleistet ist.[45]

[45] Ebd. 90-91.

Vorstehende der islamischen Überlieferung entnommenen Bedingungen werden nun auf die neutestamentlichen Schriften angewandt.[46] "Die Bücher sind die Grundlage der Religion", schreibt Abū Zahra[47], und gibt damit jene islamische Vorstellung wieder, wonach die geschriebene Offenbarung dem Glauben voraufgeht: Am Anfang steht das Buch, daraus folgt der Glaube. Anders hatte es Paulus gesagt: Nach ihm ist die Verkündigung des gehörten Wortes das Primäre; Glauben kommt vom Hören des verkündigten Wortes, dann erst erfolgt die schriftliche Fixierung. Weil nach islamischer Auffassung die schriftlich niedergelegte Offenbarung die Grundlage der Religion ist, ist dieses geschriebene Wort der Offenbarung strengen Maßstäben unterworfen; es muß den oben genannten Kriterien genügen, ansonsten kann man sich auf seine Authentizität nicht verlassen, der Religion fehlt dann ihre Basis. Sie kann dann – so Abū Zahra weiter – nicht mehr als Religion angesehen werden, sondern nur noch als ein Konglomerat althergebrachter Legenden, die unter dem Decknamen einer anerkannten Persönlichkeit als religiöse Wahrheit ausgegeben werden.[48] Genau das ist nach ihm bei den neutestamentlichen Schriften der Fall; sie erfüllen nicht jene an sie gestellten Bedingungen: Sie sind weder auf Jesus selbst zurückzuführen noch auf ihre vermeintlichen Verfasser, weil deren Authentizität nicht durch eine ununterbrochene Gewährskette oder beglaubigende Wundertätigkeit nachgewiesen werden kann.[49]

Damit entbehren diese Schriften der geforderten Autorisierung. Weil ihnen ihre Legitimität fehlt, können sie die von ihnen beanspruchte Autorität nicht gültig erheben. Die in ihnen enthal-

[46] Ebd. 91-107. – Zur Frage der Entstehung des Neuen Testaments aus christlicher Sicht vgl. u.a. K.H. Schelkle, Das neue Testament. Eine Einführung, Kevelaer [3]1966; J. Schreiner (Hrsg.), Gestalt und Anspruch des Neuen Testaments, Würzburg 1969; F.J. Schierse, Einleitung in das Neue Testament, Düsseldorf 1978.

[47] Ebd. 91.

[48] Ebd. 91.

[49] Ebd. 92 ff.

tenen Widersprüche erhärten nach Abū Zahra diese seine Beurteilung.[50]
Auch die anderen muslimischen Autoren vertreten ebenso vehement wie Abū Zahra die Auffassung, daß die neutestamentlichen Schriften keinen Anspruch auf Autorität geltend machen können. In ihrer Analyse der vier neutestamentlichen Evangelien kommen sie einhellig zu dem Ergebnis, daß sowohl deren Verfasser als auch deren Abfassungsdatum unbekannt sind.[51] Diese Unsicherheit führt bei ihnen dazu, die Echtheit der Evangelien anzuzweifeln und deren Genese in das Dunkel der Geschichte und in den Bereich des Legendarischen zu verweisen.

2.2.3 Zur Kanonbildung

Die Grundbedeutung des griechischen Wortes *κανών* entspricht der des hebräischen Ḳāneh, d.h. Schilfrohr. Über die Bedeutung "Meßrute", "Meßlatte" erhielt es dann in übertragenem Sinn jene Bedeutung, um die es in unserem Zusammenhang geht: "Maßstab", "Richtschnur", "Norm".[52] Seit Mitte des 4. Jahrhunderts n. Chr. wird die Sammlung der heiligen Schriften des Alten und Neuen Testaments als *Kanon* bezeichnet, d.h. ihr göttlicher Ursprung wird von der Kirche offiziell anerkannt.
Daß diese Sammlung das Ergebnis einer langen Entwicklungsphase ist, die sich in mehreren Etappen vollzog, wird von den muslimischen Apologeten zum Anlaß der Kritik genommen.

[50] Ebd. 99-106; vgl. insbesondere auch A. 'Abd al-Wahhāb, Al-Masīḥ a.a.O. 77-103.

[51] Abū Zahra, Muḥāḍarāt a.a.O. 49-64; R. Shalabī, Yā ahl al-Kitāb a.a.O. 152-171; A. Shalabī, Al-Masīḥiyya a.a.O. 209-215; A. 'Abd al-Wahhāb, Al-Masīḥ a.a.O. 43-73; Āl Kāshif al-Ghiṭā', Al-Tawḍīḥ a.a.O. 105-109.

[52] Vgl. 2 Kor 10,13.15; Gal 6,16. Zur Kanonbildung vgl. zur ersten Information: H. Haag/A. Vögtle, "Kanon", in: H. Haag (Hrsg.), Bibellexikon, Zürich [3]1982, Sp. 915-924 (Lit.); K. Rahner/H. Vorgrimler, Kleines Theologisches Wörterbuch (Herderbücherei 557), Freiburg [14]1983, 221-222: "Daß die Bücher (der Heiligen Schrift) inspiriert und kanonisch sind, wissen wir unmittelbar durch die kirchliche Lehrverkündigung, die die göttliche Offenbarung als ursprüngliche Quelle dieses Wissens bezeugt" (222).

Sie verweisen auf umstrittene Bücher des Alten Testamentes hin, von denen nicht sicher sei, ob sie im strengen Sinn zum jüdischen Kanon gerechnet wurden, wie die Bücher Tobit, Judit, Ester, 1 und 2 Makkabäer, Weisheit, Kohelet, Sirach und Baruch.[53] R. Shalabî folgert daraus, daß das Alte Testament "bei den ersten Christen weder eine geschichtliche noch religiöse Bedeutung besaß".[54] Was für Teile des Alten Testamentes gilt, trifft auch auf Schriften zu, die in der Zeit des frühen Christentums entstanden seien; auch hier sei selektiv vorgegangen worden. A. 'Abd. al-Wahhāb[55] zitiert den Religionsgeschichtler Günther Lanczkowski: "Es fiel eine große Zahl von Schriften des Frühchristentums aus dem Kanon des Neuen Testamentes heraus. Das sind die Apokryphen wie die Evangelien der Hebräer, der Ägypter, des Petrus ... Apokalypsen, die nicht anerkannt wurden, wie die Apokalypse des Petrus, der Pastor des Hermas ... die Worte apostolischer Väter. Das genaue Datum, wann die Kanonizität der Bücher des Neuen Testamentes festgesetzt wurde, ist unbekannt".[56]

3 DIE QUELLEN DES CHRISTENTUMS

Die muslimischen Autoren unterstreichen nicht nur die Tatsache, daß die Kanonbildung erst relativ spät erfolgte und somit mit vielen Unsicherheiten belastet sei, sondern heben vor allem die Selektion und Auswahl der als kanonisch geltenden Schriften hervor und fragen sich, warum gerade diese und nicht andere Bücher dem Kanon zugezählt worden sind. Ihre Kritik setzt bei den vier neutestamentlichen Evangelien an.

[53] Vgl. R. Shalabī, Yā ahl al-Kitāb a.a.O. 143-144.
[54] Ebd. 144.
[55] A. 'Abd al-Wahhāb, Al-Masīḥ a.a.O. 20.
[56] G. Lanczkowski, Sacred Writings, 37, zitiert nach 'Abd al-Wahhāb, Al-Masīḥ a.a.O. 20; vgl. ebd. 32-36.

3.1 Die vier neutestamentlichen Evangelien

Erhebliche Unsicherheiten und Ungereimtheiten stellen die muslimischen Apologeten bei der Entstehung der vier neutestamentlichen Evangelien fest: Verfasser, Ort und Zeit der Abfassung sowie die jeweiligen Originale seien vielfach unbekannt, zumindest jedoch ungewiß.[1] Das mindere den Wert dieser Schriften erheblich, da sie nicht als authentische Quellen angesehen werden könnten.

Von entscheidender Bedeutung ist jedoch für die Autoren die inhaltliche Differenz in den Aussagen der Synoptiker einerseits und dem Johannesevangelium andererseits. Die ersten drei Evangelien sagen nach ihnen noch nichts aus über den späteren Glauben der Christen an die Gottheit Jesu Christi[2], während das vierte Evangelium ihn zum Hauptinhalt hat: Dieses Evangelium, so R. Shalabī, sei geschrieben worden, "um eine besondere Richtung zu unterstützen, die sich zur Gottheit Jesu bekannte. Daher erklärt sich auch die Verschiedenheit zu den drei ersten Evangelien, die nichts über die Gottheit Jesu erwähnt haben".[3] Auf diese Weise habe das sogenannte Johannesevangelium dazu beigetragen, die Differenzen zwischen den Christen, "die glaubten, daß Jesus nicht Gott, sondern Mensch sei, und denen, die meinten, er sei Gott", zu vertiefen.[4] Diese Kluft in den Aussagen werde durch die johanneische Lehre von der Dreifaltigkeit Gottes noch verstärkt, eine Lehre, die nach ʿAbd al-Wahhāb "trotz ihres Widerspruchs zum Inhalt der Synoptiker, ja sogar trotz ihres Widerspruchs zum Monotheismus, der im selben Evangelium nach Johannes enthalten

[1] Vgl. A. ʿAbd al-Wahhāb, Al-Masīḥ a.a.O. 29-32. 43-73; Abū Zahra, Muḥāḍarāt a.a.O. 49-63; R. Shalabī, Yā ahl al-Kitāb a.a.O. 148-171; A. Shalabī, Al-Masīḥiyya a.a.O. 201-227.

[2] Vgl. Abū Zahra, Muḥāḍarāt a.a.O. 63; A. Shalabī, Al-Masīḥiyya a.a.O. 210.

[3] R. Shalabī, Yā ahl al-Kitāb a.a.O. 163.

[4] Ebd. 165.

ist"[5], die Kirche später übernommen habe. Und der Autor fährt fort: "Das führte die Gelehrten des Christentums dazu festzustellen: '... zwischen den Synoptikern und dem Johannesevangelium gibt es einen solchen Unterschied, daß, wenn man die Authentizität der Synoptiker annimmt, man zugleich die Inauthentizität des Johannesevangeliums annehmen müßte'"[6]. 'Abd al-Wahhāb zitiert hier aus der Encyclopedia Americana[7]. Desweiteren glauben die Autoren, in den vier neutestamentlichen Evangelien viele Widersprüche entdecken zu können.[8] 'Abd al-Wahhāb spricht unter anderem die im Matthäus- und Lukasevangelium je unterschiedlich überlieferte Genealogie Jesu an[9], um dann festzustellen: "Es ist klar, daß man keine der beiden Versionen annehmen kann; wenn man die eine als richtig ansieht, muß die andere falsch sein"[10]. Es mag verwundern, daß – wie hier – die muslimischen Autoren vordergründig, ja geradezu naiv argumentieren. Um die theologische Eigenart der einzelnen Evangelisten kümmern sie sich wenig; abgesehen davon, daß die muslimischen Apologeten die Intention des Johannes, das Bekenntnis zu Jesus als dem Sohn Gottes zu entfalten, kritisieren und attackieren, fragen sie ansonsten nicht nach der je eigenen theologischen Perspektive der anderen drei Evangelien. Gerade das aber ist nötig, will man sich kritisch mit ihnen auseinandersetzen. So manche von den Muslimen als widersprüchlich deklarierte neutestamentliche Überlieferung wird verstehbar, wenn man sie auf ihre Aussageintention hin befragt: So will Matthäus in seinem "Buch der Abstammung Jesu Christi, des Sohnes Davids, des Sohnes Abrahams" (Mt 1,1) den Nachweis erbringen, daß in Jesus der verheißene Messias

[5] 'Abd al-Wahhāb, Al-Masīḥ a.a.O. 29.

[6] Ebd. 29.

[7] Encyclopedia Americana vol. 16, 73, zitiert nach A. 'Abd al-Wahhāb, Al-Masīḥ a.a.O. 29.

[8] A. 'Abd al-Wahhāb, Al-Masīḥ a.a.O. 77-103.

[9] Ebd. 78-83.

[10] Ebd. 85.

gekommen ist, d.h. er will im Licht alttestamentlicher Weissagungen die Geschichte des Messias Jesus auf dem Hintergrund der gesamten messianischen Erwartung von Abraham angefangen (Gn 12,2 f.) über David (2 Sam 7,12) bis zum "Ende der Welt" (Mt 28,20) darstellen, während Lukas für seinen Leserkreis den Stammbaum Jesu auf Adam zurückführt (Lk 3,38), um Jesus als den neuen Adam, den Beginn einer neuen Menschheitsgeschichte auszuweisen.[11]

Daß das Johannesevangelium in Auseinandersetzung mit der philosophischen und religiösen Bewegung der Gnosis unter anderem gnostische Begrifflichkeit aufgenommen hat, ist allgemein akzeptiertes Forschungsergebnis christlicher Exegeten. "Die Gnosis behauptete, eine tiefere Kenntnis Gottes, der Welt und der Menschen zu besitzen. Die radikale Gnosis lehrte, daß dem guten Gott ein böses Wesen entgegensteht, das die Welt geschaffen hat. Der Mensch gehört mit seinem Leib der bösen Welt an, seine Seele aber stammt aus der göttlichen Sphäre. Der Mensch muß sich aus dieser bösen Welt lösen. Darum ist von ihm Enthaltsamkeit von Speisen wie geschlechtliche Enthaltung gefordert. Auch das Johannesevangelium spricht vom Gegensatz zwischen der guten und bösen Welt, wenn auch diese Welt nicht als böse geschaffen ward, sondern durch Unglaube und Sünde böse geworden ist. Der Gläubige darf sich an diese böse Welt nicht verlieren ... Wenn das Johannesevangelium wie andernorts das Neue Testament Wörter und Begriffe der Gnosis oder ähnlicher zeitgenössischer Religiosität übernahm, so wollte es die Religionen nicht vermischen, sondern es benützte die Sprache seiner Zeit, um verstanden zu werden."[12] Auch die muslimischen Autoren gehen der Frage nach, welche Faktoren auf die Gestalt des Neuen Testamentes Einfluß genommen ha-

[11] Vgl. näherhin dazu L. Hagemann, Christentum. Für das Gespräch mit Muslimen, Altenberge ³1986, 51-64.

[12] K.H. Schelkle, Das Neue Testament. Eine Einführung, Kevelaer ³1966, 95-96.

ben[13]. ‘Abd al-Wahhāb kommt dabei auch auf die Gnosis zu sprechen[14] und stellt fest, daß das Johannesevangelium selbst in seinem Kampf gegen die Gnosis deren Lehre aufgegriffen habe: Es habe sich “selbst durch die Gnosis beeinflussen lassen, die es bekämpfen wollte”.[15] Der Autor sieht darin eine Depravierung des ursprünglichen christlichen Glaubens. Auch die Frage der Naherwartung schneidet ‘Abd al-Wahhāb an: “Viele Wissenschaftler meinen, daß Jesus selbst seine rasche Wiederkunft auf die Erde nach seinem Tod in Glorie und Herrlichkeit erwartete”.[16] Doch sei diese Erwartung, die das Neue Testament hege, nicht in Erfüllung gegangen. Sie sei auch nicht genuin christlich, sondern den Vorstellungen des jüdischen Volkes entnommen, das “damals allgemein das nahe Kommen des Reiches Gottes”[17] erwartet habe. Die Konsequenz, die ‘Abd al-Wahhāb aus seinen Überlegungen zieht, liegt auf der Hand: Das Neue Testament hat Ideen und Vorstellungen seiner Umwelt aufgegriffen und sich von ihnen beeinflussen lassen. Es kann deshalb nicht als authentische Quelle des Christentums angesehen werden.

Exkurs: Das Barnabas-Evangelium

Anders verhält es sich nach den muslimischen Autoren mit dem Barnabas-Evangelium, dem sie eine besonders große Aufmerksamkeit widmen.[1] Durchweg halten sie die Authentizität dieses

[13] Vgl. ‘Abd al-Wahhāb, Al-Masīḥ a.a.O. 21-29.
[14] Ebd. 25-29.
[15] Ebd. 28; ‘Abd al-Wahhāb beruft sich auf C.F. Potter, The lost Years of Jesus revealed, New York 1963, 24; 133.
[16] Ebd. 23.
[17] Ebd. 25; der Autor zitiert für seine Argumentation J.C. Fenton, Saint Matthew, Harmondsworth/England 1963, und A. Schweitzer, Von Reimarus zu Wrede, Tübingen 1906, ^{2}1913.

[1] Vgl. Abū Zahra, Muḥāḍarāt a.a.O. 66-78; R. Shalabī, Yā ahl al-Kitāb a.a.O. 172-186; A. Shalabī, al-Masīḥiyya a.a.O. 215-224.

Evangeliums für wahrscheinlich.[2] Sie werfen die Frage auf, warum gerade dieses Evangelium von der Kirche nicht in den Kanon der neutestamentlichen Schriften aufgenommen worden ist, obwohl seine Authentizität nach ihrer Meinung gesicherter ist als die der anderen Evangelien. Für M. Abū Zahra ist die Beantwortung dieser Frage einfach: Das Barnabas-Evangelium stoße bei den Christen deswegen auf Ablehnung, "weil es ihren Evangelien und ihren Briefen in wesentlichen Glaubensfragen widerspricht".[3] Dabei hätten die Muslime vermutet und erwartet, daß die Entdeckung des Barnabas-Evangeliums für die Kirche Anlaß genug gewesen wäre, die Frage der Authentizität und Kanonizität der neutestamentlichen Schriften noch einmal zu überprüfen und sie inhaltlich am Barnabas-Evangelium zu messen.[4] "Aber die Kirche und die Fantiker unter den Christen lehnen es absolut ab"[5], ja sie bemühen sich nicht einmal, es wissenschaftlich zu untersuchen. Ihre These, das Barnabas-Evangelium orientiere sich in einigen Punkten am Koran und Ḥadîth, sei nicht haltbar, wie zuverlässige Wissenschaftler festgestellt hätten.[6]

Die Kirche würde – so M. Abū Zahra – der Menschheit einen großen Dienst erweisen, wenn sie dieses Evangelium seinem Inhalt nach mit den paulinischen Briefen vergleichen würde, um zu erfahren, "wessen Weg richtiger ist, wer der Wahrheit näher und wer ihr inniger verbunden ist"[7]: Paulus oder Barnabas. Die muslimischen Apologeten gehen davon aus, daß in der frühen christlichen Überlieferung Barnabas ein höheres Ansehen genossen habe als Paulus; letzterer habe schließlich die Kirche

[2] Vgl. Abū Zahra, Muḥāḍarāt a.a.O. 71-74; R. Shalabī, Yā ahl al-Kitāb a.a.O. 172 ff.; A. Shalabī, al-Masīḥiyya a.a.O. 219-220.

[3] M. Abū Zahra, Muḥāḍarāt a.a.O. 74.

[4] Ebd.

[5] Ebd. 78.

[6] Ebd.

[7] Ebd.

zuerst verfolgt[8]. Ausführlich läßt R. Shalabî die Apostelgeschichte zu Wort kommen, um die Bedeutung des Barnabas im Frühchristentum herauszustellen.[9] Er kommt zu dem Schluß, daß dessen Gewichtigkeit größer einzuschätzen sei als die des Markus oder Lukas: "Wenn man Markus oder Lukas glaubt, um wieviel mehr müßte man dann Barnabas glauben, für den sie Zeugnis abgelegt haben!"[10] Da selbst Paulus Barnabas erwähne (Kol 4,10), stellt R. Shalabî die Frage: "Kann man eigentlich Barnabas den Rang eines predigenden Gesandten abstreiten, eines reinen, vom Heiligen Geist erfüllten, besonders für das Werk der Verkündigung bestimmten Gesandten?"[11] Die Antwort, die der Autor gibt, kleidet er in folgendes Bild: Nur ein Blinder wird die Existenz der Sonne leugnen. Wer die Authentizität des Barnabas-Evangeliums bezweifle, stelle zugleich die Echtheit der anderen neutestamentlichen Schriften in Frage.[12] Ihm gehe es nicht darum, fährt R. Shalabî fort, das Barnabas-Evangelium zu verteidigen, sondern um der wissenschaftlichen, ehrlichen und wahren Forschung willen ihm jenen Platz einzuräumen, den ihm die auch von den frühen Christen anerkannten Texte zuschreiben.[13] Dann legt der Autor seine grundsätzliche Position bezüglich des Barnabas-Evangeliums dar: Als Muslim komme es ihm nicht darauf an, ob dieses Evangelium christlicherseits abgelehnt oder angenommen werde. Für einen Muslim sei auch diese Schrift auf gar keinen Fall als das Evangelium anzusehen, das auf Jesus selbst zurückgeführt und ihm zugeschrieben werden könne, als eine auf ihn herabgesandte Offenbarung. Denn, so die Argumentation, "das Evangelium des Barnabas ist nicht das Evangelium, das im ehrwürdigen

[8] Vgl. R. Shalabī, Yā ahl al-Kitāb a.a.O. 174.

[9] Ebd. 172-173; der Autor zitiert Apg 4,27; 9,26-27; 11,22.26; 12,24; 13,1-2; 14,14-16; 15,36-41.

[10] Ebd. 174.

[11] Ebd. 175.

[12] Ebd.; vgl. auch A. Shalabī, Al-Masīḥiyya a.a.O. 220-221.

[13] Ebd. 176.

Koran erwähnt wird, jenes Evangelium nämlich, das Gott unserem Herrn Jesus geoffenbart hat".[14] Als Beleg für seine These führt R. Shalabî Koran 5,46 an: "Dann ließen wir Jesus, den Sohn der Maria, folgen, um zu bestätigen, was von der Thora vor ihm da war. Und wir gaben ihm das Evangelium, das in sich Rechtleitung und Licht enthält, damit es bestätige, was von der Thora vor ihm da war, und als Rechtleitung und Ermahnung für die Gottesfürchtigen."[15] Der Koran als oberste und letzte Wahrheitsinstanz gibt hier das Kriterium an, was wahr und was falsch ist. "Es besteht ein großer Unterschied", so R. Shalabî weiter, "zwischen einem Evangelium, das eine Offenbarung Gottes an seinen Propheten Jesus ist, und einem Evangelium, das ein Apostel geschrieben hat; mag sein Inhalt auch noch so wahr sein, letzteres ist Menschenwerk"[16]. Die muslimischerseits vertretene Lehre von der Verbalinspiration des Korans wird hier als Forderung auch auf das Neue Testament übertragen. R. Shalabî kommt auch auf die Geschichte des Barnabas-Evangeliums zu sprechen (Autor, Zeit, Manuskript[17]), erwähnt italienische und spanische Versionen dieser Schrift[18], spricht sich aber – ebenso wie M. Abū Zahra – gegen eine arabische Fassung des Evangeliums aus.[19] Sicher ist nach Abū Zahra, daß dieses Evangelium den Muslimen unbekannt war, da es nirgendwo in christlich-muslimischen Streitgesprächen erwähnt werde.[20] Die muslimischen Autoren lassen hier allerdings außer acht, daß das ursprüngliche Barnabas-Evangelium verloren ist; erhalten ist in einer Wiener Handschrift des 16. Jahrhunderts ein umfangreiches italienisches Barnabas-Evangelium, das von einem zum Islam übergetretenen Juden oder Christen möglicherweise im

[14] Ebd. 177.
[15] Ebd.
[16] Ebd.
[17] Ebd. 174-183; vgl. auch A. Shalabī, Al-Masīḥiyya a.a.O. 216 ff.
[18] Ebd. 178-180.
[19] Ebd. 181; M. Abū Zahra, Muḥāḍarāt a.a.O. 74.
[20] M. Abū Zahra, Muḥāḍarāt a.a.O. 74.

14. Jahrhundert erstellt worden ist[21]. Dazu schreibt R. Shalabî: "Wenn dieser Jude zum Islam übergetreten ist, was nützt ihm als Muslim das Barnabas-Evangelium? Als Muslim ist es ihm verboten, Texte der Thora oder des Evangeliums zu lesen. Im Ḥadîth nach Ibn Ḥanbal steht geschrieben: 'Umar kam zum Propheten mit einem Buch, das er von einem Schriftbesitzer erhalten hatte. Er las es dem Propheten vor. Dieser wurde zornig und sagte: ... Bei dem, in dessen Hand meine Seele ist, ich habe sie (d.h. die Botschaft) weiß und rein gebracht. Befragt sie (die Schriftbesitzer) nicht, damit sie euch nicht etwas Wahres mitteilen, was ihr für falsch haltet, oder sie euch etwas Falsches lehren, was ihr für wahr haltet. Bei dem, in dessen Hand meine Seele ist, wenn Mose noch leben würde, so wäre er mit Sicherheit mir gefolgt!'"[22]

R. Shalabî wendet sich dann den inhaltlichen Differenzen zwischen dem Barnabas-Evangelium und den kanonischen Evangelien zu und hebt folgende Unterschiede hervor:

Entgegen dem Zeugnis der neutestamentlichen Evangelien hat nach dem Barnabas-Evangelium 1. Jesus seine Gottheit geleugnet und verneint, daß er Gottes Sohn sei. 2. Der Sohn, den Abraham opfern sollte, war Ismael. 3. Der erwartete Messias war nicht Jesus, sondern Muḥammad[23]; nach seiner Vertreibung aus dem Paradies habe nämlich Adam folgende auf der Paradies-

[21] Vgl. dazu L. and L. Ragg, The Gospel of Barnabas, Oxford 1907; 1973; L. Ragg, The Mohammedan Gospel of Barnabas, in: The Journal of theological Studies 6 (London 1909) 424-433; Evangile de Barnabé. Recherches sur la composition et l'origine par L. Cirillo. Texte Italien et traduction par L. Cirillo et M. Frémaux. Paris 1977; J. Jomier, L'Evangile selon Barnabé, in: Mélanges de l'Institut Dominicain d'Etudes Orientales du Caire 6 (1959-61) 137-226; ders., Une énigme persistante: L'Evangile dit de Barnabé, in: ebd. 14 (1980) 271-300; J. Slomp, Das "Barnabasevangelium", in: Cibedo-Texte 14 (1982) 1-16.

[22] R. Shalabī, Yā ahl al-kitāb a.a.O. 181-182; vgl. auch A. Shalabī, Al-Masīḥiyya a.a.O. 219-220.

[23] Vgl. auch M. Abū Zahra, Muḥāḍarāt a.a.O. 74; vgl. ebenfalls A. Shalabī, Al-Masīḥiyya a.a.O. 221-222.

pforte geschriebene Worte gelesen: Es gibt keinen Gott außer Gott, und Muḥammad ist der Gesandte Gottes. 4. Jesus wurde nicht gekreuzigt, sondern in den Himmel erhoben; gekreuzigt worden sei sein Verräter Judas, dem zuvor eine Ähnlichkeit mit Jesus verliehen worden war.[24] Daß diese Aussagen den von den Muslimen vertretenen Positionen entsprechen, bedarf keiner weiteren Erläuterung. R. Shalabî zieht daraus den Schluß: Es sei egal, "ob diese Lehren mit dem übereinstimmen, was der Islam sagt, oder nicht; das Evangelium des Barnabas ist für die Muslime nicht jenes Evangelium Gottes, das er unserem Herrn Jesus geoffenbart hat."[25] Es ist ein Evangelium unter anderen christlichen Evangelien; wie diese ist es ohne verbürgte Gewährskette und unbekannten Datums. Deswegen erübrigt sich nach R. Shalabî ein Streit um die Aussagen des Barnabas-Evangeliums, "denn wir haben das Buch Gottes, den ehrwürdigen Koran, dessen Gewährskette und Geschichte gesichert sind und der keines weiteren Beweises bedarf".[26] Der Streit kann getrost den Christen überlassen werden, die aufgrund ihrer vielfältigen Glaubenslehren in sich gegenseitig bekämpfende Parteiungen gespalten sind; ihre Lehren, so der Autor, sind zu einem Spielball der Konzilien geworden.[27]

Während die Übereinstimmung des Barnabas-Evangeliums mit muslimischen Glaubenstraditionen für R. Shalabî nicht weiter von Belang ist, zieht A. Shalabî daraus eine völlig andere Konsequenz: Er ist der Meinung, daß es sich lohnt, das Barnabas-Evangelium ausführlich zu behandeln, "denn dieses Evangelium könnte das Bindeglied zwischen Christentum und Islam sein, oder es ist das verlorene Glied zwischen diesen Religionen".[28] Und er kommt in seiner Analyse zu folgendem Schluß: "So

[24] R. Shalabī, Yā ahl al-Kitāb a.a.O. 184-185.
[25] Ebd. 185.
[26] Ebd.
[27] Ebd. 186.
[28] A. Shalabī, Al-Masīḥiyya a.a.O. 215.

stimmt das Evangelium in vielen seiner Fragen mit dem ehrwürdigen Koran überein und überbrückt die Kluft, die Paulus erfunden und die das Christentum von den himmlischen Religionen entfernt hat".[29]

3.2 Die paulinischen Überlieferungen

Mit Paulus – das ist die übereinstimmende Überzeugung der muslimischen Autoren – hat sich die Gestalt des ursprünglichen Christentums total verändert. Deswegen widmen sie der Person des Paulus, seinem Leben und Wirken besondere Aufmerksamkeit. In Paulus sehen sie den eigentlichen Gründer eines Christentums, das sich bis zur Unkenntlichkeit von der ursprünglichen Verkündigung Jesu entfernt hat. Entstanden ist ein depraviertes, entstelltes und verfälschtes Christentum.

3.2.1 Zur Person des Paulus

In seinem Buch Al-Tawḍīḥ fī bayān ḥāl al-Indjīl wa l-Masīḥ unterscheidet Muḥammad al-Ḥusayn Āl Kāshif al-Ghiṭā' mit polemischem Unterton zwei Gruppen von Jüngern Jesu: Die erste sei die der Apostel gewesen, an deren Spitze Petrus gestanden habe. Petrus aber sei derjenige gewesen, den Jesus nach der Überlieferung des Matthäus scharf zurückgewiesen habe: "Weg von mir, Satan, du bist mir ein Ärgernis, denn du kümmerst dich nicht um die Sache Gottes, sondern um die Sache der Menschen" (Mt 6,22). Desgleichen sei es nach Matthäus derselbe Petrus gewesen, der seinem Meister gegenüber die Treue gebrochen habe (vgl. Mt 26,31 f.)[1]. Die zweite Gruppierung, so der Autor weiter, setzt sich aus jenen Jüngern Jesu zusammen, dessen größter und berühmtester Vertreter Paulus gewe-

[29] Ebd. 224.

[1] Āl Kāshif al-Ghiṭā', Al-Tawḍīḥ a.a.O. 97 ff.

sen sei. Er habe sich als wortreicher Prediger und nach außen hin als Ausbreiter des Christentums erwiesen. Doch bei näherer Betrachtung werde deutlich, daß "dieser zum Christentum übergetretene Jude ein Häretiker war".[2]
Madjdī Murdjān[3], den Muḥammad 'Izzat Ismā'īl al-Ṭahṭāwī[4] heranzieht, glaubt anhand von 1 Kor 9,20 ff., die Charakterschwäche des Paulus bloßlegen zu können, wenn der Apostel sage: "So bin ich den Juden wie ein Jude geworden, um Juden zu gewinnen, den Gesetzesleuten bin ich ein Gesetzesmann geworden, obschon ich gar kein Gesetzesmann bin, um die Gesetzesleute zu gewinnen; den Gesetzlosen ward ich wie ein Gesetzloser, obwohl ich vor Gott kein Gesetzloser bin, vielmehr dem Gesetze Christi verpflichtet, um die Gesetzlosen zu gewinnen ..." (1 Kor 9,20-21). Aus diesen Worten erhelle, so M. Murdjān, die Wankelmütigkeit des Paulus. Seine Haltung ändere sich mit jeder neuen Situation, vor der er stehe; den Juden sei er ein Jude, den Heiden ein Heide, den Atheisten ein Atheist: "Er ändert sich mit jeder Gemeinschaft und Gruppe, um sie für das Christentum zu gewinnen; aber er gewinnt sie nur äußerlich, in Wirklichkeit jedoch nicht. Statt sie (die jeweilige Gruppe) zu verändern, verändert er sich selbst, ja er ändert sogar die himmlischen Lehren, um Gefallen zu finden"[5].

(1) Der fanatische Jude

Die Herkunft des Paulus, seine Vorgeschichte und Vergangenheit als Verfolger der Christen, verschafft, so die muslimischen Polemiker und Apologeten, einen tiefen Einblick in die Charaktereigenschaften dieses Mannes. Aḥmad Shalabī zitiert Gal 1,13-14 und Apg 9,1-2. Im Galaterbrief spricht Paulus selbst über seine Vergangenheit als Verfolger der Kirche: "Ihr habt

2 Ebd. 99.
3 Madjdī Murdjān, Allāh wāḥid am thālūth?. Ohne nähere Angaben.
4 Muḥammad 'Izzat Ismā'īl al-Ṭahṭāwī, Al-Naṣrāniyya a.a.O. 279-286.
5 Ebd. 280.

gehört, wie ich mich einst als Jude aufführte, wie ich die Kirche Gottes über die Maßen verfolgte und sie zu vertilgen suchte, wie ich im Judentum viele Altersgenossen in meinem Volke überflügelte und in viel höherem Maß ein Eiferer war für die Überlieferungen meiner Väter" (Gal 1,13-14). In der Apostelgeschichte heißt es dazu: "Saulus, der noch immer Drohung und Mord gegen die Jünger des Herrn schnaubte, ging zum Hohenpriester und erbat von ihm Briefe an die Synagogen von Damaskus, um alle Anhänger des 'Weges' [d.h. der christlichen Lebensart], die er dort fände, Männer wie Frauen, gebunden nach Jerusalem zu führen" (Apg 9,1-2).[6] Diese beiden Textstellen veranlassen A. Shalabî zu folgender bei der Drucklegung seines Buches handschriftlich eingefügten und auch so gedruckten Kommentierung: "Es ist erstaunlich, daß solche Eigenschaften einen Menschen kennzeichnen, der dann zum Apostel und Gründer einer Religion wird".[7] Sein energischer Einsatz für den Glauben seiner Väter, sein Kampf gegen die sich ausbreitende christliche Lebensart, lassen ihn als einen fanatischen Juden erscheinen, der, von Angst und Groll erfüllt, die Kirche habe vernichten wollen. Da ihm das trotz aller Bemühungen nicht gelungen sei und er sein Ziel der Ausrottung nicht erreicht habe, sei Paulus, so nimmt Ra'ūf Shalabī an, umgeschwenkt und habe eine andere Methode angewandt: Die Zerstörung des Christentums von innen her. "Dies anzunehmen", meint er, "wäre doch vernünftiger als die Geschichte seiner Vision, die ohne Beweis ist, zumal er [Paulus] den Herrn Jesus nicht gesehen hat".[8]

(2) Der Häretiker und Religionsverfälscher

Aus dem ungestümen Verfolger der Christen sei durch List und Tücke ein subtiler Häretiker und Religionsverfälscher geworden.

[6] Vgl. Aḥmad Shalabī, Al-Masīḥiyya a.a.O. 104 f.

[7] Ebd. 105.

[8] Ra'ūf Shalabī, Yā ahl al-Kitāb a.a.O. 107; vgl. Aḥmad Shalabī, Al-Masīḥiyya a.a.O. 124.

Nach außen hin habe sich Paulus zu den Anhängern der neuen Botschaft bekannt, "aber in Wirklichkeit wurde er zu ihrem Lehrer", schreibt Āl Kāshif al-Ghiṭā'.[9] "Die Hinweise deuten darauf hin, daß die Lehren, die bei den Christen heute vorhanden sind, alle auf seine Erfindungen zurückgehen, insbesondere die Lehre von der Dreifaltigkeit, die der größte Irrtum in der Religion des Christentums ist".[10] Letztlich habe Paulus nur ein Ziel gehabt: die Vernichtung aller himmlischen Gesetze und göttlichen Verordnungen[11]. Ähnlich äußert sich, wenn auch in seiner Polemik gemäßigter, Muḥammad 'Izzat Ismā'īl al-Ṭahṭāwī[12]. Aus dem ehemaligen Feind des Christentums sei plötzlich – ohne jede Einführung und Vorbereitung – ein Überläufer zum Christentum geworden. Ein hinreichender Grund für diesen unvorhersehbaren Umschwung könne nicht angegeben werden; nur die von Paulus selbst behauptete angebliche Vision auf dem Weg nach Damaskus (vgl. Apg 9,3 ff.) werde als Rechtfertigung seiner Wende angeführt. Diese vermeintliche persönliche Wandlung habe allerdings zu einer tatsächlichen Veränderung in der christlichen Verkündigung geführt, da Paulus verschiedene dem ursprünglichen Christentum fremde Lehren durch seine Predigten in das Christentum eingeführt habe[13]. Durch Vermittlung unterschiedlichster Traditionen sei diese Umwandlung inspiriert worden, urteilt Ra'ūf Shalabī: "Die Briefe des Paulus verraten eine Gedankenwelt, die eine seltsame Mischung darstellt: Grundsätze aus der Botschaft der zwölf, jüdischen Ideen, Begriffe, die in heidnisch-hellenistischem Milieu verbreitet waren, evangelische Erinnerungen, orientalische religiöse Legenden"[14]

[9] Āl Kāshif al-Ghiṭā', Al-Tawḍīḥ a.a.O. 100; vgl. Al-Ṭahṭāwī, Al-Naṣrāniyya a.a.O. 254 (mit Berufung auf Aḥmad Shalabī); A. Shalabī, Al-Masīḥiyya a.a.O. 84 f.; 93.

[10] M. al-Ḥusayn Āl Kāshif al-Ghiṭā', Al-Tawḍīḥ a.a.O. 99.

[11] Ebd. 99.

[12] Al-Ṭahṭāwī, Al-Naṣrāniyya a.a.O. 243-260.

[13] Ebd. 245.

[14] Ra'ūf Shalabī, Yā ahl al-Kitāb a.a.O. 98.

– all das habe durch Paulus Eingang in das Christentum gefunden[15]. Rekurrierend auf die Ausführungen von Muḥammad Effendi Badja Dji Zāda[16], nimmt al-Ṭahṭāwî Bezug auf jene Stellen in den Evangelien, wo von falschen Propheten die Rede ist: "Und viele falsche Propheten werden auftreten und viele irreführen" (Mt 24,11; vgl. Mt 24,24; Mk 13,22). Zu ihnen zähle auch Paulus. Ihm sei es lediglich um die Täuschung der Jünger Jesu gegangen und um die Verfälschung der ursprünglich reinen Lehre:

"1. Er übernahm in seiner Lehre einiges von den Parsen; ihnen ähneln nämlich die Christen in der Anbetung des Sonnenaufgangs.
2. Er übernahm einen Teil der Doktrin der Beigeseller und Götzendiener; denn sie [die Christen] beten den Wein, den Teig [Brot] und das Kreuz an.
3. Den dritten Teil übernahm er von den indischen Brahmanen, denn sie behaupten wie die Christen, daß in Gott drei Personen sind."[17]

3.2.2 Paulus als Begründer eines verfälschten Christentums

Viele sehen in Paulus den eigentlichen Gründer des herkömmlichen Christentums, schreibt A. Shalabī.[1] Durch Cleverness und List habe er es geschafft, "sich selbst zum Mittelpunkt der Verkünder des Christentums zu machen und seine Meinung den Christen aufzuzwingen"[2]. In Gal 1,12 berufe er sich auf eine

[15] Vgl. ebd. 98-100.
[16] Muḥammad Effendi Badja Dji Zāda, Al-Fāriq bayn al-Khalīqa wa l-Khāliq ... (ohne nähere Angaben).
[17] Zitiert nach: Al-Ṭahṭāwī, Al-Naṣrāniyya a.a.O. 251.

[1] Aḥmad Shalabī, Al-Masīḥiyya a.a.O. 104; er beruft sich u.a. auf die westlichen Autoren G.L. Berry, Religions of the World (ohne nähere Angaben) und H.G. Wells, Outline of the History, Bd. III, 695.
[2] Al-Ṭahṭāwī, Al-Naṣrāniyya a.a.O. 247.

unmittelbare Offenbarung Christi, wenn er behaupte, daß die von ihm verkündete Heilsbotschaft nicht nach Menschenart sei: "denn" – so Paulus wörtlich – "ich habe sie nicht von einem Menschen empfangen oder bin darin unterwiesen worden, sondern durch eine Offenbarung Jesu Christi" (Gal 1,12). Dieser Versuch seiner Selbstrechtfertigung läßt, so argumentieren die muslimischen Autoren übereinstimmend, dreierlei deutlich werden:

1. Die Umstrittenheit seiner Lehre in den eigenen Reihen veranlaßte Paulus, sich direkt auf eine unmittelbare Offenbarung durch Jesus Christus zu berufen. Damit sprach er seinen Kritikern das Recht ab, die von ihm verkündete Lehre in Frage zu stellen, da er sie nach eigenem Bekunden direkt von Christus erhalten habe.[3]
2. Durch den von ihm erhobenen Anspruch unmittelbarer Offenbarung entzog sich Paulus geschickt der notwendigen Einführung, Vorbereitung und Unterweisung in den christlichen Glauben: "So hat er die treuen Jünger Christi getäuscht und sie dazu geführt, seine Vergangenheit zu vergessen".[4]
3. Aufgrund dieser Täuschung sei es Paulus gelungen, sich selbst als Apostel mit dem angeblichen Auftrag zu legitimieren, die Lehre Jesu zu verkünden und in seinem Namen und in seiner Autorität zu sprechen.[5]

Mit dieser Argumentation versuchen die muslimischen Autoren die von Paulus beanspruchte Berufung und Sendung durch Jesus Christus als Täuschungsmanöver zurückzuweisen und sie als Verrat an der Botschaft Jesu abzustempeln. Seine wiederholte Berufung auf Jesus Christus diene lediglich als Vorwand für seine

[3] Vgl. Aḥmad Shalabī, Al-Masīḥiyya a.a.O. 106; Al-Ṭahṭāwī, Al Naṣrāniyya a.a.O. 247 ff.; vgl. auch S. 273 seine Berufung auf Muḥammad Zakī l-Dīn al-Nadjjār bi Takta, Al-Islām nūr al-akwān o.J.

[4] Al-Ṭahṭāwī, Al-Naṣrāniyya a.a.O. 247.

[5] Ebd.; vgl. A. Shalabī, Al-Masīḥiyya a.a.O. 106; Āl Kāshif al-Ghiṭā', al Tawḍīḥ a.a.O. 103.

eigene Selbstrechtfertigung. Als Beispiele führt Aḥmad Shalabî folgende Stellen an:

- Tit 1,3: Dort behaupte Paulus, daß er durch den Auftrag Gottes mit der Predigt betraut worden sei;
- 1 Tim 1,11: Hier spreche Paulus vom Evangelium von der Herrlichkeit Gottes, deren Verkündigung ihm anvertraut sei und
- in 1 Tim 6,20-21 warne er Timotheus: "Bewahre das anvertraute Gut; laß dich nicht ein auf das unfromme Geschwätz und die Einwände der fälschlich sogenannten 'Erkenntnis', zu der sich gewisse Leute bekannt haben und dadurch vom Glauben abgeirrt sind."

Auf diese Weise habe Paulus versucht, sich als den wahren Verkünder des Christentums hinzustellen und seine eigene Lehre mit Berufung auf ihren göttlichen Charakter durchzusetzen[6]. Um sein Ziel erreichen zu können, so Aḥmad Shalabî und al-Ṭahṭâwî, habe sich Paulus mit der damals herrschenden Klasse arrangiert, indem er den Gehorsam ihr gegenüber mit dem Gehorsam gegenüber Christus gleichgesetzt habe, wie Eph 6,5-7 belege: "Ihr Sklaven, gehorcht euren irdischen Herren mit Furcht und Zittern in der Einfalt eures Herzens, als gelte es Christus, nicht in Augendienerei, um Menschen zu gefallen, sondern als Sklaven Christi, die den Willen Gottes von Herzen tun, die bereitwillig ihren Dienst verrichten, als gelte er dem Herrn und nicht den Menschen."[7] Die Hauptirrtümer, die durch Paulus in das Christentum eingeflossen seien, sind nach unseren Autoren die Lehre von der Gottheit Christi, die Lehre vom Sühnecharakter seines Kreuzestodes und die Lehre von der Universalität des Christentums.

[6] Vgl. Aḥmad Shalabī, Al-Masīḥiyya a.a.O. 106.

[7] Vgl. ebd. 111; Al-Ṭahṭāwī, Al-Naṣrāniyya a.a.O. 249.

(1) Die Lehre von der Gottheit Christi

"Alsbald verkündigte er [Paulus] in den Synagogen Jesus, daß dieser der Sohn Gottes sei" (Apg 9,20). Dieser Satz aus der Apostelgeschichte hat die Gestalt der Geschichte verändert, schreibt Aḥmad Shalabī.[8] Diese Idee war bisher nicht bekannt; sie führte die entscheidende Wende in der christlichen Lehre herbei. In dieser Einschätzung sind sich alle muslimischen Autoren einig. Nach seiner angeblichen Vision auf dem Weg nach Damaskus habe Paulus sich vorgenommen, Jesus als den lebendigen Sohn Gottes zu verkünden.[9] So sei aus Jesus als "Knecht Gottes" und "Menschensohn" schließlich "Gottes Sohn" geworden.[10]

(2) Die Lehre vom Sühnecharakter des Kreuzestodes Christi

Aus fremden Kulturen – das ist die einhellige Meinung der muslimischen Autoren – hat Paulus verschiedene Elemente übernommen. "Er kannte das Judentum, die Mithras-Religion und die alexandrinische Religion. Er übernahm vieles von ihren Ideen und ihrer Sprache."[11] So habe Paulus auch die Vorstellung übernommen, daß Jesus als Sohn Gottes auf die Erde gekommen sei, um sich selbst im Kreuzestod als Opfer darzubringen zur Sühne für die Sünden der Menschen, "so daß sein Tod ein Opfer für das Heil der Menschen war wie der Opfertod der antiken Gottheiten der primitiven Zivilisationen".[12]

[8] Ebd. 107 und 121.
[9] Al-Ṭahṭāwī, Al-Naṣrāniyya a.a.O. 245 und 273.
[10] Ra'ūf Shalabī, Yā ahl al-kitāb a.a.O. 102. 105.
[11] Aḥmad Shalabī, Al-Masīḥiyya a.a.O. 108.
[12] Ebd.; vgl. ebd. 121; vgl. auch Ra'ūf Shalabī, Yā ahl al-Kitāb a.a.O. 102.

(3) Die Lehre von der Universalität des Christentums

Nach Aḥmad Shalabî hat Paulus als erster die Lehre von der Universalität des Christentums verkündet. Als Belege führt er Röm 1,5.14-16; 2,25-29; 1 Kor 13; Gal 3,26-29; Eph 2,12 ff.; 3,8 und Kol 3,11 an.[13] Um seine These zu unterstützen, beruft er sich auf den christlichen Autor William Patoun[14], nach dem die ersten Jünger erst durch Paulus zu dieser Überzeugung gelangt seien.[15] A. Shalabî schreibt dazu: "Für den, der die paulinischen Briefe liest, ist es klar, daß Paulus für die Universalität des Christentums keinen einzigen Beweis liefern und kein einziges Wort Jesu anführen kann."[16] Alles, was Paulus dazu sage, entstamme seiner eigenen Feder und sei eine reine Erfindung von ihm.[17]

3.2.3 Die Reaktion der Christen auf die neue Lehre: Ablehnung im Osten, Aufnahme im Westen

"Das weißt du ja, daß die in Asien sich alle von mir abgewandt haben ..." (2 Tim 1,15), schreibt Paulus in seinem zweiten Brief an Timotheus. Muḥammad ʻIzzat Ismāʻîl al-Ṭahṭāwî versucht diese Stelle so zu erklären: "Als er [Paulus] die Hoffnung verlor, die Christen aus dem Orient für seine aus dem Westen übernommenen Lehren zu gewinnen, wandte er sich den europäischen Völkern zu ... Er paßte seine Religion den Richtungen der Hei-

[13] Aḥmad Shalabī, Al-Masīḥiyya a.a.O. 110.

[14] William Patoun, Art. "Christianity", in: Die großen Weltreligionen, übersetzt von Ḥabīb Saʻīd, S. 117.

[15] Aḥmad Shalabī, Al-Masīḥiyya a.a.O. 110.

[16] Ebd. 111.

[17] Ebd.; vgl. auch Ra'ūf Shalabī, Yā ahl al-Kitāb a.a.O. 103-105; M. ʻIzzat Ismāʻīl al-Ṭahṭāwī, Al-Naṣrāniyya a.a.O. 295-296: Jesus sei ausschließlich zu den Juden gesandt, meint der Autor, "so daß keiner außer den Juden das Recht hat, sich zur Botschaft Jesu zu bekehren ..." (ebd. 296).

den in Europa an."[1] In die gleiche Richtung führt die Argumentation von Aḥmad Shalabî: Durch die Übernahme von Elementen aus den Religionen der verschiedenen Völker, vor allem der europäischen Heiden, der Griechen und aus dem Mithras-Kult "neigten die Abendländer zum Christentum, während die Orientalen sich davon entfernten. So wurde das Christentum von einer orientalischen zu einer okzidentalischen Religion"[2]. Als Beleg für seine These gibt A. Shalabî neben der oben bereits zitierten Stelle 2 Tim 1,15 noch 2 Tim 4,9-16 an, wo Paulus an Timotheus schreibt: "Eile dich, komm ohne Verzug zu mir. Hat doch Demas mich aus Liebe zu dieser Welt verlassen und ist nach Thessalonich gereist, Kreszenz ist nach Galatien, Titus nach Dalmatien. Nur Lukas ist noch bei mir. Den Markus bring auch mit, denn er kann mir gute Dienste leisten. Tychikus habe ich nach Ephesus gesandt ... Alexander, der Schmied, hat mir viel Böses angetan: 'Der Herr wird ihm vergelten nach seinen Werken!' Hüte auch du dich vor ihm, denn er hat sich unserer Predigt äußerst entgegengestellt. Bei meiner ersten Verteidigung hat keiner mir beigestanden, im Gegenteil, alle haben mich im Stich gelassen". A. Shalabî schließt daraus, daß selbst die Mehrheit seiner ursprünglichen Anhänger und Mitstreiter sich nach und nach von Paulus distanziert und abgewandt hätten.[3]

Die von den muslimischen Autoren behauptete Verbreitung des paulinischen Christentums vor allem im Westen unter den Heiden und Hellenen und die sich steigernde Abkehr von den Lehren des Paulus im Osten begründet A. Shalabî damit, daß im Orient, "dem Ursprungsland der himmlischen Prophetien"[4], der Monotheismus so stark verwurzelt gewesen sei, daß die

[1] Al-Ṭahṭāwī, Al-Naṣrāniyya a.a.O. 248. Vgl. auch Muḥammad Zakī l-Dīn Al-Nadjjār, Al-Islām nūr al-akwān o.J.; eine Zusammenfassung findet sich bei Al-Ṭahṭāwī, Al-Naṣrāniyya a.a.O. 273-277; hier: 277.

[2] Aḥmad Shalabī, Al-Masīḥiyya a.a.O. 111.

[3] Ebd. 113; vgl. ebenfalls Al-Ṭahṭāwī, Al-Naṣrāniyya a.a.O. 255.

[4] Aḥmad Shalabī, Al-Masīḥiyya a.a.O. 113.

paulinische Lehre von der Gottessohnschaft Jesu und damit auch der Trinitätsglaube dort nicht Fuß fassen konnte.[5] Anders sei, so fügt al-Ṭahṭāwī hinzu, die Situation in Europa gewesen: "Die europäischen Völker lebten versklavt unter der Herrschaft des Römischen Reiches. Sie fanden in der von Paulus erfundenen Lehre, wonach Gott seinen geliebten Sohn gesandt habe, um auf Erden als Sühne für die Vergehen der Sünder zu leiden und Schmerzen auf sich zu nehmen, Trost für ihre Leiden und ihre Traurigkeit, und sie schöpften Hoffnung aus der Ankündigung der Nähe des Himmelreiches und der Wiederkunft Christi, um vom Joch der Sklaverei befreit zu werden."[6] Seinen Kritikern und Gegnern habe Paulus Spott und Hohn entgegengebracht; er habe geringschätzig über sie geurteilt und sie mit Verachtung gestraft[7]. Durch das ihm eigene Durchsetzungsvermögen[8] und in Anpassung an die jeweiligen Gewohnheiten und Traditionen der heidnischen Völker[9] sei es Paulus gelungen, seiner Lehre zum Sieg zu verhelfen. Nach langen und grausamen Auseinandersetzungen über Jahrhunderte hinweg habe die paulinische Lehre schließlich im Konzil von Nikaia im Jahre 325, unterstützt durch die römische Macht, die offizielle Bestätigung erhalten: "Die Monotheisten, die die überwiegende Mehrheit bildeten, wurden ausgeschaltet. Das Konzil wurde ohne sie abgehalten und die Minorität, die sich zur Gottheit Christi bekannte, obsiegte"[10]. So wurde das "Christentum Jesu ... niedergeschlagen, und aus seinen Trümmern erstand

[5] Vgl. ebd. 108 ff.
[6] Al-Ṭahṭāwī, Al-Naṣrāniyya a.a.O. 249.
[7] Als Beweisstellen führt Aḥmad Shalabī, Al-Masīḥiyya a.a.O. 114-116 u.a. an: 1 Tim 1,3-7; 6,3-5; Tit 1,9-11.
[8] Vgl. Al-Ṭahṭāwī, Al-Naṣrāniyya a.a.O. 248.
[9] Madjdī Murdjān, Allāh wāḥid etc., in: Al-Ṭahṭāwī, Al-Naṣrāniyya a.a.O. 283.
[10] Aḥmad Shalabī, Al Masīḥiyya a.a.O. 118-119 Zitat: 118; Al-Ṭahṭāwī, Al-Naṣrāniyya a.a.O. 250. 255; Abū Zahra, Muḥāḍarāt a.a.O. 183.

das Christentum des Paulus"[11], dessen zentrale Inhalte Aḥmad Shalabî wie folgt zusammenfaßt:

1. Die Lehre von der Universalität des Christentums.
2. Die Lehre von der Dreifaltigkeit Gottes, verbunden mit dem Glauben an die Gottheit Christi und die Gottheit des Heiligen Geistes.
3. Die Lehre von der Menschwerdung des Gottessohnes und seines Opfertodes als Sühne für die Sünden der Menschen.
4. Die Lehre von der Auferstehung Jesu von den Toten und von seiner Himmelfahrt, um zur Rechten seines Vaters zu sitzen und die Menschen zu richten.[12]

3.2.4 Paulus als der neue Gesetzgeber

Für die muslimischen Polemiker und Apologeten stellt sich Paulus als der neue Gesetzgeber des Christentums dar. Seine Briefe, so Aḥmad Shalabî, bilden die Grundlage der Gesetzesvorschriften des Christentums.[1] Dabei sei Paulus äußerst willfährig verfahren, indem er bestehende göttliche Gesetze einfachhin annulliert und stattdessen aus eigener Autorität und Machtvollkommenheit heraus neue Vorschriften erlassen habe.[2] Das habe notwendigerweise zu einer qualitativen Veränderung in der Gesetzesstruktur geführt. "So wurden mit der Zeit die göttlichen Bestimmungen aufgehoben und durch irdische ersetzt. Die Wahrheiten machten den Täuschungen Platz, und das Christentum entfernte sich nach und nach von der großen himmlischen Religion, die Jesus Christus vom Barmherzigen gebracht hatte."[3]

[11] Aḥmad Shalabī, Al-Masīḥiyya a.a.O. 124.

[12] Ebd. 110; vgl. ebenfalls Al-Ṭahṭāwī, Al-Naṣrāniyya a.a.O. 259, der diese Punkte übernommen hat.

[1] Aḥmad Shalabī, Al-Masīḥiyya a.a.O. 122.

[2] Vgl. ebd. 123.

[3] Madjdī Murdjān, Allāh wāḥid etc., zitiert nach: Al-Ṭahṭāwī, Al-Naṣrā-

(1) Die Aufhebung des mosaischen Gesetzes

Die Aufhebung des mosaischen Gesetzes ist einer jener Vorwürfe, die muslimischerseits gegen Paulus erhoben werden. Die Autoren konzentrieren sich in ihrer Kritik auf jene Vorschriften, die ihre eigene Glaubenspraxis betreffen, wie die Beschneidung und das Verbot des Verzehrs von Schweinefleisch.
Über das, was bereits seit Abraham festgeschrieben sei, die Beschneidung, habe sich Paulus hinweggesetzt. Madjdî Murdjān verweist auf Gn 17,9-11: "Weiter sprach Gott zu Abraham: 'Du aber wahre meinen Bund, du und deine Nachkommen nach dir durch alle Geschlechter. Dies aber ist mein Bund, den ihr wahren sollt zwischen mir und euch und deinen Nachkommen nach dir: Alles Männliche unter euch soll beschnitten werden, und zwar sollt ihr an dem Fleische eurer Vorhaut beschnitten werden. Dies sei zum Zeichen des Bundes zwischen mir und euch ...'." Diese Vorschrift, an die sich alle Propheten gehalten hätten, habe Paulus annulliert, ja sogar geleugnet, daß die Beschneidung ein göttliches Gesetz sei. Nur um die Heiden für das Christentum zu gewinnen, sei diese Vorschrift, deren Nichtbeachtung im Alten Testament mit der Todesstrafe geahndet worden sei, außer Kraft gesetzt worden.[4] Aḥmad Shalabî zitiert als paulinischen Beleg 1 Kor 7,18-19: "Ist einer als Beschnittener berufen worden? Dann suche er es nicht zu verdecken. Ist einer als Unbeschnittener berufen worden? Dann soll er sich nicht beschneiden lassen. Auf die Beschneidung kommt es nicht an, und auf die Vorhaut kommt es nicht an,

niyya a.a.O. 284 ff.; vgl. auch Muḥammad Zakī al-Dīn al-Nadjjār, Al-Islām etc., in: Al-Ṭahṭāwī, Al-Naṣrāniyya a.a.O. 277.

[4] Ebd. 283 f.; daß im Alten Testament auf Unterlassung der Beschneidung die Todesstrafe stand, ist nicht bekannt, wohl aber, daß Antiochus IV. Epiphanes die Beschneidung unter Todesstrafe verboten hat (1 Makk 1,60; 2 Makk 6,10). Vgl. A. van den Born/H. Haag, Art. "Beschneidung" in: H. Haag (Hrsg.), Bibellexikon, Zürich-Einsiedeln-Köln [3]1982, 197-198.

sondern auf die Beobachtung der Gebote Gottes."[5] Āl Kāshif al-Ghiṭā' nimmt Bezug auf Apg 16,1-4: "Er (Paulus) kam nach Derbe und Lystra. Und siehe, da war ein Jünger namens Timotheus, der Sohn einer gläubig gewordenen Jüdin und eines griechischen Vaters. Da die Brüder in Lystra und Ikonium ihm ein gutes Zeugnis ausstellten, wünschte Paulus ihn als Begleiter. Er nahm ihn zu sich und ließ ihn mit Rücksicht auf die Juden, die in jenen Gegenden waren, beschneiden; denn alle wußten, daß sein Vater ein Heide war".

Āl Kāshif al-Ghiṭā' wirft Paulus in dieser Angelegenheit Heuchelei vor, weil er aus rein opportunistischen Gründen die Beschneidung des Timotheus (nicht Titus!!) habe vornehmen lassen, um nicht den Zorn der Juden auf sich zu ziehen.[6] Über Titus, den Āl Kāshif al-Ghiṭā' offensichtlich mit Timotheus verwechselt, sagt Paulus im Galaterbrief: "... nicht einmal mein Begleiter Titus, der doch ein Grieche war, wurde gezwungen, sich beschneiden zu lassen" (Gal 2,3).

Mit Berufung auf Apg 10,9-16 prangert Madjdî Murdjān unter anderem auch den Christen gestatteten Verzehr von Schweinefleisch an.[7] Im Alten Testament galt Schweinefleisch als unrein (Lv 11,7; Dt 14,8), sein Verzehr als gesetzwidrig (vgl. Js 65,4) und als Abfall vom Judentum (2 Makk 6,18-21; 7,1). Dieses Verbot sei auch von Jesus nicht aufgehoben worden; erst in späterer Zeit habe man sich nicht mehr daran gehalten und sei so griechischen und römischen Einflüssen erlegen.[8]

Nach Ra'ūf Shalabî hat Paulus, um Anhänger aus dem Heidentum zu gewinnen, nicht nur einzelne Bestimmungen des mo-

[5] Aḥmad Shalabī, Al-Masīḥiyya a.a.O. 122; vgl. Ra'ūf Shalabī, Yā ahl al-Kitāb a.a.O. 103 und 165.

[6] Āl Kāshif al-Ghiṭā', Al-Tawḍīḥ a.a.O. 104.

[7] Madjdī Murdjān, Allāh wāḥid etc., zitiert bei: Al-Ṭahṭāwī, Al-Naṣrāniyya a.a.O. 284.

[8] Ebd.

saischen Gesetzes nicht beachtet, sondern sogar erklärt, Jesus selbst habe das Gesetz des Moses abgeschafft.[9]

Āl Kāshif al-Ghiṭā' geht gar so weit zu behaupten, Paulus habe das jüdische Gesetz nach eigenem Gutdünken manipuliert, gerade so, "wie er und seine Leidenschaften es wollten".[10] Und er fährt nach Art der ihm eigenen polemischen Manier fort: "Alle Bestimmungen des Judentums hat er (Paulus) beseitigt und bezüglich der in der Religion Gottes vorgegebenen Gebote und Verbote eine grenzenlose Freiheit gelehrt ..."[11] Offensichtlich hat hier die den Christen muslimischerseits angelastete Schriftverfälschung Pate gestanden. Als Beispiele für die Abrogation der Thora führt Āl Kāshif Hebr 7,18; 8,7; Gal 4,9-11 (irrtümlich oder unwissentlich auf die Thora bezogen!); Tit 1,14-15 und Kol 2,16.20 an. Er zieht daraus den Schluß: "Ich sage: Das ist ein Extrem an Atheismus, die Abschaffung aller Gesetze und die Vernichtung aller Religionen."[12]

Aḥmad Shalabî zitiert Stellen aus dem 1. Korintherbrief, um die Eigenmächtigkeit von Paulus in Fragen der Gesetzgebung nachzuweisen und offenzulegen; zum einen berufe er sich auf Christus, zum anderen erteile er in eigener Vollmacht Befehle, Vorschriften und Ratschläge:

- "Den Verheirateten befehle nicht ich, sondern der Herr ..." (1 Kor 7,10).
- "Den übrigen aber sage ich, nicht der Herr ..." (1 Kor 7,12).
- "Was aber die Jungfrauen betrifft, so habe ich kein Gebot des Herrn, wohl aber gebe ich einen Rat ..." (1 Kor 7,25).[13]

Was die Beziehungen zwischen Mann und Frau angehe, sagt A. Shalabî mit Verweis auf 1 Kor 11,3-10, habe Paulus eindeutige Entscheidungen getroffen: Der Mann stehe rangmäßig über

[9] Ra'ūf Shalabī, Yā ahl al-Kitāb a.a.O. 105.

[10] Āl Kāshif al-Ghiṭā', Al-Tawḍīḥ a.a.O. 100.

[11] Ebd.

[12] Ebd. 101.

[13] Aḥmad Shalabī, Al-Masīḥiyya a.a.O. 123.

der Frau; sie sei für ihn geschaffen.[14] In der Gemeindeversammlung habe sie zu schweigen und sich den Männern unterzuordnen (1 Kor 14,34-35; Eph 5,22-24).
Weitere gesetzliche Bestimmungen sieht A. Shalabî in Eph 4,25-29; 5,3-5.19 sowie 1 Tim 3,1-13 (bzgl. Heirat von Bischöfen und Diakonen) verankert.[15]
Al-Ṭahṭâwî, der sich unter anderem auf Aḥmad Shalabî stützt, ohne ihn als Quelle anzugeben[16], bezichtigt Paulus ebenfalls der Annullierung wichtiger Gesetzesvorschriften – Bestimmungen, die Jesus angeblich selber verkündet habe. Ausdrücklich nennt er die Beschneidung, die Enthaltung von Schweinefleisch und die Sabbatheiligung. Letztere habe Paulus auf den Sonntag verlegt.[17]
Die von Paulus ausgehende neue Gesetzgebungspraxis hat sich nach al-Ṭahṭâwî in der Geschichte des Christentums fortgesetzt und weiterentwickelt in den Gesetzesvorschriften der Konzilien: Da sei das Konzil von Nikaia gewesen, das im Jahr 325 die Dreifaltigkeit Gottes und die Gottheit Jesu Christi festgelegt[18], das Constantinopolitanum im Jahre 381, das die Gottheit des Heiligen Geistes definiert[19] und schließlich das I. Vaticanum von 1869/70, das die Unfehlbarkeit des Papstes verkündet habe, die auch das Recht auf Gesetzgebung umfasse. Der Autor spielt hier offensichtlich auf den Jurisdiktionsprimat des Papstes an[20]: "Damit wurde der Papst zum absoluten Gesetzgeber."[21]

[14] Ebd. 122 f.
[15] Ebd.
[16] Al-Ṭahṭāwī, Al-Naṣrāniyya a.a.O. 259 übernimmt die Punkte 1-4 von A. Shalabī, Al-Masīḥiyya a.a.O. 110.
[17] Ebd. 259.
[18] Vgl. ES 125.
[19] Vgl. ES 150.
[20] Vgl. ES 3050-3075; die Constitutio dogmatica I "Pastor aeternus" de Ecclesia Christi wurde nicht 1869, sondern am 18. Juli 1870 angenommen (gegen M. al-Ṭahṭāwī).
[21] Al-Ṭahṭāwī, Al-Naṣrāniyya a.a.O. 259.

Mit Aḥmad Shalabî hält al-Ṭahṭāwî die Erklärung, daß die Juden unschuldig seien am Blut Christi, für eine der gravierendsten Fehlentscheidungen, die Rom jemals gefaßt habe.[22]
Die Autoren beziehen sich dabei wohl auf die Erklärung des II. Vatikanischen Konzils über das Verhältnis der Kirche zu den nichtchristlichen Religionen, in der es heißt: "Obgleich die jüdischen Obrigkeiten mit ihren Anhängern auf den Tod Christi gedrungen haben (vgl. Jo 19,6), kann man dennoch die Ereignisse seines Leidens weder allen damals lebenden Juden ohne Unterschied noch den heutigen Juden zur Last legen ..."[23]

(2) Die Übernahme heidnischer Traditionen

Statt "das Wesen der großartigen himmlischen Botschaft, die Jesus Christus gebracht hatte"[1] zu bewahren, haben nach Madjdî Murdjān die Jünger und Apostel Jesu, unter ihnen auch Paulus, die ursprünglich reine Lehre des christlichen Glaubens um der Ausbreitung im heidnischen Milieu willen den jeweiligen Gewohnheiten und Traditionen angepaßt, ja selbst heidnische Überlieferungen übernommen.[2] Als Beleg führt der Autor unter anderem eine Anordnung von Papst Gregor I. (590-604) an, in der er die angelsächsischen Missionare angewiesen hatte, "die heidnischen Tempel nicht zu zerstören, sondern in Kirchen umzuwandeln und den heidnischen Festen einen christlichen Sinn zu geben".[3] M. Murdjān sieht darin eine Vermischung von Chri-

[22] Ebd. Dieses Urteil erstaunt, wenn man bedenkt, daß der Islam die Kreuzigung Jesu leugnet: Koran 4,157.
[23] Erklärung über das Verhältnis der Kirche zu den nichtchristlichen Religionen, Artikel 4, in: LThK, Das Zweite Vatikanische Konzil, Bd. II, Freiburg-Basel-Wien 1967, 493.

[1] Madjdī Murdjān, Allāh wāḥid etc., zitiert nach: Al-Ṭahṭāwī, Al-Naṣrāniyya a.a.O. 283.
[2] Ebd. 281.
[3] Zitiert nach: HdK, Bd. II/2, Freiburg-Basel-Wien 1975, 168.

stentum und Heidentum, wenn nun an Stelle der heidnischen Götter Christus als Gott verehrt werde.[4]
Nach A. Shalabī hat Paulus neben jüdischen und hellenistischen Elementen auch Vorstellungen aus den Mysterienkulten des Mithras und der Kybele übernommen[5]; darüber hinaus habe er neu hinzugewonnenen Gläubigen geraten, ihre eigenen Traditionen weiterhin zu behalten, eine für A. Shalabī "verwunderliche Sache"[6], die er nur damit erklären kann, daß es Paulus nicht um die authentische Weitervermittlung der reinen christlichen Lehre gegangen sei, sondern vielmehr um deren Entstellung und Verfälschung.[7]

(3) Von der Toleranz zur Unterdrückung
Einige Autoren – vorab A. Shalabī – gehen speziell der Frage nach, inwieweit die von Jesus Christus gebotene Feindesliebe von den Christen praktiziert worden ist. Hier stellen sie eine enorme Diskrepanz zwischen der theoretischen Lehre einerseits und dem praktischen Vollzug andererseits fest.
"Liebet eure Feinde, tut Gutes denen, die euch hassen. Segnet die euch fluchen, und betet für die, die euch verleumden" (Lk 6,27-28; vgl. 5,44). Diese Sätze seien "geschriebene Worte" geblieben, Worte, die weder eine Spur hinterlassen noch zu irgendeinem Ergebnis geführt hätten, stellt A. Shalabī fest[1] und begründet diese Diskrepanz zwischen Wort und Tat, Theorie und Praxis mit dem inneren Wandel, der sich in der Geschichte des Christentums vollzogen habe. Die von Jesus gepredigte Toleranz und das von ihm geforderte Aushalten von Unter-

4 Madjdī Murdjān, Allāh wāḥid etc., zitiert bei: Al-Ṭahṭāwī, Al-Naṣrāniyya a.a.O. 285.
5 Aḥmad Shalabī, Al-Masīḥiyya a.a.O. 109; vgl. auch Ra'ūf Shalabī, Yā ahl al-Kitāb a.a.O. 104.
6 Aḥmad Shalabī, Al-Masīḥiyya a.a.O. 125.
7 Ebd.

1 Aḥmad Shalabī, Al-Masīḥiyya a.a.O. 70.

drückung und Leid sei durch Paulus ins Gegenteil verkehrt worden: Er habe zum Haß und zur Rache aufgerufen. Dementsprechend spiegele die Gesinnungsänderung im Christentum den Wandel von den Aussagen Jesu zu den Aussagen des Paulus wider. Die Abkehr von den Intentionen Jesu und die Hinkehr zu den Absichten des Paulus habe eine Pervertierung der ursprünglichen Lehre nach sich gezogen.[2]
Diese angebliche Pervertierung sieht A. Shalabî auf Schritt und Tritt in der Geschichte des Christentums verwirklicht: Aus der ursprünglichen Religion der Barmherzigkeit und Vergebung sei eine Religion der Gewalt und Unterdrückung geworden. Der Autor zieht folgende Bilanz:
"So wurde die Geschichte des Christentums geschrieben: Meere von Blut, Berge von Asche verbrannter Leichen, zurückgebliebene Waisen, Tränen und Stöhnen, ekelhafte Praktiken, barbarische Methoden ... zählt man noch hinzu, was die Christen den Muslimen während der Kreuzzüge und in Spanien nach dem Fall von Grenada angetan haben, ferner, was der christliche Kolonialismus in den islamischen Ländern angerichtet hat, dann zeigt sich klar, daß das Christentum von einer Religion der Barmherzigkeit in eine Stätte der Peinigung und Höllenqual, in einen Hort des Hasses, der Aversion und Rachsucht verkehrt worden ist. Das Christentum hat der Menschheit eine schmerzliche Wunde geschlagen und ist für alle Welt zu einer Quelle der Unruhe, des Leids und der Sorge geworden."[3]

[2] Ebd. 71.
[3] Ebd. 76; vgl. ebenfalls Abū Zahra, Muḥāḍarāt a.a.O. 237 ff.; Ṭahṭāwī, Al-Naṣrāniyya a.a.O. 156 ff.; 'Abd al-'Azīz 'Izzat, Al-Isti'mār wa l-tabshīr wa l-istishrāq, Kairo 1974, 37-64; 176 ff.; Aḥmad 'Abd al-Wahhāb, Al-Nubuwwa a.a.O. 278 ff. – Vgl. auch unten den Abschnitt 8 im III. Kapitel: Missionierung und Kolonialismus.

3.3 Die Konzilien

Als weitere Quellen des traditionellen Christentums nennen die muslimischen Polemiker und Apologeten die Konzilien der Kirche. Die Bemühungen der Autoren laufen darauf hinaus, die Konzilien als weiterführende Deformierungen und Depravationen der ursprünglich reinen Lehre des Evangeliums Jesu darzustellen sowie sie als Machtinstrumente der jeweils politisch Herrschenden auszuweisen, und sie als deren Spielball im Kampf der Meinungsverschiedenheiten erscheinen zu lassen.
Die christologischen Kontroversen in der frühen Kirche, die vielfältigen Auseinandersetzungen über die Person Jesu Christi nehmen die muslimischen Autoren zum Anlaß, sich vehement mit der Frage nach der Gottessohnschaft Christi auseinanderzusetzen. Ausgehend von der koranischen Position, wonach Jesus eben nicht der Sohn Gottes ist[1], unternehmen sie den Versuch, die christlicherseits vertretene Lehre von der Gottessohnschaft Jesu als eine nicht im Evangelium Jesu verankerte, sondern im nachhinein von den Konzilien definierte Lehrmeinung hinzustellen, erwachsen aus innerkirchlichen Streitigkeiten um die Person Jesu, beeinflußt von außerchristlichen – römischen, griechischen und ägyptischen – Vorstellungen[2] und diktiert von politischen Machtinteressen.[3]

[1] Vgl. oben im Ersten Kapitel den Abschnitt 1.6.

[2] Vgl. Abū Zahra, Muḥāḍarāt a.a.O. 114.

[3] Ebd. 149-150. Vgl. dazu die Grundposition von Āl Kāshif al-Ghiṭā', Al-Tawḍīḥ a.a.O. 80: "Die Beschlüsse der Konzilien und Synoden der Kirche sind für uns nicht bindend, und sie haben keine Bedeutung für die Feststellung der Wahrheit ... Denn die Religion ist nicht eine Sache, die durch Einigung [innerhalb] einer Gemeinschaft oder durch Beschlüsse einer Kommission oder Meinungsmehrheit festgestellt wird, sondern sie ist etwas Himmlisches, eine göttliche Offenbarung, vernunft- und gewissenskonform. Raum für menschliche Tradition gibt es darin in keiner Weise."

3.3.1 Beispiel 1: Das Konzil von Nikaia

Als Kaiser Konstantin im Jahre 324 Alleinherrscher geworden war, faßte er den Plan, die dogmatischen Kämpfe, in die die Kirche verwickelt war und die zu einer heillosen Zerstrittenheit geführt hatten, auf einem Reichskonzil zu beheben, um so die Einheit der Kirche wiederherzustellen.[4] Vom 19. Juni bis zum 25. August 325 tagte die von Konstantin einberufene Reichssynode in Nikaia. Die Zahl der Konzilsteilnehmer ist nicht eindeutig auszumachen. Nach Eusebius von Caesarea waren es mehr als 250, nach Athanasius, ebenfalls ein Augenzeuge, 300 beziehungsweise 318, wie er an einer anderen Stelle bemerkt. An dieser letzten Zahl orientierten sich die späteren Historiker wohl nicht zuletzt deswegen, weil sie darin ein biblisch-mystisches Vorbild sahen: Nach Gn 14,14 belief sich die Dienerschaft Abrahams auf 318. Das in der Auseinandersetzung mit der Lehre des Arius (gest. 336), wonach der Gottessohn nicht wesensgleich (ὁμοούσιος = consubstantialis) mit dem Vater von Ewigkeit her sei, entstandene, von Kaiser Konstantin empfohlene und von den Vätern angenommene Symbolum von Nikaia bekennt sich zu Jesus Christus als Gottes einziggeborenem Sohn, "gezeugt vom Vater, das heißt aus der Wesenheit des Vaters"[5] (ὁμοούσιον τῷ πατρί = unius substantiae cum Patre")[6]. Der arianischen Auffassung erteilte es eine eindeutige Absage: "Diejenigen aber, die da sagen, es habe eine Zeit gegeben, da der Sohn Gottes nicht war, und er sei nicht gewesen, bevor er gezeugt wurde, und er sei aus nichts geworden oder aus einer anderen Substanz oder Wesenheit oder der Sohn Gottes sei [geschaffen] wandelbar oder veränderlich, diese schließt die apostolische Kirche aus"[7]. Von diesem Ausschluß waren zunächst nur

[4] Vgl. dazu K. Baus, Das Werden der Reichskirche im Rahmen der kaiserlichen Religionspolitik, in: HdK Bd. II/1, Freiburg-Basel-Wien 1973, 3 ff.

[5] NR 829.

[6] DS 125.

[7] NR 829.

Arius selbst und seine beiden bischöflichen Freunde Secundus und Theonas betroffen; denn außer ihnen unterzeichneten alle anderen anwesenden ursprünglichen Arianer – wenn auch unter gewissem Druck – das Glaubensbekenntnis von Nikaia.[8] Gegen dieses vom Konzil verabschiedete Symbolum wenden sich die muslimischen Autoren. Nach Abū Zahra wurde der Beschluß über die Gottheit Jesu Christi lediglich von 318 Bischöfen unterstützt, während 1700 sich dagegen ausgesprochen hätten.[9] Die Minderheit habe aus opportunistischen Gründen dem vom Kaiser favorisierten Glaubensartikel zugestimmt: "Die Liebe zur Macht hat sie dazu geführt, der Neigung Konstantins zu entsprechen ..."[10] Das Glaubensbekenntnis von Nikaia, so Abū Zahra weiter, sei unter Androhung von Sanktionen zustandegekommen und dann "mit der Macht des Schwertes" den Menschen aufoktroyiert worden.[11] Nach Aḥmad Shalabī war die Mehrheit der Konzilsteilnehmer zunächst auf der Seite des Arius. Doch dann "wurde die Versammlung aufgelöst und eine neue mit nur 318 Mitgliedern wieder einberufen, die die Gottheit Christi bejahten ..."[12].

3.3.2 Beispiel 2: Die Synode von Tyros

Die Entscheidung von Nikaia stellte keineswegs den Endpunkt einer Entwicklung dar; im Gegenteil, die alten Konflikte zwischen Anhängern der arianischen Partei und ihren Gegnern entzündeten sich neu. Deswegen wies Kaiser Konstantin im Jahre 335 die Bischöfe, die er ohnehin zu den Einweihungsfeierlichkeiten der von ihm gestifteten Grabeskirche nach Jerusalem eingeladen hatte, an, auf einer Synode im nahegelegenen Tyros

[8] Vgl. K. Baus, Das Werden der Reichskirche im Rahmen der kaiserlichen Religionspolitik a.a.O. 27.

[9] Abū Zahra, Muḥāḍarāt a.a.O. 149.

[10] Ebd.

[11] Ebd. 150.

[12] Aḥmad Shalabī, Al-Masīḥiyya a.a.O. 195.

die Streitigkeiten beizulegen. Auf dieser Synode hatten die Arianer die Oberhand. Stein des Anstoßes war Athanasius, der Bischof von Alexandrien/Ägypten und Verfechter der nikänischen Theologie. Die gegen ihn vorgebrachten Anschuldigungen führten schließlich auf Anordnung Konstantins zu seiner Verbannung nach Trier. Dadurch erhielt der Arianismus weiteren Auftrieb. Abū Zahra sieht diese theologiegeschichtliche Entwicklung von Nikaia bis Tyros als Bestätigung der Überzeugungskraft des Monotheismus an.[13] Die Lehre von der Dreifaltigkeit Gottes betrachtet er als ein Relikt aus der alexandrinischen Philosophie.[14]

Scharf greift Ra'ūf Shalabî die Einflußnahme von Kaiser Konstantin, seine Intervention auf dem Konzil von Nikaia und seine Haltung gegenüber der Synode von Tyros an. In Anlehnung an das Pauluswort aus dem 1 Korintherbrief: "So bin ich den Juden wie ein Jude geworden, um Juden zu gewinnen, den Gesetzesleuten bin ich ein Gesetzesmann geworden, obschon ich gar kein Gesetzesmann bin, um die Gesetzesleute zu gewinnen; den Gesetzlosen ward ich wie ein Gesetzloser ..."[15] schreibt R. Shalabî mit Bezug auf Konstantin: "Ein Heide den Heiden, ein Athanasianer den Athanasianern, ein Arianer den Arianern ...",[16] so habe sich Konstantin, um seine politischen Ziele zu verwirklichen und durchzusetzen, gegeben. "Das ist der Mann, der das Christentum unter seiner Herrschaft von den Zeiten der Verfolgung zu den Zeiten der Sicherheit und Stabilität brachte ..."[17] Aus der Einflußnahme Konstantins folgert R. Shalabî: "Also sind die Konzilien und die Dogmen in der Hand des Kaisers wie ein Ball in der Hand eines Kindes, das ihn in die Richtung wirft, die es mag ..."[18]

[13] Abū Zahra, Muḥāḍarāt a.a.O. 153 f.
[14] Ebd. 155.
[15] 1 Kor 9,20 ff.
[16] Aḥmad Shalabī, Al Masīḥiyya a.a.O. 209.
[17] Ebd. 211.
[18] Ebd. 218.

3.3.3 Beispiel 3: Erstes Konzil von Konstantinopel

Erst das I. Konzil von Konstantinopel im Jahre 381 brachte die lange Diskussion um die trinitarische Frage zum vorläufigen Abschluß. Es hat damit der in Nikaia grundgelegten Theologie zum Durchbruch verholfen. Worum ging es? Das Konzil von Nikaia im Jahre 325 hatte die Wesensgleichheit zwischen Gott-Vater und Gott-Sohn deutlich ausgesprochen, doch war die Frage nach dem Heiligen Geist nicht geklärt. In der Mitte des 4. Jahrhunderts wandte sich das theologische Interesse der Stellung des Heiligen Geistes innerhalb der Trinität zu. Während das nikänische Bekenntnis schlicht formuliert: "Wir glauben an den Heiligen Geist", finden sich im Symbolum von Konstantinopel folgende Erweiterungen: "Den Herrn und Lebensspender, der vom Vater ausgeht. Er wird mit dem Vater und dem Sohn zugleich angebetet und verherrlicht. Er hat gesprochen durch die Propheten"[1]. Mit dem Bekenntnis zum "Herrsein" des Heiligen Geistes wird ihm göttlicher Charakter zugesprochen, so wie es Basilius von Caesarea schon aus 1 Th 3,13; 2 Th 3,5 und 2 Kor 3,17 abgeleitet hatte.[2] Die entschiedendste Aussage über die Gottheit des Heiligen Geistes stellt dann der Satz dar: "Er wird mit dem Vater und dem Sohn zugleich angebetet und verherrlicht".[3]

Die muslimischen Autoren wenden sich gegen die Aussagen dieses Konzils, insbesondere gegen die definierte Gottheit des Heiligen Geistes.[4] Abū Zahra zitiert den Text des Symbolum Constantinopolitanum und resümiert: Die Väter "haben bestätigt, daß Vater, Sohn und Heiliger Geist drei Hypostasen, drei Personen und drei Eigenschaften sind: ein Monotheismus in

[1] NR 831; vgl. DS 150.

[2] Vgl. K. Baus, Das Werden der Reichskirche im Rahmen der kaiserlichen Religionspolitik a.a.O. 74 ff.

[3] Siehe Anm. 1.

[4] Vgl. Abū Zahra, Muḥāḍarāt a.a.O. 157-159; R. Shalabī, Yā ahl al-Kitāb a.a.O. 218-222.

Dreifaltigkeit und eine Dreifaltigkeit im Monotheismus, eine Existenz in drei Hypostasen, ein Gott, eine Substanz und eine Natur".[5] Dem Bemühen des Konzils, Monotheismus und Trinität zu vereinbaren, kann er nicht folgen. Wer sich für die Dreifaltigkeit ausspricht, ist für ihn kein Monotheist. Auch nach R. Shalabî kann es keinen Monotheismus in Dreifaltigkeit und keine Dreifaltigkeit im Monotheismus geben.[6] "Was ist das für eine Logik"[7], so fragt er, um dann mit Berufung auf Guignebert festzustellen[8]: "Das sichere Ergebnis der Studien der Forscher ist, daß Jesus nie behauptet hat, er sei der erwartete Messias (und er hat nicht von sich selbst gesagt, daß er der Sohn Gottes sei.)[9] Ein solcher Ausdruck wäre in Wirklichkeit nichts anderes in den Augen der Juden als ein enormer Sprachirrtum und eine Art Frevel in der Religion. Auch erlaubt uns kein einziger Evangelientext, den Ausdruck 'Sohn Gottes' auf Jesus anzuwenden; denn dieser Ausdruck ist eine Formulierung, die von jenen Christen aufgegriffen wurde, die sich durch die hellenistische Kultur beeinflussen ließen".[10] Die Aussagen des Konzils haben deswegen nach R. Shalabî keine Grundlage im Neuen Testament, sind vielmehr durch äußere Einflüsse favorisierte Erfindungen.[11] Diese verhängnisvolle Entwicklung, so der Autor, habe sich weiter fortgesetzt "bis zur Reformation, die eine neue Kirche geboren hat, die Kirche Martin Luthers".[12]

[5] Abū Zahra, Muḥāḍarāt a.a.O. 159.

[6] Ra'ūf Shalabī, Yā ahl al-Kitāb a.a.O. 221.

[7] Ebd. 222.

[8] Ch. Guignebert, Jésus, Paris 1933, 39.

[9] Der in Klammern stehende Zusatz ist eine Einfügung von R. Shalabī.

[10] Zitiert nach R. Shalabī, Yā ahl al-Kitāb a.a.O. 222.

[11] Ebd. 221 f.

[12] Ebd. 221. – Über die Bedeutung der Reformation aus muslimischer Sicht vgl. Abū Zahra, Muḥāḍarāt a.a.O. 198-226.

3.3.4 Resümee: Die Konzilien als Machtinstrumente

"Es steht selbstverständlich fest", schreibt Abū Zahra, "daß die Dreifaltigkeit, wie sie von den Massen der Christen oder der größten Mehrheit unter ihnen geglaubt wird, den Menschen nicht auf einmal verkündet wurde, sondern zu verschiedenen Zeiten und durch die Erklärungen der Konzilien ...".[1] Die Konzilien waren nichts anderes als die verlängerten Arme der politisch Herrschenden, Machtinstrumente in deren Hand, wie die muslimischen Autoren am Beispiel von Kaiser Konstantin und anderer Herrscher zeigen zu können glauben.[2] Er sei es gewesen, so Abū Zahra, der das Christentum nicht auf seine genuinen Quellen verwiesen, sondern mit seiner Intervention auf dem Konzil von Nikaia dem Heidentum näher gebracht habe.[3] So sehen er und die anderen muslimischen Polemiker und Apologeten die Aussagen der Konzilien durchweg als Verrat der ursprünglich christlichen Lehre an. Sie sind kein bißchen bemüht, die geschichtliche Entfaltung der Dogmen zu verstehen und ihre Verwurzelung im Neuen Testament zu begreifen. Darüberhinaus sind die neutestamentlichen Schriften für sie ohnehin verfälschte Dokumente.[4]
Über Wesen und Aufgabe der Konzilien und ihre Bedeutung äußert sich Aḥmad Shalabī.[5] Dazu führt er aus: "Die Konzilien sind die Beratungsinstanzen der christlichen Kirche ..., deren Ordnung die Apostel zu ihren Lebzeiten festgelegt haben, da sie im Jahre 105 (sic!) nach Christus in Jerusalem das erste Konzil abgehalten haben unter dem Vorsitz des Bischofs Jakobus, des Apostels, um über die Beschneidung der Heiden (der Nicht-Juden) zu befinden. Danach hat die Kirche nach diesem

[1] Abū Zahra, Muḥāḍarāt a.a.O. 141.

[2] Vgl. Abū Zahra, Muḥāḍarāt a.a.O. 152; Aḥmad Shalabī, Al-Masīḥiyya a.a.O. 199; Ra'ūf Shalabī, Yā ahl al-Kitāb a.a.O. 208 ff.

[3] Abū Zahra, Muḥāḍarāt a.a.O. 152.

[4] Siehe oben: Drittes Kapitel.

[5] Aḥmad Shalabī, Al-Masīḥiyya a.a.O. 192-200.

Muster verfahren."[6] Was A. Shalabī hier sagt, offenbart seine ungenügende Kenntnis der frühchristlichen Geschichte. Das sogenannte Apostelkonzil von Jerusalem, von dem der Autor spricht, hat nach übereinstimmender Auffassung der historischen Forschung um das Jahr 49 nach Christus stattgefunden. Die Frage der Beschneidung – aus muslimischer Sicht von eminent-wichtiger Bedeutung – bildete damals lediglich ein Teilproblem innerhalb jenes Gesamtkomplexes, in dem die Grundsatzfrage zur Debatte stand, ob die Freiheit der Heidenchristen vom mosaischen Gesetz Rechtens sei.
Zur Jurisdiktion der Konzilien und ihrer Autorität schreibt A. Shalabī: Sie "haben Beschlüsse gefaßt, die als Fundamente der christlichen Religion gelten, und sie haben sich eine starke Vollmacht angeeignet. Sie haben Götter gemacht und über ihre Natur gesprochen, der Kirche die Macht der Sündenvergebung zuerkannt und die Unfehlbarkeit des Papstes festgesetzt ...[7]
Die Konzilien haben sich eine Machtposition verschafft, die die meisten oder gar alle Religionen nicht kennen. So dürfen zum Beispiel im Islam die Gelehrten sich um Lösungen jener Fragen bemühen, die in den Bereich der konkreten Praxis und ihrer Handhabung fallen, während die Zahl der Gebete, die Zahl der Kniebeugungen, die Riten der Wallfahrt und ähnliches [– weil normativ vorgegeben –] ihrer Kompetenz entzogen sind. Auch dürfen die Muslime keine Gesetze erlassen; denn der Gesetzgeber ist Gott, der Erhabene und Großartige. Die Muslime sind weit davon entfernt, Götter zu schaffen.[8] Und bei ihnen ist

[6] Ebd. 194.

[7] A. Shalabī bezieht sich hier auf Aussagen des Konzils von Ephesus im Jahre 431 und von Chalkedon im Jahre 451 über die unio hypostatica der beiden Naturen in Christus sowie auf die Unfehlbarkeitserklärung des I. Vatikanischen Konzils von 1870: Vgl. ES 250 ff.; ES 300 ff.; ES 3050 ff. – Vgl. auch A. Shalabī, Al-Masīḥiyya a.a.O. 267 f.: "Die religiösen Führer besitzen nahezu eine göttliche Autorität. Die Menschen und auch Gott (sic!) müssen ihrem Wort folgen (vgl. Mt 18,18)." Der Autor beruft sich auf Muḥammad ʻAbduh, Al-Islām wa l-naṣrāniyya ... 27.

[8] Vgl. auch seine Polemik in: Al-Masīḥiyya a.a.O. 199.

Gott allein derjenige, der die Sünden vergibt, die Reue annimmt und aufgrund seiner Macht harte Strafen verhängt. Gott allein ist unfehlbar. Auch die Propheten besitzen trotz ihres hohen Ranges keine Unfehlbarkeit, außer in der Verkündigung [ihrer Botschaft] nach Meinung der meisten Gelehrten"[9]. Man fragt sich in diesem Zusammenhang, was A. Shalabî eigentlich unter "Unfehlbarkeit des Papstes" versteht. Mit der Definition des I. Vatikanums scheint er sich gar nicht auseinandergesetzt zu haben. Dies sei in aller Kürze nachgeholt.

In der dogmatischen Konstitution "Pastor aeternus" des I. Vatikanischen Konzils heißt es: "Wenn der römische Bischof in höchster Lehrgewalt (ex cathedra) spricht, das heißt, wenn er seines Amts als Hirt und Lehrer aller Christen waltend in höchster, apostolischer Amtsgewalt endgültig entscheidet, eine Lehre über Glauben oder Sitten sei von der ganzen Kirche festzuhalten, so besitzt er auf Grund des göttlichen Beistandes, der ihm im heiligen Petrus verheißen ist, jene Unfehlbarkeit, mit der der göttliche Erlöser seine Kirche bei endgültigen Entscheidungen in Glaubens- und Sittenlehren ausgerüstet haben wollte. Diese endgültigen Entscheidungen des römischen Bischofs sind daher aus sich (ex sese) und nicht auf Grund der Zustimmung der Kirche (non autem ex consensu Ecclesiae) unabänderlich."[10]

Als Argumente für die Unfehlbarkeit des päpstlichen Lehramts – es handelt sich um eine an das Amt geknüpfte Unfehlbarkeit, nicht um eine Unfehlbarkeit als Privatperson! – stellt das I. Vatikanum dieser Definition folgende Überlegungen voran:

1. Die Kontinuität des päpstlichen Lehramtes im Laufe der Geschichte.[11]

[9] Aḥmad Shalabī, Al-Masīḥiyya a.a.O. 198. Der Autor verweist an dieser Stelle auf seine Ausführungen über die Unfehlbarkeit des Propheten in seinem Buch: Der Islam. 5. Aufl. ... (ohne Seitenangabe!)

[10] NR 388; ES 3074.

[11] Vgl. den konziliengeschichtlichen Abriß: DS 3066-68.

2. Die faktische Ausübung des päpstlichen Lehramtes durch die Geschichte hindurch.[12]

3. Die Annahme dieser Lehre durch die Kirche.[13]

Sodann wird in der dogmatischen Konstitution das Verhältnis zwischen der Unfehlbarkeit (Infallibilität) des päpstlichen Lehramtes und der Offenbarung Gottes näher umschrieben:

1. Die Gabe der Infallibilität besagt *keine neue Offenbarung,* sondern bezieht sich auf die rechte Bewahrung und authentische Auslegung der einmal ergangenen und für immer abgeschlossenen Offenbarung.[14] Das II. Vatikanische Konzil hat diese Auffassung in seiner dogmatischen Konstitution über die Kirche "Lumen gentium" ausdrücklich bestätigt.[15]

2. Anliegen und Zweck der Gabe der Unfehlbarkeit ist die Wahrung der Einheit der Kirche, die das Konzil im Papst als dem Zentrum der Einheit verkörpert sieht.[16] Diese Einheit kann nach dem dabei supponierten Kirchenbegriff nur dadurch gewahrt werden, daß dem Papst die "potestas plena", d.h. profanjuristisch die gesamte Regierungs-, gesetzgeberische und richterliche Gewalt zugeschrieben wird.

Ferner ist nach Aussagen des Konzils die Unfehlbarkeit des päpstlichen Lehramtes an bestimmte Bedingungen gebunden, durch die sie eingegrenzt und eingeschränkt wird:

1. Der Papst besitzt Unfehlbarkeit auf Grund seines *Amtes* und nicht als Privatperson, und zwar nur im Bereich des Glaubens und der Sitten.[17] Diese Unfehlbarkeit bezieht sich ausschließlich auf das hinterlegte Glaubensgut der göttlichen Offenba-

[12] DS 3069.

[13] DS 3070.

[14] DS 3070.

[15] Vgl. Dogmatische Konstitution "Lumen gentium" Nr. 25, in: LThK, Das zweite Vatikanische Konzil, Bd. 1, Freiburg-Basel-Wien 1966, 239 f.

[16] DS 3071.

[17] DS 3074.

rung, wie die dogmatische Konstitution "Lumen gentium" unterstreicht.[18] Die Infallibilität ist also einzig und allein auf die Auslegung und Bewahrung der Offenbarung ausgerichtet.[19]

2. Die päpstliche Unfehlbarkeit ist eingebettet in die Unfehlbarkeit der Kirche. Ihr ist die grundlegende Infallibilität auf bleibende Weise geschenkt, während sie dem Papst nur außerordentlich und vorübergehend zukommt, eben wenn er "ex cathedra" spricht[20]. Das heißt: Es gibt nur *ein* Subjekt der Unfehlbarkeit, nämlich das Bischofskollegium mit dem Papst als Haupt. Dieses eine Subjekt kann sich allerdings in verschiedenen Organen äußern, sei es im Konzil[21] oder im ordentlichen und universalen Lehramt der Bischöfe[22], sei es in päpstlichen Kathedralentscheidungen.[23]

3. Die Aussage, daß Kathedralentscheidungen "aus sich und nicht auf Grund der Zustimmung der Kirche" unfehlbar seien[24], ist nach authentischer Interpretation so zu verstehen: Der Papst besitzt die Unfehlbarkeit eigenständig, was den *Rechtsgrund* angeht, d.h. auf Grund eines Privilegs Christi; er besitzt sie aber in relativer Eigenständigkeit, was den *Erkenntnisgrund* angeht, mit anderen Worten: Auch der Papst ist auf den Glauben der Kirche, wie er in Schrift und Tradition vorgegeben ist, angewiesen.[25]

[18] Dogmatische Konstitution "Lumen gentium" Nr. 25 a.a.O. 239 f.

[19] DS 3074.

[20] Ebd.

[21] Vgl. DS 3011, wo diese Tatsache, ohne näher expliziert zu sein, vorausgesetzt ist; Dogmatische Konstitution "Lumen gentium" Nr. 25 a.a.O. 239.

[22] Vgl. Dogmatische Konstitution "Lumen gentium" Nr. 25 a.a.O. 241.

[23] DS 3074; Dogmatische Konstitution "Lumen gentium" Nr. 25 a.a.O. 241.

[24] NR 388; DS 3074.

[25] Vgl. die Erläuterungen von Gasser auf dem I. Vatikanum: Mansi 52, 1213 ff.

4. Das vom I. Vatikanum nicht näher umschriebene Begriffspaar "Glaubens- und Sittenlehre", auf die die päpstliche Unfehlbarkeit eingegrenzt ist, hat das II. Vatikanum präzisiert: Die Infallibilität, "mit welcher der göttliche Erlöser seine Kirche bei der Definierung einer Glaubens-und Sittenlehre ausgestattet sehen wollte, reicht so weit, wie die Hinterlage der göttlichen Offenbarung, welche rein bewahrt und getreulich ausgelegt werden muß, es erfordert"[26]; sie ist also auf das hinterlegte und damit vorgegebene Glaubensgut der göttlichen Offenbarung eingeschränkt.

Aus diesen kurzen Hinweisen dürfte erhellen, daß die Unfehlbarkeit des päpstlichen Lehramtes nicht der Willkür von Privatpersonen ausgeliefert, sondern an ganz bestimmte Bedingungen geknüpft und auf einen ganz bestimmten inhaltlichen Rahmen abgesteckt und damit eingeschränkt ist.
Aḥmad Shalabî hat sich darum nicht gekümmert. Aus einem tief verwurzelten Vorurteil heraus geht er die Frage der Unfehlbarkeit an. Von einer Bemühung, die Entstehungsgeschichte und den hermeneutischen Ort der auf dem I. Vatikanum definierten Infallibilität des päpstlichen Lehramtes zu verstehen, ist bei Shalabî nichts zu spüren. Er pauschaliert. Ohne sich mit der Materie befaßt zu haben, steht für ihn a priori fest: Die Unfehlbarkeit ist ein Freibrief in der Hand des Papstes, der – an keine Autorität und Instanz gebunden – willkürlich schalten und walten kann. In seiner blinden Argumentation vergißt der Autor selbst genuin koranische Positionen. Denn die im Koran sanktionierte Einheit von Religion und Politik – für den Islam normativ – münzt er in einen Vorwurf gegen das Christentum um: Die 869 von Rom beschlossene Unterwerfung aller Christen unter die Beschlüsse des Papstes sei "extrem gefährlich"[27], denn ein

[26] Dogmatische Konstitution "Lumen gentium" Nr. 25 a.a.O. 239 f.
[27] Aḥmad Shalabī, Al-Masīḥiyya a.a.O. 198; Shalabī nennt als Quelle das 9. Konzil. Er meint offensichtlich das VIII. ökumenische und IV. Konzil von Konstantinopel, das vom 5. Oktober 869 bis zum 28. Februar

solcher Beschluß "ist ein öffentlicher Eingriff in die Angelegenheiten der Völker und in die Unabhängigkeit der Staaten. Er bedeutet, daß die Christen nach außen hin (wörtl.: mit ihren Körpern) ihren Regierungen, innerlich aber (wörtl.: in ihrem Geist) der Kirche Roms folgen."[28]

3.4 Äußere Einflüsse

Auf ihrer Suche nach den Quellen des überlieferten Christentums beschränken sich die muslimischen Polemiker und Apologeten keineswegs auf eine Analyse der neutestamentlichen Schriften und späterer konziliarer Aussagen, sondern glauben, verschiedene äußere Einflüsse ausmachen zu können, die auf das Christentum eingewirkt und es beeinflußt haben. Ist aufgrund der Verfälschung des ursprünglich reinen Evangeliums Jesu die wahre Gestalt des Christentums nach Meinung der Autoren bereits im Neuen Testament nicht mehr wiederzuerkennen und infolge theologiegeschichtlicher Entwicklungen durch Konzilsaussagen noch weiter verzerrt worden, so haben die äußeren Einflüsse sein Bild völlig entstellt.

3.4.1 Das römische Heidentum

Das junge Christentum, aufgewachsen in heidnisch-römischer Umwelt, hat – so Abū Zahra – die alten heidnischen Vorstellungen und Ideen in sich aufgesogen.[1] Aus divergierenden Strömungen sei auf diese Weise eine neue synkretistische Weltanschauung entstanden. "Um das Volk zu gewinnen, wurden

870 dauerte; vgl. H.-G. Beck, Die byzantinische Kirche im Zeitalter des photianischen Schismas, in: HdK, Bd. III/1, Freiburg-Basel-Wien 1966, 206 f.

[28] Aḥmad Shalabī, Al-Masīḥiyya a.a.O. 198.

[1] Vgl. Abū Zahra, Muḥāḍarāt a.a.O. 39-41.

Riten und Mysterien wie bei den Heiden eingeführt, vor allem die Taufe und das Abendmahl", urteilt Al-Ṭahṭāwī.[2] So ist das Christentum ein Ergebnis des Heidentums, "das letzte, was das Heidentum geschaffen hat".[3]

3.4.2 Altägyptische Vorstellungen

Mit der Verbreitung des christlichen Glaubens in Ägypten habe sich, so meinen die muslimischen Autoren, ein geistiger Austausch zwischen altägyptischen und christlichen Überlieferungen vollzogen. A. Shalabī referiert die Position verschiedener Autoren, die diese These vertreten[4], und kommt zu dem Ergebnis, daß das christliche Denken durch das ägyptisch-pharaonische Denken beeinflußt und von ihm durchdrungen worden sei: So symbolisiert das Zeichen des Kreuzes bei den Altägyptern das Leben und habe von dort Eingang in das Christentum gefunden. Auch die christlicherseits behauptete göttliche Dreifaltigkeit entspreche der ägyptischen Dreiheit von Osiris, Isis und Horus[5].

3.4.3 Der Neuplatonismus

Auch habe der Neuplatonismus auf das Christentum eingewirkt und seine Spuren hinterlassen. Am Beispiel der christlichen Lehre von der göttlichen Dreifaltigkeit versucht Abū Zahra, diese These zu erhärten: Von der plotinischen Triade "Urprinzip - Intellekt - Geist" sei die christliche Vorstellung von Gott als "Vater - Sohn - Geist" beeinflußt[6]. Bei aller Unter-

[2] Al-Ṭahṭāwī, Al-Naṣrāniyya a.a.O. 86.

[3] Ebd. 87; vgl. A. Shalabī, Al-Masīḥiyya a.a.O. 174.176.

[4] A. Shalabī, Al-Masīḥiyya a.a.O. 173-174; seine Gewährsmänner sind: Ṣābir Djabra, Madjd al-kitāb al-muqaddas; Ra'ūf Ḥabīb, Kanā'is al-Qāhira al-qibṭiyya; Sāmī Djabra, Fī riḥāb al-ma'būd Tūt – alle Angaben ohne nähere bibliographische Hinweise!

[5] A. Shalabī, Al-Masīḥiyya a.a.O. 173 f.

[6] Vgl. Abū Zahra, Muḥāḍarāt a.a.O. 41-45.

schiedenheit liege beiden Vorstellungen eine gemeinsame Quelle zugrunde: Die platonische Philosophie mit ihrem Versuch, die Existenz der Vielheit in der Welt aus dem Ureinen zu erklären[7].

3.4.4 Der Brahmanismus

In seinem 1965 erschienenen Buch "Muqaranāt al-adyān: al-diyanāt al-qadîma" glaubt Abū Zahra als eine weitere Quelle des Christentums den Brahmanismus eruieren zu können:[8] "Die Hindus glauben, daß einige ihrer Götter sich in einem Menschen verkörpert haben, Krishna mit Namen; in ihm begegnete sich Gott und Mensch oder in Krishna kam die Gottheit in die Menschheit, so wie die Christen es von Christus behaupten ..."[9] Erstaunlich sei, so der Autor weiter, daß die Hindus "über Krishna Legenden und Wunder erzählen, die dem ähneln, was in den Evangelien über Christus steht. Krishna ist von einer verlobten Jungfrau geboren worden ... Sie beschreiben ihn als Gott und sagen, daß seine Geburt von Wundern begleitet gewesen sei ... Seine Mutter habe ihn in einer Grotte geboren, die bei seiner Geburt von einem großen Licht erleuchtet gewesen sei ... Und sie behaupten, daß seine Mutter vor seiner Geburt verlobt gewesen sei ... so wie die Christen glauben, daß Maria, die Mutter Christi, einen Verlobten namens Josef, der Zimmermann war, gehabt habe. Kurz: Die Hindus glauben von Krishna, was die Christen von Christus glauben"[10]. Da aber der Brahmanismus historisch früher anzusiedeln sei als das Christentum, sei er als Wurzel des Christentums anzusehen[11]. Über die naive Logik seiner Argumentation legt Abū Zahra keine Rechenschaft

7 Ebd. 43 f.; vgl. A. Shalabī, Al-Masīḥiyya a.a.O. 174.

8 Abū Zahra, Muqārana al-adyān: al-diyanāt al-qadīma, Kairo 1965, 28-42.

9 Ebd. 28.

10 Ebd. 29.

11 Ebd.

ab. Für ihn gilt: Aus der Parallelität der Aussagen darf auf eine unmittelbare Ableitung des einen vom anderen geschlossen werden mit der Konsequenz, daß die jüngeren Vorstellungen den älteren direkt entlehnt sind. Abgesehen davon, kommt dem Autor nicht einmal der Gedanke, daß in den Legenden des Islams ähnliche Traditionen über die Geburt Muḥammads kursieren; man denke etwa an die umfangreiche "mawlid - Literatur"[12]. Doch nicht nur postkoranische Ausmalungen kommen hier in Betracht, sondern der Koran selbst: Eine historisch-kritische Analyse seiner Verse, der die Muslime bis heute aus dem Wege gehen, bringt, wie die islamwissenschaftliche Forschung zeigt, eine Fülle von religionsgeschichtlichen Parallelüberlieferungen ans Licht, vor denen muslimische Autoren einfachhin die Augen verschließen, weil sie sie nicht wahrhaben wollen. Hier ist mehr wissenschaftliche Redlichkeit gefordert, will man auf gleichem Niveau diskutieren!

Das gilt auch für die Abfassung des Buches von Abū Zahra, ja für die meisten Arbeiten muslimischer Autoren insgesamt: Präzise wissenschaftliche Akribie scheinen sie nicht zu schätzen; ohne konkrete Literaturangaben werden Zitationen angeführt, deren Richtigkeit nicht nachprüfbar ist. Wenn Bücher angegeben oder Autoren genannt werden, dann meist ohne nähere bibliographische Angaben wie Erscheinungsort und Erscheinungsjahr, geschweige denn die gemeinte Seitenzahl.

3.4.5 Der Buddhismus

Ebenso naiv wie Abū Zahra argumentiert auch A. Shalabî.[13] Er beruft sich unter anderem auf das Buch von Edward Thomas, The Life of Buddha[14], um die Abhängigkeit des Christentums

[12] Vgl. dazu als erste Information den Artikel "mawlid" von H. Fuchs, in: ShEIs 365-368.

[13] A. Shalabî, Al-Masîḥiyya a.a.O. 172-188.

[14] E. Thomas, The Life of Buddha, (ohne nähere Angaben) 237-248. Auch in diesem Fall mußten bibliographische Angaben von uns ergänzt werden.

vom Buddhismus darzulegen. Aus den Ausführungen von E. Thomas wird für A. Shalabî deutlich, "daß das Christentum viele seiner Dogmen und Riten vom Buddhismus übernommen hat; denn die Dreifaltigkeit, die Hypostasen, die Geschichte der Kreuzigung zur Sühne für die Sünde der Menschen, die Askese, der Verzicht auf Geld, um in das Himmelreich einzugehen ... alle diese Dinge sind dem Buddhismus entlehnt, der dem Christentum mehrere Jahrhunderte vorausging".[15] So einfach ist für A. Shalabî die Beweisführung! Weil er nicht zwischen religionsphänomenologischer Deskription und Komparatistik einerseits und direkter inhaltlicher Entlehnung andererseits zu unterscheiden vermag, zieht er den Kurzschluß: "Es liegt in der Natur des Späteren, sich des Früheren zu bedienen; umgekehrt ist das nicht möglich"[16]; "... deswegen entscheiden wir, daß das Christentum des Paulus dieses und anderes dem Buddhismus entlehnt hat".[17] Den Nachweis der Entlehnung und direkter Übernahme bleibt A. Shalabî schuldig.[18]

3.4.6 Mithraskult und Baalsreligion

Als weitere angebliche Quellen des Christentums sind der Mithraskult und die Baalsreligion genannt.[19]

[15] A. Shalabī, Al-Masīḥiyya a.a.O. 173.

[16] Ebd. 175.

[17] Ebd.

[18] Das betrifft auch seinen Vergleich zwischen dem Leben des Buddha und dem Leben Jesu (al-Masīḥiyya a.a.O. 180-184); A. Shalabī rekurriert dabei nicht auf buddhistische und christliche Quellen, sondern begnügt sich mit Sekundärliteratur. Seine Gewährsleute sind T.W. Doane, Bible Mythologie, S. 287-298; E. Thomas, The Life of Buddha, S. 237-248; Khwaja Kamaludin, The Sources of Christianity, S. 62-70; auch hier sind die bibliographischen Angaben unzureichend.

[19] Vgl. A. Shalabī, Al-Masīḥiyya a.a.O. 177 ff. mit Bezug auf L. Ropertson, Pagan Christs, S. 338, 350. Al-Ṭahṭāwī, Al-Naṣrāniyya a.a.O. 93 ff., übernimmt – ohne Quellennachweis – einfachhin aus dem o. a. Buch von A. Shalabī.

Der Mithraskult, der im letzten Drittel des 3. Jahrhunderts nach Christus seinen Höhepunkt erreichte, als er – gleichgesetzt mit der orientalischen Sonnenreligion – unter Aurelian römische Staatsreligion wurde[20], soll nach Angaben muslimischer Autoren ebenfalls auf das Christentum eingewirkt haben. Völlig entgangen ist ihnen bei ihrer Argumentation allerdings die geschichtlich verbürgte Tatsache, daß christlicherseits gerade die Mithrasverehrung wegen äußerer Ähnlichkeiten mit christlicher Opfersymbolik nachdrücklich bekämpft worden ist[21]. Von einer Anleihe, wie muslimischerseits unterstellt und behauptet wird, kann daher keine Rede sein.

Die Baalsreligion schließlich, so führt A. Shalabî aus, habe insbesondere auf die Geschichte des Prozesses Jesu und seiner Kreuzigung eingewirkt.[22] Soweit wir heute wissen, wurde Baal unter anderem als Gott des Zeitenwechsels verehrt: Er stirbt, steigt hinab zur Unterwelt und steht wieder auf. Über Baals Kämpfe und Leiden sind reiche Mythen überliefert. A. Shalabî bringt sie in Verbindung mit dem neutestamentlich bezeugten Prozeß Jesu und seiner Kreuzigung und behauptet, "daß die Geschichte der Kreuzigung Christi, wie sie die Evangelien wiedergeben, eine vollkommen (der Baalsreligion) entlehnte Geschichte ist"[23]. Beweise kann der Autor für seine These nicht liefern. Er stellt einfach eine Behauptung in den Raum. Da er selbst den Grund für diese Behauptung nicht angibt, sei er hier nachgeschoben: Er liegt in der vom Koran bestrittenen Kreuzigung Jesu[24] – eine These, die A. Shalabî als gläubiger Muslim zu stützen unbedingt gehalten ist, obwohl sie historisch unhaltbar ist.[25]

[20] Man vgl. den Kult des "Sol invictus".

[21] Vgl. K. Prümm, Art. "Mithras", in: LThK, Bd. 7 (^{2}1962) Sp. 448-490 mit Angabe weiterführender Literatur.

[22] Vgl. A. Shalabî, Al-Masîḥiyya a.a.O. 178-180.

[23] Ebd. 179.

[24] Koran 4,157; vgl. L. Hagemann, Christentum und Islām zwischen Konfrontation und Begegnung a.a.O. 56-57.

[25] Vgl. W. Kasper, Jesus der Christus, Mainz ^{3}1975, 132 ff. (mit Literatur).

4 DIE GRUNDAUSSAGEN DES HEUTIGEN CHRISTENTUMS

Nach A. Shalabī sind die zentralen Aussagen der heutigen christlichen Glaubenslehre folgende:

"1. Die Dreifaltigkeit.
2. Die Inkarnation des Sohnes und sein Erscheinen in Menschengestalt, um als Sühne für die Sünde, die der Vater der Menschen begangen hat, gekreuzigt zu werden.
3. [Die Auffassung], daß Gott, der Vater, es Gott, dem Sohn, überlassen hat, die Menschen zu richten ..."[1]

4.1 Der Glaube an die Dreifaltigkeit Gottes

Es sei die Not der Christen, so die muslimischen Autoren, in ihrem Glauben an die Dreieinigkeit Gottes Einheit und Dreifaltigkeit miteinander in Einklang zu bringen.[2]
Trotz unterschiedlicher Konfessionen verbindet nach Abū Zahra die Christen der Glaube, "daß in der Gottheit drei vorhanden sind, die anzubeten sind", die, obwohl unterschieden, eines Wesens seien.[3] "Um es deutlich zu sagen", fährt der Autor fort, die Christen, "versuchen, die Dreifaltigkeit und den Monotheismus zu vereinbaren".[4] Warum diese Mühe? fragt Abū Zahra: "Warum lieben die Christen es, neben der Dreifaltigkeit auch die Einheit zu erwähnen oder – wenigstens einige versu-

[1] A. Shalabī, Al-Masīḥiyya a.a.O. 126.
[2] Vgl. Abū Zahra, Muḥāḍarāt a.a.O. 117 ff.; A. Shalabī, Al-Masīḥiyya a.a.O. 127-154; H. Djawda, Al-'Aqā'id al-masīḥiyya bayn al-Qur'ān wa l-'aql. Kairo 1980, 119-247; Al-Ṭahṭāwī, Al-Naṣrāniyya a.a.O. 27-46 (vor allem abhängig von A. Shalabī und Abū Zahra).
[3] Abū Zahra, Muḥāḍarāt a.a.O. 121.
[4] Ebd.; vgl. auch A. Shalabī, Al-Masīḥiyya a.a.O. 128.

chen es – zu zeigen, daß zwischen beiden kein Widerspruch besteht?"[5] Einen Grund dafür sieht der Autor in den Aussagen des Alten Testaments, in denen vom strikten Monotheismus die Rede sei. Da aber das Alte Testament auch von den Christen als heilige Schrift anerkannt und rezipiert werde, ergebe sich die Schwierigkeit, den ursprünglich geoffenbarten Monotheismus mit der späteren christlichen Lehrauffassung von der Dreieinigkeit Gottes zu vereinbaren.[6] Und deswegen versuchten die Christen, aus Texten der Thora Hinweise auf die Dreifaltigkeit zu finden, genauso wie sie versuchten, die Dreieinigkeit als dem Monotheismus nicht widersprechend darzustellen, "auch wenn dies nicht möglich ist".[7]
Während Abū Zahra das Dogma der Trinität als eine contradictio in adiecto hinzustellen versucht, geht Hāshim Djawda zunächst einen anderen Weg.[8] Ausgangspunkt seiner Analyse sind die Aussagen des Korans. Sie bilden die Grundlage für seine Sichtung des christlichen Gottesbegriffs. Danach ist die Verkündigung des Monotheismus der Kernpunkt der Botschaft aller Propheten.[9] Doch haben, so die koranische Version, sowohl Juden wie Christen diese authentische Botschaft verfälscht[10] und eigene Glaubenslehren erfunden[11]: "Die Juden sagen: 'Uzair (d.h. Esra) ist der Sohn Gottes.' Und die Christen sagen: 'Christus ist der Sohn Gottes.' So etwas wagen sie offen auszusprechen. Sie tun es (mit dieser ihrer Aussage) denen gleich, die früher ungläubig waren. Diese Gottverfluchten (Leute)!

[5] Abū Zahra, Muḥāḍarāt a.a.O. 121.

[6] Ebd.

[7] Ebd. 122; vgl. ebd. 124; vgl. auch A. Shalabī, Al-Masīḥiyya a.a.O. 129 ff.

[8] Hāshim Djawda, Al-'Aqā'id a.a.O. 117 ff.

[9] Ebd. 117; vgl. dazu L. Hagemann, Propheten – Zeugen des Glaubens. Koranische und biblische Deutungen (Islam und westliche Welt, Bd. 7), Graz-Wien-Köln 1985.

[10] Vgl. dazu L. Hagemann, Christentum und Islam zwischen Konfrontation und Begegnung a.a.O. 54 ff.

[11] Hāshim Djawda, Al-'Aqā'id a.a.O. 118.

Wie können sie nur so verschroben sein!"[12] Von dieser Grundposition aus kritisiert H. Djawda die christliche Auffassung von der Dreieinigkeit Gottes, die er als Abfall von der ursprünglich reinen Lehre deklariert.[13] Durch Texte aus dem Ḥadîth versucht der Autor, diese These zu untermauern.[14] Jesus selbst, so will H. Djawda deutlich machen, habe nichts anderes gepredigt als die anderen Propheten vor ihm und in Übereinstimmung mit ihnen zum Glauben an einen einzigen Gott aufgerufen.[15] Die trinitarische Gottesvorstellung sei eine spätere theologische Entwicklung, die zum Teil Eingang in die vier Evangelien gefunden habe. Dennoch vermochten es ihre Verfasser nicht, den Monotheismus vollständig auszurotten, denn "es steht in einigen ihrer Evangelien [einiges], was inhaltlich mit dem Koran übereinstimmt".[16] Diese Erkenntnis des Autors ist weder neu noch führt sie weiter. Wie schon der Koran selbst, scheint auch H. Djawda die christliche Trinitätsauffassung nicht authentisch und korrekt wiederzugeben, sondern als Tritheismus mißzuverstehen und sich eine Trias aus Gott (Vater), Maria (Mutter) und Jesus (Kind) vorzustellen[17]. Im Koran heißt es, daß Jesus am Ende der Zeit von Gott gefragt werde: "Jesus, Sohn der Maria! Hast du (etwa) zu den Leuten gesagt: Nehmt euch außer Gott mich und meine Mutter zu Göttern? ...".[18] Das hier anklingende biologistische Trinitätsverständnis ist ein im Koran selbst sanktioniertes Mißverständnis des christlichen Glaubens an die Dreieinigkeit Gottes, ein Mißverständnis, daß die muslimischen Polemiker und Apologeten immer wieder aufgreifen und neu auf-

[12] Koran 9,30.

[13] Hāshim Djawda, al-'Aqā'id a.a.O. 127 ff.

[14] Vgl. ebd. 122 f.

[15] Ebd. 123.

[16] Ebd. 125; H. Djawda zitiert u.a. Mk 12,28-34 und Lk 13,33 ff.

[17] Vgl. seine phantasiereichen Spekulationen auf den Seiten 146 ff.

[18] Koran 5,116; vgl. dazu L. Hagemann, Christentum. Für das Gespräch mit Muslimen a.a.O. 75 ff.

wärmen, ohne sich um die Authentizität der christlichen Botschaft zu kümmern.
In einem weiteren Schritt setzt sich H. Djawda mit der Rationalität der Trinitätslehre auseinander.[19] Auch er versucht – wie Abū Zahra –, die rationale Unmöglichkeit des Dreifaltigkeitsglaubens aufzudecken und ihn als Widerspruch zu entlarven.[20] Seine Gedanken bieten nichts Originelles, so daß wir sie hier übergehen können.

4.2 Die Kreuzigung Jesu und die Deutung seines Todes

Einen weiteren Schwerpunkt muslimischer Kritik an christlichen Glaubensvorstellungen bilden die Kreuzigung Jesu und die Deutung seines Todes. In Übereinstimmung mit dem Koran negieren die Autoren den Kreuzestod Jesu.[21] Der Skandal der Kreuzigung Jesu, so sagt R. Shalabī, sei eine Erfindung der Jünger[22], wie auch seine behauptete Auferstehung ein Erzeugnis des Wunschdenkens und der Phantasie der Jünger gewesen sei[23]. Er zieht daraus den Schluß: "Wenn die Idee der Kreuzigung und die Idee der Auferstehung zusammenbrechen, dann bricht folglich auch die Rede von der Erlösung ... zusammen"[24]. Damit verliert für R. Shalabī die christliche Deutung des Todes Jesu

19 Vgl. H. Djawda, Al-'Aqā'id a.a.O. 161-181.
20 Ebd. 163 ff.
21 Siehe oben: Zweites Kapitel, Abschnitt 4.1; vgl. R. Shalabī, Yā ahl al-Kitāb a.a.O. 265 f.; A. 'Abd al-Wahhāb, Al-Masīḥ fī maṣādir al-'aqā'id al-masīḥiyya. Kairo 1978, 127-282; H. Djawda, Al-'Aqā'id a.a.O. 248-324; Al-Ṭahṭāwī, Al-Naṣrāniyya a.a.O. 46-58.
22 Vgl. R. Shalabī, Yā ahl al-Kitāb a.a.O. 265 f.
23 Ebd. 266; vgl. auch A. 'Abd al-Wahhāb, Al-Masīḥ a.a.O. 285-309; Al-Ṭahṭāwī, Al-Naṣrāniyya a.a.O. 58-59; Abū Zahra, Muḥāḍarāt a.a.O. 126 ff.
24 R. Shalabī, Yā ahl al-Kitāb a.a.O. 266.

ihre Bedeutung und wird als soteriologisch belanglos hingestellt.[25]

Besonders ausführlich geht ‘Abd al-Wahhāb der Frage der Kreuzigung Jesu nach.[26] Detailliert setzt er sich mit den Passionsgeschichten der Evangelien auseinander.[27] Sein Augenmerk gilt in erster Linie den unterschiedlichen Darstellungen der Leidensgeschichte und des Todes Jesu in den Evangelien; Übereinstimmungen in der Überlieferung läßt er außer acht. Sie würden auch nicht in sein Konzept passen, das als Rechtfertigung der tradierten islamischen Position leicht zu erkennen ist, wie schon die Gliederung seiner Arbeit zeigt: Im 5. Kapitel seines Buches handelt ‘Abd al-Wahhāb über die Differenzen in den Passionsüberlieferungen. Die darin aufgezeigten Unterschiede sind für ihn Grund genug, die gesamte Evangelientradition als unecht abzulehnen.[28] In Übereinstimmung mit einem Teil der islamischen Tradition, wonach Judas Iskariot anstelle von Jesus gekreuzigt worden sein soll – andere islamische Überlieferungen glauben in ihrer legendarischen Ausdeutung, andere Personen, unter ihnen Simon von Cyrene, um nur einen zu nennen, ausmachen zu können, die die Gestalt Jesu angenommen haben sollen und an seiner Statt getötet worden seien[29] – wendet sich ‘Abd al-Wahhāb im 6. Kapitel dem Lebensende von Judas zu[30]. Die in den Evangelien überlieferten Mordandrohungen gegenüber Jesus und die Versuche, ihn zu liquidieren, sind der Inhalt des 7. Kapitels[31]; nach Ansicht des Autors ist Jesus

[25] Zur christlichen Deutung des Todes Jesu vgl. W. Kasper, Jesus der Christus a.a.O. 132-144 (Lit.); L. Hagemann, Christentum. Für das Gespräch mit Muslimen a.a.O. 64 ff.

[26] ‘Abd al-Wahhāb, Al-Masīḥ a.a.O. 127-282.

[27] Ebd. 127-179.

[28] Ebd. 179.

[29] Ausführlich dargestellt bei M. Hayek, Le Christ de l'Islam, Paris 1959, 224-230.

[30] ‘Abd al-Wahhāb, Al-Masīḥ a.a.O. 181-188.

[31] Ebd. 189-206.

selbst allen Mordversuchen aus dem Wege gegangen[32], ja er selbst habe vorausgesagt, so 'Abd al-Wahhāb im 8. Kapitel in eigenwilliger Interpretation neutestamentlicher Textstellen[33], daß er der Ermordung entgehen werde[34].
Diese These versucht der Autor dann im 9. Kapitel durch alttestamentliche "Belegstellen" aus den Psalmen zu erhärten[35]; über angebliche Meinungsverschiedenheiten der ersten Christen über die Kreuzigung Jesu handelt das 10. Kapitel[36]; dadurch soll deutlich gemacht werden, daß zwischen Erlösung und Kreuzigung keinerlei Beziehung besteht. Denn, so die Argumentation, auf die Frage des reichen jungen Mannes: "Meister, was muß ich Gutes tun, um das ewige Leben zu erlangen?" (Mt 19,16) habe Jesus u.a. geantwortet: "Du sollst nicht töten, du sollst nicht ehebrechen, du sollst nicht stehlen, du sollst kein falsches Zeugnis ablegen, ehre Vater und Mutter, und du sollst deinen Nächsten lieben wie dich selbst ... Willst du vollkommen sein, so geh hin, verkaufe, was du hast, und gib es den Armen – und du wirst einen Schatz im Himmel haben – und komme und folge mir nach" (Mt 19,18-19,21).
Von einer Erlösung durch den Kreuzestod Jesu sei hier nicht die Rede, Erlösung und Kreuzestod könnten demnach nicht in Beziehung zueinander gesetzt werden[37]. Weil die muslimischen

[32] Ebd. 202-206.
[33] 'Abd al-Wahhāb beruft sich auf Jo 7,32-34.35-36; Jo 8,21-29; Jo 16, 32-33; Mt 32,39; 24,1.
[34] Ebd. 207-209.
[35] Ebd. 210-270; folgende Textstellen sollen als Beweise gelten: Ps 9,1-6; Ps 16,1-4; Ps 20,1-4; Ps 21,1-4; Ps 22,1-8 ist besonders ausführlich behandelt: S. 223-235; Ps 31,1-7; Ps 34; Ps 35; Ps 41; Ps 109,1-7; Ps 37,1-4; Ps 69,1-5; Ps 91,1-4; Ps 118,107.
[36] Ebd. 271-282.
[37] Ebd. 276-277; die Vielzahl der vom Autor zitierten Bibelstellen kann hier nicht aufgeführt werden; erwähnt seien noch Mt 25,34-36; Ez 18,20; Jak 2,19-24; Jak 4,12. – Ebenso argumentiert al-Ṭahṭāwī, Al-Naṣrāniyya a.a.O. 46-58; er schreibt u.a.: "Die vier Evangelien weisen große Unterschiede in der Erzählung dieser Geschichte (d.h. der Kreuzigung Jesu) auf.

Apologeten allein die koranische Version von Jesu Lebensende als gültig ansehen, versuchen sie partout, sie auch aus den Evangelien herauszulesen. Alles andere ist für sie eine nachträgliche verfälschte Interpretation christlicher Autoren. Hinzu kommt die Tatsache, daß selbst heutige Muslime offensichtlich noch nicht in der Lage sind, zwischen Historie als solcher und theologischer Deutung von Historie zu unterscheiden. Sie stellen nicht nur die theologische Deutung von Geschichte, d.h. die christliche Deutung des Todes Jesu, in Frage, sondern – wie es der Koran will – die historische Tatsache der Kreuzigung selbst. Sie aber gehört unleugbar zu den gesichertsten Tatsachen der Geschichte Jesu[38].

4.3 Christus als Richter

Nach dem Koran ist Gott allein der einzige Richter, der jeden Menschen für seinen Glauben und sein Tun zur Verantwortung ziehen wird[39]. Diese Position versuchen die islamischen Autoren zu verteidigen, wenn sie sich gegen die christliche Glaubensaussage wenden, daß Jesus Christus kommen wird, "zu richten die

Man muß doch staunen über die Unterschiede in den vier Evangelien bezüglich eines wichtigen Fundaments ihrer (d.h. der Christen) Religion" (S. 49). Wie die anderen Autoren, negiert auch er jeden Zusammenhang zwischen Kreuz und Erlösung (vgl. ebd. 53-55) und – getreu der koranischen Aussage – ist auch nach ihm ein anderer als Jesus hingerichtet worden (vgl. ebd. 54 f.). Al-Ṭahṭāwī kommt zu folgendem Ergebnis: "Die Idee der Kreuzigung als Sühne gehört nicht zum Christentum, das Christus gebracht hat" (ebd. 55). Es scheint, so der Autor weiter, daß sie durch Paulus in das Christentum eingebracht worden ist unter Verwendung fremdartiger Glaubensvorstellungen – eine These, die al-Ṭahṭāwī von A. Shalabī, Al-Masīḥiyya a.a.O. 163 f., übernommen hat.

38 Vgl. W. Kasper, Jesus der Christus a.a.O. 132 ff. (Lit.).

39 Vgl. A.Th. Khoury, Einführung in die Grundlagen des Islams a.a.O. 153-154.

Lebenden und die Toten"[40]. Al-Ṭahṭāwî geht fälschlicherweise davon aus, daß dieses Glaubensbekenntnis erst auf dem Konzil von Nikaia im Jahre 325 n. Chr. definiert worden sei[41]. Daß es de facto wesentlich älter ist und seine Grundlage im Neuen Testament selbst hat, läßt er – möglicherweise aus Unkenntnis – außer acht. Für ihn geht es um die Lehrentscheidung von Nikaia. Sie greift er an: "Die Idee (d.h. Christus als Richter) gründet bei den Christen darauf, daß Christus Gott ist; das ist eine falsche Grundlage, durch ein ökumenisches Konzil, das Konzil von Nikaia, mit dem Schwert des Zwanges, der Herrschaft und der Gewalt beschlossen"[42].
Weil, so der Autor weiter, dieses Konzil "Christus, der ein Mensch war, zu einem Gott machte"[43], setzte sich der Glaube an die Richterfunktion Christi durch. Erst wenn die Christen einsehen, daß aufgrund des Irrtums von Nikaia, wie al-Ṭahṭāwi formuliert, dem Glauben an Christus als Richter der Boden entzogen ist, erst dann wird ihnen klar werden, daß ihm das Recht zu richten nicht zusteht, "denn das gehört Gott allein".[44]
Ebenso urteilt auch A. Shalabî, an den sich al-Ṭahṭāwî ohne nähere Angaben anlehnt.[45] Die Christen "haben Christus einen Stuhl neben Gott gestellt und sagen, Gott habe ihm die Vollmacht des Gerichts überlassen"[46], schreibt al-Ṭahṭāwî; er bezieht sich damit offensichtlich auf das christliche Bekenntnis "er (Christus) sitzt zur Rechten des Vaters"[47] und auf das

[40] Symbolum Nicaenum: ES 125. Zum Subjekt des Gerichts aus biblischer Sicht vgl. J. Ratzinger, Eschatologie – Tod und ewiges Leben (Kleine katholische Dogmatik, Bd. IX), Regensburg ²1977, 168 ff.; dort ist weitere Lit. angegeben: ebd. 136 f.
[41] Al-Ṭahṭāwī, Al-Naṣrāniyya a.a.O. 57.
[42] Ebd.
[43] Ebd.
[44] Ebd.
[45] Vgl. A. Shalabī, Al-Masīḥiyya a.a.O. 166.
[46] Al-Ṭahṭāwī, Al-Naṣrāniyya a.a.O. 58.
[47] Symbolum Apostolicum: ES 10 u.ö.

Evangelium nach Johannes, in dem es heißt: "Der Vater richtet ja auch niemand, sondern hat alles Gericht dem Sohn übergeben"[48]. Nach dem Motto "Was nicht sein darf, kann nicht sein" versucht al-Ṭahṭāwî wiederum in Anlehnung an A. Shalabî die koranische Position zu retten: "Das islamische Gesetz macht aus den Aposteln und Gesandten Zeugen über ihre Völker am Tag des Gerichts, aber das endgültige Urteil fällt Gott allein, während die Christen sagen: Es kommt Christus zu"[49]. Den Grund "für diese Abirrung im christlichen Denken"[50] sieht der Autor in dem christlichen Bekenntnis zu Jesus Christus als Sohn Gottes.

5 DIE BEDEUTUNG DER SAKRAMENTE

Der christliche Sakramentsbegriff leitet sich sowohl sprach- wie theologiegeschichtlich aus dem vorchristlichen Mysterienbegriff her.[1] Die muslimischen Apologeten sehen darin einen klaren Beweis dafür, daß das traditionelle Christentum vorchristliche heidnische Vorstellungen, Riten und Gebräuche aufgenommen und damit die authentische Botschaft Jesu nicht mehr in ihrer ursprünglichen Form und Reinheit bewahrt habe.[2]

Abū Zahra definiert die Sakramente so: "Das sind heilige Pflichten, von Christus gestiftet, wahrnehmbare (äußere) Werke, die

[48] Jo 5,22; A. Shalabī, Al-Masīḥiyya a.a.O. 126 rekurriert ebenfalls darauf.

[49] Al-Ṭahṭāwī, Al-Naṣrāniyya a.a.O. 58.

[50] Ebd.

[1] Näheres dazu bei A. Ganoczy, Einführung in die katholische Sakramentenlehre, Darmstadt 1979, 5 ff.

[2] Vgl. A. Shalabī, Al-Masīḥiyya a.a.O. 167-171; Abū Zahra, Muḥāḍarāt a.a.O. 135-138; Al-Ṭahṭāwī, Al-Naṣrāniyya a.a.O. 60-69.

auf unsichtbare geistliche Segenswirkungen hindeuten".[3] In der Tat sind nach christlichem Verständnis die Sakramente auf Christus zurückgehende heilige Zeichen, in denen symbolisch Gottes Zuwendung zum Menschen erfahrbar wird. Die katholische Kirche kennt sieben Sakramente: Taufe, Firmung, Eucharistie, Buße, Krankensalbug, Weihe und Ehe. Sie begleiten den Menschen durch das ganze Leben, von der Geburt bis zum Tod. Die grundlegenden Sakramente sind die Taufe und die Eucharistie. Ihre Praxis ist im Neuen Testament vielfach bezeugt. Bei der Siebenzahl der Sakramente stützt sich die katholische Kirche auf eine lange Entwicklung, die ihren Ursprung bereits im Leben der Urkirche hat, aber erst im 12. Jahrhundert in etwa abgeschlossen ist. Im 16. Jahrhundert wurde sie zum Gegenstand des Streites zwischen den Konfessionen. Die reformatorischen Kirchen halten seither meist nur an den beiden Sakramenten der Taufe und des Abendmahls (Eucharistie) fest. Abū Zahra deutet auf diesen Umstand hin, wenn er Taufe und Abendmahl als Sakramente anführt.[4] Auch A. Shalabî nimmt dazu Stellung. Nach ihm war das Bußsakrament der Angelpunkt im Streit um die sieben Sakramente und ein Grund für die Trennung zwischen Katholiken und Protestanten: Viele Christen, so schreibt er, "verließen die [katholische] Kirche und gründeten die protestantischen Gemeinschaften".[5]

Auf die etymologische Herleitung des Begriffs Sakrament geht al-Ṭahṭāwî ein.[6] Aus der Bedeutungsfülle, die das lateinische Wort sacramentum in sich enthält[7], hebt er einen Aspekt hervor, der nach seiner Meinung auf den christlichen Sakramentsbegriff eingewirkt hat, und schreibt: Die Sakramente seien "durch die Art des Eides, den der römische Soldat bei seinem

[3] Abū Zahra, Muḥāḍarāt a.a.O. 135.

[4] Ebd.

[5] A. Shalabī, Al-Masīḥiyya a.a.O. 243.

[6] Al-Ṭahṭāwī, Al-Naṣrāniyya a.a.O. 60.

[7] Vgl. J. Finkenzeller, Art. "Sakrament": III. Dogmengeschichtlich, in: LThK, Bd. 9, Freiburg-Basel-Wien ^{2}1964, Sp. 220 f.

Eintreten ins Militär schwor, beeinflußt" worden.[8] In der Tat hat sacramentum in der profanen Latinität unter anderem auch diese Bedeutung: "Es ist die offizielle Eidesleistung, durch die der Rekrut von einer autoritativen Stelle in die solemnis et sacra militia aufgenommen wird"[9] und somit gegenüber den Göttern eine Verpflichtung übernimmt. Wenn auch diese etymologische Herleitung eine mögliche Erklärung für die Herkunft des Sakramentsbegriffs ist, so darf sie doch nicht isoliert gesehen und absolut gesetzt werden; vor allem gilt es, die terminologische Entfaltung und Weiterentwicklung des Wortes Sakrament in der christlichen Überlieferung sowohl lateinischer wie griechischer Tradition zu berücksichtigen. Dieses theologiegeschichtliche Moment lassen die muslimischen Autoren völlig außer acht. Ihr Hauptaugenmerk liegt auf dem Nachweis der ungebrochenen Übernahme dieses Begriffs aus heidnischen Vorgegebenheiten. Wollte man diese Art der Argumentation auf den Islam übertragen, ließen sich aus der islamischen Tradition unzählige Beispiele anführen, die eindeutig heidnischen Ursprungs sind. Die orientalistische und islamwissenschaftliche Forschung spricht hier eine deutliche Sprache.

Al-Ṭahṭāwî untersucht im einzelnen die sieben Sakramente. Sein koranisches Vorverständnis, das er an die christliche Theologie der Sakramente heranträgt, ist nicht zu verkennen:

Erstes Beispiel: Für seine Tat trägt der Täter allein die Verantwortung, sagt Al-Ṭahṭāwî in Übereinstimmung mit dem Koran und versucht auf diese Weise, die christliche Lehre von der Urschuld (Erbsündenlehre) aus den Angeln zu heben.[10] Unter Voraussetzung der koranischen Position, wonach es keine sogenannte Erbschuld gibt, schreibt er: "Bei Anwendung dieser Regel wird klar, daß es falsch ist zu sagen, durch die Taufe werde der Getaufte von der (Erb-)Sünde Adams gereinigt, denn

[8] Al-Ṭahṭāwî, Al-Naṣrāniyya a.a.O. 60.

[9] J. Finkenzeller, Art. "Sakrament" a.a.O. 221.

[10] Al-Ṭahṭāwî, Al-Naṣrāniyya a.a.O. 62 f.

die Nachfahren Adams haben nichts zu tun mit der Sünde ihres Vaters; außerdem ist die Sünde Adams durch dessen Reue vergeben worden".[11] Woher mag dann die christliche Lehre stammen? Entweder, so al-Ṭahṭāwī mit Berufung auf Muḥammad Madjdî Mardjān[12], von Johannes dem Täufer oder, wozu er eher neigt und was ihm besser gefällt, von indischen Parsen, deren Lehre um 68 v. Chr. von den Römern durch Vermittlung von Piraten angenommen worden sei.[13] Eine Begründung für seine Theorie gibt al-Ṭahṭāwī nicht an.

Zweites Beispiel: Als Grundlage für das Bußsakrament zitiert Al-Ṭahṭāwī Jo 20,22-23: "Empfangt den heiligen Geist! Denen ihr die Sünden nachlaßt, denen sind sie nachgelassen, und denen ihr sie behaltet, denen sind sie behalten."[14] Da dieses "Einsetzungswort" nicht auf den historischen Jesus von Nazareth selbst zurückgehe, sondern der nachösterlichen Tradition entstamme, gehöre es "in den Bereich der Visionen und der Träume".[15] Damit ist für ihn die Sache abgetan. Wenn das so einfach ist, dann läßt sich mit Recht fragen: Was hat es denn mit den angeblichen Visionen Muḥammads auf sich, hat er doch nach islamischen Traditionen seine Offenbarungen im nächtlichen Schlaf, im Traum oder in Visionen erhalten?[16] Davon abgesehen, ignoriert al-Ṭahṭāwī das gesamte Spektrum jener neutestamentlichen Überlieferungen, die bezeugen, daß Jesus, "der in seinem irdischen Leben selber Sündenvergebung übte, auch die Gruppe seiner Jünger mit dieser Sendung bis zur Ankunft

[11] Ebd. 63.

[12] Ebd. (ohne nähere Angaben!).

[13] Ebd.; Al-Ṭahṭāwī beruft sich auf Muḥammad Afandi Ḥabīb, Maṣādir al-Masīḥiyya wa uṣūl al-Naṣrāniyya (ohne weitere Angaben!).

[14] Ebd. 65.

[15] Ebd.

[16] Vgl. L. Hagemann, "Empfangen kommt vor dem Tun". – Zum Offenbarungsverständnis im Koran, in: Aktuelle Fragen 5. Jg./Nr. 4 (1985); ders., Der Ḳur'ān in Verständnis und Kritik bei Nikolaus von Kues (Frankfurter Theologische Studien. Bd. 21). Frankfurt 1976, 87 (Lit.).

des Gottesreiches betrauen wollte".[17] Der Grund für die perspektivische Darstellung des Autors liegt auf der Hand: Weil dem Koran diese Form der Sündenvergebung fremd ist, wird versucht, ihre neutestamentliche Grundlage in Zweifel zu ziehen, allerdings sehr rudimentär und offensichtlich ohne Kenntnis des Neuen Testamentes und der christlichen Tradition selbst, allenfalls mit einer aus Sekundärliteratur gewonnenen Kenntnis, die bis zum Original – aus welchen Gründen auch immer – nicht vorgestoßen ist. Von Bedeutung ist in diesem Zusammenhang die von al-Ṭahṭāwī vorgetragene Unterscheidung zwischen den Aussagen des historischen Jesus und denen der nachösterlichen Glaubenstradition. Läßt sich diese Unterscheidung nicht auch auf Muḥammad anwenden? Auch in diesem Fall ist zu differenzieren zwischen dem historischen und dem in der Tradition geglaubten Muḥammad, will man – religionsphänomenologisch – das Gleichheitsprinzip nicht verletzen. Doch die islamische Theologie der Verbalinspiration verbietet eine solche Differenzierung. Warum, so fragt man sich als Christ, wenden nicht die muslimischen Autoren in ihrer jeweiligen Analyse jeweils dieselben Kriterien an? Warum historische Evangelienkritik unter gleichzeitiger kritikloser Annahme koranischer Aussagen ohne jedwede Überprüfung ihrer Historizität?
Drittes Beispiel: Die Polygamie ist koranisch erlaubt: Vier Frauen darf ein Mann gleichzeitig heiraten, von Konkubinen abgesehen.[18] Um diese Position zu rechtfertigen, wendet sich Al-Ṭahṭāwī gegen die christliche Einehe. Er schreibt, ohne seine Quelle anzugeben: "Im Prinzip gilt im Christentum, daß die Menschen, Männer und Frauen, zölibatär bleiben. Da das aber nicht möglich war (= durchzuhalten war), wurde die Ehe erlaubt. Im Frühchristentum war dem jüdischen Gesetz entsprechend, das die Mehrzahl von Frauen erlaubte, die Polygamie

[17] A. Ganoczy, Einführung in die katholische Sakramentenlehre a.a.O. 86.
[18] Vgl. Koran 4,3; Jo 29 f.; 23,5 f.

üblich. Um die Neigung des Christentums zum Zölibat und die Notwendigkeit der Ehe aus Furcht vor Unzucht miteinander in Einklang zu bringen, haben die Christen die Einehe erlaubt ..."[19] Dieser Erklärungs- und Begründungsversuch der christlich gebotenen Monogamie – von Al-Ṭahṭāwî übrigens ohne Kennzeichnung wortwörtlich von A. Shalabî übernommen![20] – ignoriert gänzlich die christliche Theologie der Ehe: Zwar kann "das Ehesakrament sich als solches ebensowenig auf ein 'Stiftungswort' Jesu berufen ... wie die Firmung, die Krankensalbung und die Priesterweihe"[21], doch zeigt die theologiegeschichtliche Entwicklung mit Bezug auf verschiedene Hinweise der Bibel bezüglich der Gottgemäßheit des Ehebundes[22], daß nur die Einehe dem Schöpfungswillen Gottes entspricht und das frühere mosaische Frauenentlassungsrecht[23] seine Gültigkeit verloren hat.[24]
Neben der Ehe als Lebensform kennt das Neue Testament das sogenannte Charisma der Jungfräulichkeit, d.h. den Verzicht auf Ehe und Familie "um des Himmelreiches willen"[25]. Anders als der Koran, der gebietet, alle heiratsfähigen Frauen und Männer der islamischen Gesellschaft zu verheiraten[26], zeigt das Neue Testament mit Rücksicht auf die Individualität des einzelnen Menschen mehr Offenheit und Pluralität, was die Wahl der je eigenen Lebensform angeht.
Erwähnenswert ist in diesem Zusammenhang das von Muḥammad für seine Person beanspruchte Sonderrecht, mehr als vier

[19] Al-Ṭahṭāwī, Al-Naṣrāniyya a.a.O. 66.
[20] A. Shalabī, Al-Masīḥiyya a.a.O. 235.
[21] A. Ganoczy, Einführung in die katholische Sakramentenlehre a.a.O. 100.
[22] Vgl. z.B. Gn 1,27 f.; 2,23 f.; Mk 10,11 f.; Mt 5,32; Lk 16,18; Mt 19, 3 ff.; 1 Kor 7,10.39; Eph 5,25.32.
[23] Vgl. Dt 24,1.
[24] Vgl. Mt 19,7-9.
[25] Mt 19,10-12; 1 Kor 7,1.7-8.32-34.
[26] Koran 24,32; vgl. L. Hagemann, Moralische Normen und ihre Begründung im Islam, Altenberge 1982, 21-23.

Frauen gleichzeitig heiraten zu dürfen.[27] Damit hat er die in Koran 4,3 dem einzelnen Muslim als Maximum konzedierte Anzahl von vier legitimen Frauen für sich selbst außer Kraft gesetzt. Kann das göttliche Offenbarung sein?

Viertes Beispiel: Der orthodoxe Islam kennt keine hierarchische Struktur innerhalb der islamischen Gemeinschaft. Die dadurch verbürgte grundlegende Egalität aller Gläubigen vor Gott sieht al-Ṭahṭāwî im Christentum durch den Ordo (Sakrament der Weihe/Ordination) nicht gewährleistet. Denn aufgrund des Ordo komme "den geistlichen Vorgesetzten eine Vollmacht" zu, "die der Vollmacht Gottes gleich ist", so daß "ihre Worte verpflichtenden Charakter haben und von den Menschen – und auch von Gott – befolgt werden müssen."[28] Damit sei "der Gläubige nicht frei in seiner Glaubensüberzeugung", könne sich nicht in seinem Handeln von seinen Einsichten und seinem Verstand leiten lassen, sondern sei "gebunden an die Worte (Lippen) seines religiösen Vorgesetzten".[29]

Die von al-Ṭahṭāwî kritisierte klerikale Bevormundung der Laien durch die kirchlichen Amtsträger gehört heute weitgehend der Vergangenheit an. Daß es Auswüchse im Verständnis der kirchlichen Ämter und in ihrer Ausübung gegeben hat, kann und soll nicht bezweifelt werden. Doch darf auch nicht verschwiegen werden, daß – zumal im katholischen Bereich seit dem II. Vatikanischen Konzil (1962-65) – deutliche Akzentverschiebungen zu verzeichnen sind.

Anhang:

Als "achtes Sakrament" – ein Mißverständnis eigener Art – führt al-Ṭahṭāwî noch ein weiteres Sakrament an, das, wie er

[27] Vgl. Koran 33,50 f.

[28] Al-Ṭahṭāwî, Al-Naṣrāniyya a.a.O. 67.

[29] Ebd. mit Bezug auf Muḥammad 'Abduh, Al-Islām wa l-naṣrāniyya (ohne weitere Angaben).

[30] Vgl. z.B. H. Küng, Die Kirche, Freiburg-Basel-Wien ²1968, 429-562; H. Fries, Fundamentaltheologie, Graz-Wien-Köln 1985, 417-461.

schreibt, "den Katholiken eigen ist: Die Unfehlbarkeit des Papstes und die Unmöglichkeit für ihn, ein Vergehen oder eine Sünde zu begehen".[31] Diese Deutung verfehlt völlig den Kern dessen, was das Dogma von der päpstlichen Unfehlbarkeit beinhaltet, wie wir oben bereits dargelegt haben.[32]
Fünftes Beispiel: Das Sakrament der Eucharistie (Abendmahl/Herrenmahl), obwohl für das Christentum konstitutiv[33], findet bei al-Ṭahṭāwî ein nur geringes Interesse: "das Abendmahl ist eine Sitte, die die Christen von den früheren Religionen übernommen haben"[34], schreibt er. Als neutestamentliche Grundlagen für die Eucharistie führt er lediglich Jo 6,51-58 und 1 Kor 11,23-26 an.[35] Die synoptische Tradition scheint er überhaupt nicht zu kennen.[36] Daß er das Neue Testament selbst gelesen hat, darf wohl bezweifelt werden.

6 KULTISCHE HANDLUNGEN

6.1 Das Gebet

Menschen aller Zeiten und Religionen haben gebetet und beten. Auch im Christentum nimmt das Gebet genauso wie im Islam eine zentrale Stellung ein.
Für jeden gläubigen Muslim ist Beten eine religiöse Pflicht.[1]

[31] Al-Ṭahṭāwī, Al-Naṣrāniyya a.a.O. 68.
[32] Siehe oben Seite 84-87.
[33] Vgl. L. Hagemann, Christentum. Für das Gespräch mit Muslimen, 93-95.
[34] Al-Ṭahṭāwī, Al-Naṣrāniyya a.a.O. 65.
[35] Ebd. 64.
[36] Vgl. Mk 14,22-25; Mt 26,26-29; Lk 22,19-20.

[1] Vgl näherhin dazu: A.Th. Khoury, Gebete des Islams (Topos-Taschenbücher 111), Mainz 1981.

Grundsätzlich lassen sich zwei Arten des Gebetes unterscheiden: Das rituelle Gebet (ṣalāt), das zu den religiösen Pflichten zählt, und das private Gebet (du'ā'), das der Freiwilligkeit des einzelnen anheimgestellt ist. Das verpflichtende rituelle Gebet ist an bestimmte Bedingungen und Voraussetzungen gebunden: vorherige rituelle Waschung, Reinheit des Körpers, der Kleidung, des Gebetsortes, Bedeckung des Körpers. Es soll fünfmal am Tag mit denselben Worten und denselben Körperhaltungen, von kleinen Einzelheiten abgesehen, in Richtung Mekka verrichtet werden.

Anders steht es mit dem freiwilligen Gebet. Es kann sich an den Riten des Pflichtgebets orientieren, muß es aber nicht; an bestimmte Ausdrucksformen oder Zeiten ist es nicht gebunden. Zwar gibt es sowohl bei den Sunniten wie bei den Schiiten Gebetbücher, die Gebete für jeden Anlaß enthalten, doch sind diese Texte nicht verbindlich.

Aus dieser skizzierten islamischen Gebetstradition heraus sichten die muslimischen Autoren den Stellenwert des Gebets im Christentum. Bei den Christen, schreibt Abū Zahra, hat das Gebet "keine besonderen bekannten Formeln, die rezitiert werden müssen; es ist ihnen überlassen, die Sätze zu rezitieren, die sie aussuchen ...".[2] Auch haben sie "keine bestimmte Anzahl von Gebeten, die täglich zu verrichten sind, auch keine bestimmten Zeiten; dies ist dem Eifer des Beters überlassen."[3] Doch hätten die Christen von den Juden die Gewohnheit übernommen, morgens und abends zu beten.[4]

Von besonderer Bedeutung, sagt Abū Zahra richtig, sei das Gebet, das Jesus gelehrt habe: Das "Vater unser".[5] Es ist bekanntlich im Neuen Testament in zwei Fassungen überliefert, bei Mt 6,9-13 und bei Lk 11,2-4. Abū Zahra behauptet fälschlicherweise, daß das "Vater unser" zu Beginn des 11. Kapitels

[2] Abū Zahra, Muḥāḍarāt a.a.O. 132.

[3] Ebd. 133.

[4] Ebd.

[5] Ebd. 132.

im Evangelium nach Johannes stehe, meint jedoch das Lukasevangelium, dessen Version er zitiert.[6]
Mit Befriedigung darf festgestellt werden, daß die muslimischen Autoren, sofern sie das christliche Gebet mit in ihre Untersuchung einbeziehen, überwiegend sachlich bleiben, nicht mehr in ständiger Opposition stehen, sondern eine ruhige Darstellung bieten mit der Bemühung um sachgerechte Information. Damit heben sich diese Ausführungen wohltuend von anderen polemikgeladenen Passagen ab.

6.2 Das Fasten

Fasten gehört ebenso wie das rituelle Gebet zu den religiösen Hauptpflichten der Muslime. Das islamische Fastengebot und die Vorschriften, die seinen rituellen Vollzug festlegen, leiten sich aus Koran 2,183-185.187 ab. Fasten muß jeder erwachsene Muslim, sofern es seine Gesundheit zuläßt. Ausnahmen sind möglich. "Fastenzeit ist der Monat Ramaḍān, in dem der Koran als Rechtleitung für die Menschen herabgesandt worden ist"[7]. Von Sonnenaufgang bis Sonnenuntergang ist das Fasten vorgeschrieben, d.h. Enthaltung von Essen, Trinken, Rauchen, Parfümieren und Geschlechtsverkehr. Aus diesem islamischen Verstehenshorizont heraus fragen die muslimischen Autoren auch nach dem Fastengebot im Christentum. Fastenpflicht, so al-Ṭahṭāwī, gibt es bei den Christen nicht. Fasten ist lediglich eine Empfehlung.[8] Ebenso urteilt Abū Zahra: Das Gesetz des Fastens sei freiwillig, nicht verpflichtend und der Fastentermin bei den christlichen Konfessionen unterschiedlich.[9]
Beide Autoren zeigen sich mit ihrer Meinung über das Fasten im Christentum ungenügend unterrichtet. Denn es gibt innerhalb

[6] Ebd.
[7] Koran 2,185.
[8] Al-Ṭahṭāwī, Al-Naṣrāniyya a.a.O. 82.
[9] Abū Zahra, Muḥāḍarāt a.a.O. 131.

des Christentums eine lange Tradition gebotener Fast- und Abstinenztage.[10] Ohne hier näher darauf eingehen zu können, sei wenigstens so viel gesagt: Der neutestamentliche Ort für die spätere Entwicklung zum Fastengebot ist Mt 4,2 par, wonach Jesus vor Beginn seines öffentlichen Auftretens vierzig Tage gefastet hat, und seine Antwort auf die Fastenfrage der Jünger des Johannes, bei Mk 2,19 f. überliefert. Bis zum 3. Jahrhundert war das Fasten in die Freiwilligkeit des einzelnen gestellt, danach wurde es zum Gesetz. Im Laufe der Geschichte haben sich vielfältige Formen der Fastenpraxis entwickelt. Noch heute schreibt das Kirchenrecht der katholischen Kirche vor: "Abstinenz von Fleischspeisen oder von einer anderen Speise entsprechend den Vorschriften der Bischofskonferenz ist zu halten an allen Freitagen des Jahres, wenn nicht auf einen Freitag ein Hochfest fällt; Abstinenz aber und Fasten ist zu halten an Aschermittwoch und Karfreitag. Das Abstinenzgebot verpflichtet alle, die das vierzehnte Lebensjahr vollendet haben; das Fastengebot verpflichtet alle Volljährigen bis zum Beginn des sechzigsten Lebensjahres ..." wobei die Bischofskonferenz andere Formen "ganz oder teilweise an Stelle von Fasten und Abstinenz festlegen" kann.[11]
Al-Ṭahṭāwī geht der Frage nach, wovon sich die Christen, sofern sie fasten, eigentlich enthalten? Es gebe ein Fleischverbot, weiß er zu berichten[12], und bezieht sich damit wohl auf das oben erwähnte vorgeschriebene Freitagsopfer. Mit polemischer Nuance fügt al-Ṭahṭāwī hinzu, daß diese Tradition der Schule des Mani entnommen sei, der ein Ketzer gewesen sei, wie "sie

[10] Vgl. F. Schmidt-Clausing, Art. "Fasten: II. Im Christentum", in: RGG, Bd. II, Tübingen ³1958, Sp. 882-885; J. Schildenberger, Art. "Fasten: II. Im Alten Testament, in: LThK, Bd. 4, Freiburg ²1960, Sp 33-34; K.Th. Schäfer, Art. "Fasten: III. Im Neuen Testament", in: ebd. Sp. 34.
[11] CIC, cann. 1251-1253.
[12] Al-Ṭahṭāwī, Al-Naṣrāniyya a.a.O. 82.

(die Christen) behaupten".[13] Wie so häufig, vermißt man auch hier wiederum die Quellenangabe.
Gedanken machen sich al-Ṭahṭāwî und Abū Zahra desweiteren über das koranische Verbot des Verzehrs von Schweinefleisch[14] und fragen, wieso das Essen von Schweinefleisch – im Alten Testament verboten[15] – im Christentum erlaubt sei.[16]
Zwei Gründe führt al-Ṭahṭāwî dafür an: Erstens die bei Matthäus und Markus überlieferte Lehre von Rein und Unrein, also Jesu Stellung zur gesetzlichen Reinheit beziehungsweise Unreinheit bestimmter Speisen[17], und zweitens die Vision des Petrus, von der in der Apostelgeschichte die Rede ist[18]. Al-Ṭahṭāwî läßt die genannten Gründe nicht gelten und führt gegen sie das Wort Jesu ins Feld: "Meint nicht, ich sei gekommen, das Gesetz oder die Propheten aufzulösen"[19]. Im Gegensatz zum Christentum, so der Autor weiter, würden im Islam gesetzliche Bestimmungen nicht einfachhin durch Träume oder Visionen – im Fall des Petrus als vom Heiligen Geist inspiriert deklariert – aufgehoben und annulliert[20].

6.3 Verehrung des Kreuzes

Der von den Christen als Erlösungstod gedeutete Kreuzestod Jesu und die daraus resultierende Verehrung des Kreuzes ist

[13] Ebd.
[14] Vgl. Koran 5,3. Zum koranischen Verbot des Weintrinkens (Koran 2, 219; 5,90 f.) vgl. Muṣṭafā 'Abd al-Wāḥid, Al-Islām wa l-mushkila al-djinsiyya, Kairo [2]1972, 148 ff.
[15] Vgl. Lv 11,7-8.
[16] Al-Ṭahṭāwī, Al-Naṣrāniyya a.a.O. 77-78; Abū Zahra, Muḥāḍarāt a.a.O. 140.
[17] Mt 15,10-20; Mk 7,14-23.
[18] Apg 10,9-16; 11,4-10.
[19] Mt 5,17.
[20] Al-Ṭahṭāwī, Al-Naṣrāniyya a.a.O. 78.

den Muslimen ein Ärgernis. Sie verweisen darauf, daß die Kreuzigung als römische Form der Hinrichtung – vor allem gegen Sklaven angewandt – als besonders diskriminierende Strafe galt.[21] Sowohl für die Römer als auch für die Juden sei das Kreuz das Zeichen des Fluches gewesen.[22] "Deswegen", so al-Ṭahṭāwî, "kann es nur verwundern, daß die Christen es als heilige Sache ansehen. Und [ebenso] verwunderlich ist, daß die Kirche, obwohl sie den Götzen den Kampf erklärt, das Kreuz heiligt, das aus Metall oder Holz gemacht ist, und auch ihren Mitgliedern empfiehlt, es zu heiligen; denn es zu tragen, sei ein Zeichen der Anhänger Christi"[23]. Mit Hohn und Spott fügt al-Ṭahṭāwî an: "Wieviel eher hätten sie es nötig, es zu hassen und zu verpönen, denn, wie sie behaupten, ist ihr Gott daran gekreuzigt worden!"[24] Der historisch verbürgte, vom Koran aber geleugnete Kreuzestod Jesu – wir hatten schon darauf hingewiesen – läßt sich weder durch derartige Ausfälle, durch billige Polemik, durch Spott und Hohn ungeschehen machen noch ist auf diese Weise die koranische Position, weil historisch falsch, zu retten.

7 MONASTISCHES LEBEN

Für ein Leben nach den sogenannten drei evangelischen Räten – Ehelosigkeit, Armut, Gehorsam[1] – zeigen die muslimischen

[21] Al-Ṭahṭāwī, Al-Naṣrāniyya a.a.O. 68-69.
[22] Al-Ṭahṭāwī beruft sich auf Dt 21,23: "Denn verflucht ist von Gott, wer am Holze hängt ...", ebd. 68.
[23] Ebd. 69.
[24] Ebd.

[1] Vgl. zur ersten Information R. Schnackenburg, Art. "Evangelische Räte: I. In der Schrift", in: LThK, Bd. 3, Freiburg [2]1959, Sp. 1245-46.

Autoren, von Ausnahmen abgesehen, wenig Verständnis. Die monastische Lebensform ist teilweise harter Kritik und Polemik ausgesetzt.[2] Es ist vor allem die Ehelosigkeit, die immer wieder als Stein des Anstoßes und des Ärgernisses erscheint. Aber auch hier gehen die Meinungen auseinander. A. Shalabî führt das christliche Mönchtum, insbesondere den Zölibat und damit die "Abtötung des Leibes", auf "die Politik des Hinduismus und des Buddhismus" zurück.[3] Die Ehelosigkeit bringt nach ihm "der Welt Ruin und Zerstörung"[4]. Sodann entwirft er ein düsteres Bild von den Verhältnissen und Zuständen in den Klöstern früherer Zeiten. Er sieht sie als Pervertierungen eines reinen Lebens an[5]: "Diese Klöster waren Orte der Annehmlichkeiten und des Genusses, Ausflugs- und Entspannungsorte ... von hohen Mauern umgeben ..."[6]
"Vielleicht", so der Autor weiter, "dürfen wir sagen, daß diese Mauern dazu dienten, das, was sich innerhalb der Klostermauern heimlich und widerrechtlich abspielte, zu verbergen"[7]. Derartige Klöster im Irak und in Ägypten seien Orte eines ausschweifenden Lebens, Trinken und Huren an der Tagesordnung gewesen.[8] Doch gehöre diese Zeit nicht der Vergangenheit an, noch heute böten die Klöster dasselbe Bild.[9]

[2] Vgl. A. Shalabī, Al-Masīḥiyya a.a.O. 242-251; Al-Ṭahṭāwī, Al-Naṣrāniyya a.a.O. 70-78 (teilweise wörtlich von A. Shalabī abgeschrieben!); M. Djalāl Sharaf/A. al-Raḥmān Muḥammad 'Isawī, Sykolodjiyya a.a.O. 336-348.

[3] A. Shalabī, Al-Masīḥiyya a.a.O. 245 f.; vgl. auch Al-Ṭahṭāwī, Al-Naṣrāniyya a.a.O. 73.

[4] A. Shalabī, Al-Masīḥiyya a.a.O. 245; vgl. ebd. 270 ff.

[5] Ebd. 246; der Autor beruft sich auf das Buch von Shābushtī (gest. 998), Al-Diyārāt, hrsg. von Korkis 'Awwād, ohne nähere Quellenangaben.

[6] A. Shalabī, Al-Masīḥiyya a.a.O. 247; vgl. Ibn Al-Khaṭīb, Hādhā huwa l-ḥaqq. Radd 'alā muftayarāt kāhin kanīsa, Kairo 1966; [2]1979, 59f.

[7] Ebd.

[8] Vgl. ebd. 248-251.

[9] Ebd. 251 mit Berufung auf die Zeitschrift "Al-Ḥayāt al-masīḥiyya" 1. Jg. Nr. 6 (ohne Jahresangabe), 74.

Muḥammad 'Izzat Ismā'īl al-Ṭahṭāwī – in vielfacher Weise abhängig von A. Shalabī – sieht im Mönchtum die Leibfeindlichkeit des Christentums verkörpert.[10] Ehelosigkeit werde als Ideal, die Ehe als bloße Notwendigkeit hingestellt.[11] Die im Neuen Testament geforderte freiwillige Ehelosigkeit "um des Himmelreiches willen"[12] verurteile die Menschheit zur Ausrottung, ebenso der Hinweis in 1 Kor 8,8: "Eine Speise bringt uns Gott nicht näher; wenn wir nicht essen, so haben wir keinen Nachteil; wenn wir essen, so haben wir keinen Gewinn"; von al-Ṭahṭāwī völlig aus dem Zusammenhang gerissen, soll dieser Satz seine These von der Leibfeindlichkeit des Christentums untermauern.[13] Einerseits, so der Autor weiter, werde im Christentum das Ideal der Ehelosigkeit gepredigt, andererseits zahlreiche Nachkommenschaft gefordert – und das "in einer Zeit, in der andere sich um die Begrenzung der Nachkommenschaft bemühen"[14], eine "verkehrte Logik"[15] fügt al-Ṭahṭāwī hinzu. Dasselbe hatte bereits A. Shalabī gesagt: "Die Christen bemühen sich um reiche Nachkommenschaft und verbieten die Empfängnisverhütung"[16]. "Ihre Bemühung um zahlreiche Nachkommenschaft verstärkt sich in den Ländern, wo sie in der Minderheit sind ...", besonders im Orient.[17]

[10] Al-Naṣrāniyya a.a.O. 73 ff.

[11] Ebd. 74.

[12] Mt 19,12; vgl. 1 Kor 7,1.7-8.32-34.

[13] Al-Naṣrāniyya a.a.O. 74.

[14] Ebd. 75.

[15] Ebd. 76.

[16] A. Shalabī, Al-Masīḥiyya a.a.O. 236. Er beruft sich auf Aussagen von Papst Pius XII. gegenüber dem Italienischen Bund der Vereinigungen kinderreicher Familien aus dem Jahre 1958, in: Zeitschrift der katholischen Dokumente: Madjalla al-wathā'iq al-katholikiyya Nr. 1271 (1958); dasselbe sagt A. Shalabī in seinem Buch Al-Ḥayāt al-īdjtimā'iyya fī l-tafkīr al-islāmī, Kairo 1968, 96 f.; vgl. auch Ibn al-Khaṭīb, Hādhā huwa l-ḥaqq, Kairo [2]1979, 28; vgl. ferner R. Shalabī, Istawṣū bi l-nisā' khayran, Kairo 1975, 141 ff.

[17] A. Shalabī, Al-Masīḥiyya a.a.O. 236; dieselben Äußerungen finden sich

M. Djalāl Sharaf und ʻAbd al-Raḥmān M. ʻĪsawî fassen das Ergebnis ihrer Analyse über das Mönchtum so zusammen: "Der Islam kümmert sich um die Belange des Diesseits und des Jenseits, der Islam ist ein Gesetz der Religion und des Diesseits, des Geistes und des Leibes, das Christentum ist das Gesetz des Geistes, nicht des Leibes"[18].
Ihre vorhergehenden Ausführungen heben sich positiv von den negativen Darstellungen bei A. Shalabî und M. al-Ṭahṭāwî ab.[19] Für Sharaf und ʻĪsawî basiert das Mönchtum erstens auf der Einsamkeit, "um Gottes Nähe zu suchen"[20], zweitens auf dem Zölibat, "der auf der Opferbereitschaft und dem Niederhalten des Instinktes fußt, um den Stand einer reinen, lauteren Seele zu erreichen"[21], drittens auf der Askese, "damit sich der Geist befreit und zur Schau Gottes erhebt"[22] und viertens auf dem Gebet, ohne das dieses Ziel nicht erreicht und der Mönch nicht "ein Mönch in vollem Sinn dieses Wortes"[23] werden kann. Beide Autoren heben sodann die Tugenden der Mönche sowie Formen ihrer Bußpraxis hervor: "1. Der Zölibat, die Keuschheit, die Reinheit des Körpers und des Denkens ... 2. Verzicht, freiwillige Armut, Selbstverachtung ... 3. Einsamkeit, Isolation, Ruhe, Schweigen, Abgeschiedenheit in Klöstern ... 4. Ständiges Gebet bei Tag und bei Nacht, das ständige Gedenken Gottes, das Denken an das Gericht und den jüngsten Tag sowie das inständige Flehen zu Gott, die Reue anzunehmen ... 5. Dauerndes Fasten ..., sich mit Brot und Wasser begnügen ... 6. Arbeit,

bei al-Ṭahṭāwī, Al-Naṣrāniyya a.a.O. 75 f., der einfachhin von A. Shalabī abgeschrieben hat.

[18] Sharaf/ʻĪsawī, Sykolodjiyya a.a.O. 353; vgl. S. Quṭb, Al-ʻAdāla al-idjtimāʻiyya fī l-Islam, Beirut-Kairo [6]1979, 29 ff.

[19] Sharaf/ʻĪsawī, Sykolodjiyya a.a.O. 336-348.

[20] Ebd. 340.

[21] Ebd.

[22] Ebd.

[23] Ebd.; die Autoren beziehen sich auf Zakī Shenuda, Tārīkh al-Aqbāṭ, Bd. 1., Kairo [2]1968, 182-185.

um den nötigen Unterhalt zu erwerben, kein Müßiggang, den Notleidenden Almosen geben. 7. Geduld, Ertragen von Schwierigkeiten ... 8. Gehorsam gegen die Oberen in allem, was sie in Übereinstimmung mit den heiligen Schriften befehlen. 9. Ernst und Zurückhaltung ... 10. Toleranz [gegenüber jedermann] und Frieden mit allen, Liebe zu den Fremden, Dienst an den Kranken und Schwachen ..."[24]. Aus dieser inneren Wertschätzung monastischen Lebens heraus fragen die beiden Autoren nach dem Verbot des Mönchtums im Koran und in der islamischen Tradition.[25] "Wegen der Frevel der Mönche", die die ursprüngliche Intention der monastischen Lebensform nicht bewahrt hätten, habe der Koran das Mönchtum verboten[26]; auch die islamische Tradition spreche sich deswegen gegen das Mönchtum aus: "Es gibt kein Mönchtum im Islam", heißt es in einem Ḥadîth.[27] Wieso konnte sich dann der Sufismus entwickeln? "Das asketische Leben Christi", so die Antwort der beiden Autoren, "hat zweifellos die Herzen der frühen Asketen unter den Muslimen angezogen"[28], aber nicht durch christliche Vermittlung, sondern "aufgrund der koranischen Berichte und ihres Glaubens an die Prophetie Jesu".[29] Einen bestimmten Einfluß oder eine gewisse Einwirkung des christlichen Mönchtums auf die islamische Mystik sehen die Autoren entgegen der historischen Forschung nicht[30]. Die kritische Sichtung der Entwicklungsgeschichte der islamischen Mystik konnte indes außerislamische wie christliche, neuplatonische, persische oder indische Einflüsse ausmachen, auch wenn die Mystik als solche unverkennbar islamisch geblieben ist, da sie einen "deutlichen

[24] Sharaf/ʿĪsawī, Sykolodjiyya a.a.O. 343-344.
[25] Ebd. 346.
[26] Ebd.
[27] Ebd.; vgl. Abū Dāwūd, Sunan, 89.
[28] Sharaf/ʿĪsawī, Sykolodjiyya a.a.O. 347.
[29] Ebd.
[30] Ebd.

Bezug zum Koran und zum islamischen Frömmigkeitsbild" aufweist.[31]

8 MISSIONIERUNG UND KOLONIALISMUS

Den biblisch fundierten Missionsauftrag[1] und damit den Universalitätsanspruch des Christentums weisen die muslimischen Autoren energisch zurück. Sie führen die Lehre von der Universalität des Christentums auf Paulus zurück, den sie – wie oben angeführt – für den Begründer eines verfälschten Christentums halten.[2] Von einem universalen Sendungsauftrag sei im ursprünglichen Christentum keine Rede gewesen.
Von diesem Grundansatz her unterstellen die Autoren der christlichen Missionsarbeit durchweg unlautere Motive. Sie sprechen in diesem Zusammenhang von Kolonialismus, Ausbeutung und Versklavung, setzen alle missionarische Tätigkeit gleich mit der Aufoktroyierung westlich geprägter Denk- und Lebensmodelle und brandmarken sie als ideologische Überfremdung der islamischen Welt.
Nach Anwar al-Djundī fördert die christliche Missionsarbeit durch Schaffung einer dem Westen angepaßten Mentalität den Kolonialismus, dessen Ziel es sei, die politische Macht des Islams zu brechen[3]. Zu diesem Zweck seien den islamischen

[31] A.Th. Khoury, Gebete des Islams a.a.O. 60; ebd. 108-109 ist dazu weitere Literatur angegeben.

[1] Vgl. u.a. Mt 28,18-20.
[2] Siehe oben: Drittes Kapitel, Abschnitt 3.2.2.
[3] A. al-Djundī, Al-Isti'mār wa l-Islām. Kairo 1979, 5; vgl. auch A. Shalabī, Al-Masīḥiyya a.a.O. 23 ff.; 'Abd al-'Aẓīm al-Maṭ'anī, Muwādjaha a.a.O. 252 fragt sich, warum gerade der Islam dem Christentum als Angriffsfläche diene, gebe es doch genügend andere Möglichkeiten, seine Energien einzusetzen: z.B. Kampf gegen Armut, Krankheit, Unwissenheit etc.

Ländern die politischen, wirtschaftlichen und gesetzlichen Institutionen des Westens aufgezwungen und das koranisch sanktionierte islamische Lebens- und Gesellschaftsmodell, das in der Sharī'a seinen Ausdruck gefunden habe, beseitigt worden[4], und zwar unter dem Vorwand, die Freiheit zu bringen und die Zivilisation zu fördern, in Wirklichkeit aber, um die Bevölkerung zu kolonisieren, auszubeuten und zu versklaven.[5]
Alle missionarischen Aktivitäten zielten darauf ab, das koloniale System in allen Bereichen des Lebens, in Schule und Universität ebenso wie in Presse und Kultur, zu festigen.[6] Durch Desavouierung des Islams als Hort der Rückständigkeit sei versucht worden, die Religion der Muslime zu denunzieren, um auf diese Weise die Gläubigen zu verunsichern und sie von den islamischen Werten und Traditionsgütern zu entzweien.[7] "So ist die Bewegung der Missionierung eine kolonialistische Bewegung zur Stärkung und Unterstützung fremden Einflusses in islamischen Ländern", urteilt al-Djundī.[8]

4 A. al-Djundī, Al-Isti'mār a.a.O. 5 f.

5 Ebd. 7; vgl. 'Abd al-Ḥāfiẓ 'Abd Rabbih, Falsafa al-djihād fī l-Islām. Beirut o.J., 194; 'Abd al-'Azīz 'Izzat, Al-Isti'mār wa l-tabshīr wa l-istishrāq, Kairo 1974, 44; 'Abd al-Rāziq Nawfal, Al-Qur'ān wa l-mudjtama' al-ḥadīth, Kairo o.J., 41 ff.; nach A. Shalabī, Al-Masīḥiyya a.a.O. 269 ist die westliche Zivilisation materialistisch ausgerichtet; ohne Rückbindung an die Tradition der Evangelien habe sie sich verselbständigt. Er nennt als Gewährsmann für seine Meinung Muḥammad Rashīd Riḍā, Shubuhāt al-Naṣārā wa ḥudjadj al-islām ... 7. Hier sieht man – das sei am Rande erwähnt –, daß die muslimischen Autoren von heute immer noch an die Ausführungen von Rashīd Riḍā (gest. 1935) und, wie schon zuvor gesagt, von Muḥammad 'Abduh (gest. 1905) anknüpfen.

6 A. al-Djundī, Al-Isti'mār a.a.O. 19 f.

7 Ebd. 20; vgl. ferner M. 'Abd al-Raḥmān 'Awaḍ, Akhṭār al-tabshīr fī diyār al-muslimīn, Kairo 1980, 20.

8 A. al-Djundī, Al-Isti'mār a.a.O. 21; nach 'Awaḍ, Akhṭār al-tabshīr a.a.O. 17 ff. haben die Missionare in einem ersten Schritt versucht, durch "menschliche Dienste" wie Unterricht, medizinische Hilfeleistungen, Arbeitsbeschaffungsmaßnahmen, Beteiligung an Entwicklungsprojekten etc. die Freundschaft der Muslime zu gewinnen, um dann gegen den Islam, die

Schon die Kreuzzüge im Mittelalter hätten das Ziel verfolgt, den Orient dem Islam zu entreißen und der Herrschaft des Westens zu unterwerfen.[9] Der Mißerfolg jener vom Geist "des Fanatismus und der Rache" inspirierten Kreuzzugsbewegung[10] – die islamische Ausbreitung in der westlichen Welt und "die Verteidigung gegen die Aggression des Westens" werden als "barmherzig und gerecht" qualifiziert[11] – habe gezeigt, daß die Macht des Islams nicht so leicht zu brechen sei.[12] Denn mit dem Islam und der ihm eigenen Zivilisation ist nach Meinung von al-Djundî ein neues Lebensmodell erwachsen. Somit stellen sich die Kreuzzüge als "Kampf zwischen zwei Zivilisationen, zwei Mentalitäten und zwei Lebensweisen" dar.[13]
Einen qualitativen Unterschied zwischen der mittelalterlichen Kreuzzugsbewegung und "dem Aufmarsch des Westens" im 19. und 20. Jahrhundert sieht Yūsuf al-Qaraḍāwī[14].

arabische Sprache und die islamische Kultur im allgemeinen angehen zu können. – Die Auswirkungen der Missionsarbeit insbesondere auf die Stellung der Frau in islamischen Ländern beschreibt M. Ḥilmī, Al-Makhāṭir allatī tuwādjih al-shabāb al-muslim, Kairo 1977, 26. – Zur Stellung der Frau im Christentum aus muslimischer Sicht vgl. Sayyid 'Uways, Ḥadīth 'an al-mar'a al-miṣriyya al-mu'āṣira, Kairo 1977, 51 ff.; Muḥammad al-Djawharī, Al-Ukht al-muslima asās al-mudjtama' al-fāḍil, Kairo 1978, 56 f.; Aḥmad Zakī Tuffāḥa, Al-Mar'a wa l-Islām, Beirut-Kairo 1979, 17. 89 f.

[9] A. al-Djundī, Al-Islām wa ḥaraka al-tārīkh, Beirut-Kairo 1980, 207.

[10] Ebd. 199.

[11] Ebd.; vgl. auch Abū Zahra, Muḥāḍarāt a.a.O. 196 f.; nach ihm hat sich die Herrschaft der Muslime stets durch Sicherheit, Milde, Barmherzigkeit, Stabilität und Ruhe ausgezeichnet. Die Christen wüßten darum und hätten aus diesem Grunde auch bei der Eroberung von Konstantinopel (1453) gesagt: "Lieber der Turban des Sultan Muḥammad II., des Eroberers, als die Tiara des Papstes." (ebd. 197).

[12] A. al-Djundī, Al-Islām a.a.O. 207.

[13] Ebd.

[14] Y. al-Qaraḍāwī, Al-Ḥulūl al-mustawrada wa kayfa djanat 'alā ummatinā, Kairo [3]1977, 19-48; nach 'Abd al-'Azīz 'Izzat, Al-Isti'mār wa l-tabshīr wa l-istishrāq, Kairo 1974, 37-64 hingegen sind die Methoden des modernen europäischen Kolonialismus dieselben wie die der Kreuzzüge.

Die mittelalterliche Strategie sei primär militärisch ausgerichtet gewesen, die neuzeitliche hingegen nicht nur militärisch, sondern darüber hinaus auch politisch, sozial und kulturell.[15] Gerade diese diffizilere Taktik habe tiefer und einschneidender auf den traditionellen Islam eingewirkt als die früheren militärischen Aktionen, insofern nämlich in der Neuzeit versucht worden sei, die ideellen Gehalte des Islams, seine Glaubensüberzeugungen, seine Ideen, Werte und Sitten, seine Bräuche und Traditionen zu zerschlagen.[16]
Zur Durchsetzung dieses Vorhabens der Verwestlichung und letztendlichen Zersetzung des islamischen Orients würden verschiedene propagandistische Methoden angewandt:
1. Einflußnahme auf Schule und Erziehung;
2. Einwirkung auf Presse und Information;
3. Soziale Eroberung.

Erstens: Einflußnahme auf Schule und Erziehung[17]
In den vom europäischen Ausland gewährten Stipendien für Studienaufenthalte in westlichen Ländern sieht al-Qaraḍāwî einen gezielten Aushöhlungsversuch islamischer Traditionen. Studenten würden angeworben, studierten dann aber allenfalls Literatur, Künste, Sozialwissenschaften etc., während sich die Europäer die naturwissenschaftlichen Disziplinen vorbehielten, um sich die islamischen Länder als Absatzmarkt zu erhalten.

[15] Y. al-Qaraḍāwī, Al-Ḥulūl a.a.O. 19.
[16] Ebd. 20.
[17] Ebd. 22 ff.; vgl. auch A. Shalabī, Al-Masīḥiyya a.a.O. 23 ff.; Muḥammad ʿAbd al-Raḥmān ʿAwaḍ, Akhtār al-tabshīr a.a.O. 22; Shaʿbān Muḥammad Ismāʿīl, Naẓariyya al-naskh fī l-sharāʾiʿ al-samāwiyya, Kairo 1977, 81 sieht in der Forderung nach gemeinsamen Schulbüchern für Christen und Muslime eine versteckte Missionierungstaktik seitens der Christen, die – das sage bereits der Koran – mit allen Mitteln versuchen würden, die Muslime zur Annahme des Christentums zu bewegen: "Die Juden und die Christen werden nicht mit dir zufrieden sein, solange du nicht ihrem Bekenntnis folgst ..." (Koran 2,120).

Die Folge dieser bewußt eingefädelten wirtschaftlichen Interessen dienenden Kulturpolitik sei die Unterminierung des Islams: Die Stipendiaten, so der Autor, kehrten zurück ohne Religion, "sie haben ihre Ideen und ihre Werte, ihre Anschauung über Religion, Leben und Menschen, über Vergangenheit und Gegenwart, über Institutionen und Gesetze, über Bräuche und Traditionen geändert".[18] Es ist sicher richtig, daß ein Studienaufenthalt im westlichen Ausland zu solchen Konsequenzen mit allen ihren säkularen Implikationen führen kann. Unrichtig dagegen ist die Behauptung der gezielt angelegten Aushöhlung des Islams: Die verfassungsrechtliche Verankerung der Religionsfreiheit in westlichen Demokratien widerlegt diese Aussage prinzipiell, und die fortschreitende Säkularisierung im euro-amerikanischen Raum widerlegt sie in concreto. Unrichtig ist auch die Unterstellung, naturwissenschaftliche Disziplinen seien für europäische Studenten reserviert und blieben ausländischen Studierenden verschlossen. Die hohe Anzahl der bei uns studierenden Ausländer an technischen und medizinischen Universitäten und Fakultäten spricht eine andere Sprache. Das Problem liegt ganz woanders; es liegt in der geringen Bereitschaft ausländischer Studenten, nach abgeschlossener Ausbildung in ihr Heimatland zurückzukehren, um die gewonnenen Erkenntnisse zum Nutzen und zum Wohl ihres eigenen Volkes einzusetzen. Als neureiche Wohlstandsbürger ziehen sie das Leben in westlichen Ländern dem in ihrer Heimat vor.
Desweiteren glaubt al-Qaraḍāwî Schulen und Hochschulen in freier Trägerschaft sowie nationale Institute und Einrichtungen im arabischen Ausland als Stätten westlicher Infiltration ausfindig machen zu können.[19] Von den Kolonialherren großzügig gefördert, hätten diese im Dienst westlich-christlicher Propaganda stehenden Institutionen die Wirkungsmöglichkeiten einheimischer Schulen stark eingeschränkt.[20]

[18] Y. al-Qaraḍāwī, Al-Ḥulūl a.a.O. 23.
[19] Ebd. 23 ff.
[20] Ebd. 23-24.

Dazu zählen nach al-Qaraḍāwī von Missionsgesellschaften getragene Schulen mit ihrer Vermittlung westlicher Zivilisation und ihren Missionierungsbemühungen ebenso wie von laizistischen Organisationen unterhaltene, von ihm als "moderne Schulen" bezeichnete Bildungseinrichtungen, die von den Missionaren nicht nur geduldet, sondern sogar gefördert wurden, obwohl deren ungenanntes Ziel die Ausbreitung des Atheismus sei.[21] Wegen der angeblichen Unterstützung derartiger Schulen durch christliche Missionare meint al-Qaraḍāwī diese als "Agenten des Kolonialismus"[22] entlarven zu können.
Der Ausbildung zukünftiger führender Persönlichkeiten nach dem Geschmack westlicher Propagandisten dienen nach ihm folgende namentlich genannte Einrichtungen: Die katholische Universität St. Joseph in Beirut, die dort ebenfalls ansässige protestantische Amerikanische Universität, die Amerikanische Universität in Kairo, die Amerikanische Robert Universität in Istanbul sowie die Französische Universität Lahore, Indien.[23]
Wer jahrelang im arabischen Ausland gelebt hat, wird hinsichtlich genuin arabisch-islamischer Schulen gewiß zu einem anderen Urteil kommen. Noch heute gelten die ausländischen Schulen – aus welchen Gründen auch immer – als Eliteschulen, sicherlich eine Anfrage an die einheimischen Bildungseinrichtungen.

Zweitens: Einwirkung auf Presse und Information
Als weiteres Instrument der Einflußnahme auf das tägliche islamische Leben nennt al-Qaraḍāwī die Medienlandschaft. Durch gezielte Einwirkung auf Funk und Presse werde versucht, die

[21] Ebd. 23 f. und 26 f.; für Sa'īd Ḥawwā, Djund Allāh thaqāfatan wa akhlāqan, Beirut [3]1979, 151 sind alle ausländischen Schulen ohne Ausnahme Komplotteure gegen den Islam.
[22] Y. al-Qaraḍāwī, Al-Ḥulūl a.a.O. 27.
[23] Ebd. 25; vgl. auch A. Zakī Tuffāḥa, Al-Islām wa l-ḥukm, Beirut 1977, 141.

Meinungsbildung zu beeinflussen, um die Muslime von ihrer islamischen Tradition abzuschneiden und im Sinn des westlichen Säkularismus umzuerziehen.[24]

Drittens: Soziale Eroberung
Neben der Einflußnahme auf Schule und Erziehung und der Einwirkung auf Presse und Information führt al-Qaraḍāwî als drittes Propagandainstrument im Dienst der Zersetzung des Islams die von ihm als "soziale Eroberung" bezeichnete Methode an.[25] Damit meint er die Einführung westlicher Ideen, Gewohnheiten und Sitten in das traditionelle Leben der islamischen Familie und Gesellschaft. Unter dem Deckmantel des Fortschritts und der Zivilisation verfolge diese sogenannte soziale Eroberung das Ziel, die Muslime in allen Bereichen ihres Lebens zu verwestlichen, um sie auf diesem Weg dann zu bewegen, ihre eigene islamische Identität aufzugeben.[26]
Der Aufruf zur Verwestlichung werde gerade von den Christen am lautesten vorgetragen.[27] Dagegen setzt sich al-Qaraḍāwî zur Wehr. Er sieht kein Problem darin, die im Westen gewonnenen Erkenntnisse der Naturwissenschaften, der Mathematik etc. sich anzueignen, sondern vielmehr darin, "die Kultur, die Traditionen, die Ideen, die Begriffe, die Werte und die Maßstäbe, durch die sich eine Nation von der anderen unterscheidet, zu übernehmen."[28] Und er fährt selbstbewußt fort: "Wenn wir die wissenschaftliche Seite vom Westen übernehmen, tun wir in Wirklichkeit nichts anderes, als daß wir unsere eigene Ware zurückholen; denn wir sind die Eigentümer dieser Wissenschaft und diejenigen, die am ehesten ein Recht darauf haben, denn der Westen hat diese Wissenschaft und ihre Methode von uns

[24] Y. al-Qaraḍāwī, Al-Ḥulūl a.a.O. 31 f.; vgl. auch M. 'Abd al-Raḥmān 'Awaḍ, Akhṭār al-tabshīr a.a.O. 21.
[25] Y. al-Qaraḍāwī, Al-Ḥulūl a.a.O. 33 ff.
[26] Ebd. 33; vgl. A. Zakī Tuffāḥa, Al-Islām a.a.O. 146 ff.
[27] Y. al-Qaraḍāwī, Al-Ḥulūl a.a.O. 40 ff.
[28] Ebd. 48.

übernommen".[29] Zwar ist es richtig, daß der Islam einen wesentlichen Beitrag zur Weltkultur geleistet hat[30], doch gehört seine Blütezeit längst der Vergangenheit an und die damals gewonnenen Erkenntnisse, will man nicht a-historisch argumentieren, können nicht einfachhin ohne Berücksichtigung der historischen Differenz auf heute übertragen und heutige Forschungsergebnisse als genuin islamische deklariert und gleichsam als geistiges Eigentum in Anspruch genommen werden.
Muḥammad Quṭb beschreibt die gesamte Kolonialzeit als Angriff des Christentums auf den Islam.[31] Ebenso wie Y. al-Qaraḍāwī stellt auch er einen qualitativen Unterschied zwischen den Praktiken und Aktionen der mittelalterlichen Kreuzzugsbewegung und dem Vorgehen des neuzeitlichen Kolonialismus und Imperialismus fest: "Es geht diesmal nicht nur um Truppen und Eroberung, sondern darüberhinaus um den Einsatz des Wissens, der List, der Intrigen, um die Lehren des Islams zu verunstalten und gerade dieses verunstaltete Bild des Islams unter den Muslimen zu verbreiten, um sie in der Praxis vom Islam abzubringen, nachdem es <die Christen> nicht geschafft hatten, sie <die Muslime> durch die Missionare zu christianisieren."[32] Ein ausgeklügelter Plan sei festgelegt worden, "um die islamische Lehre in den Herzen der Muslime zu zerstören"[33], mit dem Ergebnis, daß Generationen von Menschen vom Islam nur noch den Namen kennten, Religion als Privatsache betrachteten und den Islam für rückständig und unbeweglich hielten. M. Quṭb zitiert den englischen Premierminister Gladstone, der 1882 im Parlament gesagt habe: "Solange dieses Buch <der

[29] Ebd.
[30] Vgl. z.B. J. Schacht (Hrsg.), The Legacy of Islam, Oxford 1931; H. Gottschalk, Weltbewegende Macht Islam. Wesen und Wirken einer revolutionären Glaubensmacht, Bern-München [2]1980, 143-246; M.A. Boisard, Der Humanismus des Islam, Kaltbrunn/Schweiz 1982.
[31] Vgl. Muḥammad Quṭb, Hal naḥn muslimūn, Beirut-Kairo 1978, 108-142.
[32] Ebd. 109 f.
[33] Ebd. 132; vgl. S. Ḥawwā, Djund Allāh a.a.O. 148.

Koran> in den Händen der Ägypter bleibt, haben wir keine Ruhe in diesem Land"[34]. In der Schul- und Erziehungspolitik, so der Autor weiter, sei versucht worden, den Islam weitgehend zu eliminieren und die von ihm im Laufe der Geschichte erbrachten großartigen Leistungen zu verschweigen. Verschiedene Maßnahmen seitens der Kolonialherren hätten diesem Ansinnen Vorschub geleistet:

- Die Eröffnung offizieller Schulen (neben al-Azhar).
- Die Einführung profaner Wissenschaften als Lehr- und Unterrichtsstoff.
- Die Einführung der englischen Sprache als Behörden- und Verwaltungssprache.[35]

In den neu eröffneten Schulen mit ihren differenzierten Schulsparten sei der Islam an den Rand gedrängt und der Koran nur noch spärlich oder kaum gelehrt worden: "Was man über den Islam da hörte, war dies: 1. Der Islam kam zu den Heiden, um sie zum Monotheismus zu führen. 2. Der Islam verbot das Töten neugeborener Mädchen. 3. Der Islam breitete sich durch Kriege und Eroberungen aus ...", schreibt M. Quṭb mit Blick auf die neugegründeten Gymnasien.[36] Fazit: Da es keine Heiden mehr gebe, keiner mehr neugeborene Mädchen lebendig begrabe und das internationale Recht die Ausbreitung der Religion durch Waffengewalt verbiete, sei offensichtlich die Aufgabe des Islams in der heutigen Welt beendet.[37] Demgegenüber stehe das uneingeschränkte missionierende Wirken der christlichen Missionsschulen: Während dort der Unterricht jeden Morgen mit dem Gebet in der schuleigenen Kirche begonnen würde (unter erzwungener Beteiligung der muslimischen Schüler), sei der Koranunterricht auf den Nachmittag verlegt und von den muslimischen Schülern verständlicherweise als lästig empfunden worden. Die morgendliche Energie sei somit dem Christentum

[34] M. Quṭb, Hal naḥn muslimūn a.a.O. 133.
[35] Ebd. 135.
[36] Ebd. 138.
[37] Ebd.

zugute gekommen, während sich der nachmittägliche Leistungsabfall auf den Islam ausgewirkt habe: Langeweile und Verdruß seien so als seine Kennzeichen den Schülern vorgegaukelt worden.[38]

Systematisch sei auf diese Weise ein falsches Islambild aufgebaut worden: Während Europa als Sinnbild der Stärke, der Zivilisation, der Wissenschaft, der sozialen Gerechtigkeit, der Freiheit, Gleichheit und Brüderlichkeit sowie des Fortschritts auf allen Gebieten (Sozial- und Wirtschaftsordnung, Verfassungsrecht, Staatsverständnis, Menschenrechte etc.) hingestellt worden sei, habe man den Islam mit Schwäche und Unvermögen identifiziert, kurz: "Europa ist der große Riese, der unbesiegbar ist; der Islam der kleine Zwerg, der sich in den Dienst des Riesen stellen muß, ... um zu leben."[39]

Als "Feind des Islams" glaubt M. Quṭb die orientalistische Forschung abstempeln zu können[40]; er will – wie er beteuert –

[38] Ebd. 137 f.

[39] Ebd. 140 f.; Zitat: 141. A. Shalabī, Al-Masīḥiyya a.a.O. 270, hingegen sieht im Christentum folgende Regel bestätigt: "Die Unwissenheit ist die Mutter der Frömmigkeit."

[40] Ebd. 170-182 mit Verweis auf sein Buch "Shubuhāt ḥawl al-Islām ...; vgl. 'Abd al-'Azīz 'Izzat, Al-Isti'mār a.a.O. 128-175; A. Djundī, Al-Isti'mār a.a.O. 20; A. Zakī Tuffāḥa, Al-Islām a.a.O. 142; S. Ḥawwā, Dund Allāh a.a.O. 151; 'Abd Al-Ḥamīd Mutawallī, Al-Islām wa mabādi' niẓām al-ḥukm fī l-marxiyya wal-dimuqraṭiyya al-gharbiyya, Alexandrien 1976 (?), 22; M. Ḥilmī, Al-Makhāṭir a.a.O. 26. 42-46; der Autor faßt nach dem Buch von R. Salīm, Al-Madkhal ilā l-thaqāfa al-islāmiyya, Kuwayt o.J., 21 f. die Methoden und Mittel des europäischen "Kampfes" gegen den Islam zusammen:

1. Christianisierung und Missionierung.
2. Ausbreitung nationalstaatlichen Denkens.
3. Bekämpfung der arabischen Sprache.
4. Änderung der Unterrichtsmethoden.
5. Einflußnahme auf Medien.
6. Wissenschaftlicher Krieg der Orientalisten.
7. Sittenverderb und Änderung des sozialen Lebens.
8. Änderung der Gesetze und Rechtsnormen (S. 44).

die Verdienste der Orientalisten in der Islamforschung keineswegs schmälern, aber "es geht hier um ihre Absichten"[41]. Trotz aller anerkennenswerten Bemühungen sei ihre Arbeit weniger "ein Dienst am Islam, sondern ein Versuch, den Islam zu verunstalten".[42] Dasselbe gelte für die auf breitester Front angelegte Missionstätigkeit der christlichen Kirchen.[43]
Eine enge Beziehung zwischen der Missionierung auf der einen und der orientalistischen Forschung auf der anderen Seite sieht Muḥammad al-Bahî.[44] In seinem umfangreichen Werk über das moderne islamische Denken und seine Beziehung zum westlichen Kolonialismus bezeichnet er die Missionare und Orientalisten als "Agenten des Kolonialismus".[45] "Missionierung und Orientalismus", so der Autor, "sind beide ein Aufruf zur Geringschätzung der islamischen Werte, zur Geringschätzung der literarischen arabischen Sprache, zur Kappung der verwandtschaftlichen Beziehungen zwischen den arabischen und auch zwischen den islamischen Völkern ...".[46] Das gehe aus folgenden Behauptungen, Desideraten beziehungsweise Thesen hervor:

1. Der Koran sei ein Buch jüdisch-christlicher Provenienz;
2. Der Islam sei eine diesseitsorientierte, materialistische Religion;
3. Der Islam neige zur Gewaltanwendung, er rufe zur Animalität und zu übertriebenem diesseitigem Genuß auf;

[41] M. Quṭb, Hal naḥn muslimūn a.a.O. 174.
[42] Ebd.; vgl. 176-177.
[43] Ebd. 142 ff.; M. Quṭb beruft sich in seinen Ausführungen auf das ins Arabische übersetzte und vor über 50 Jahren erschienene Buch des französischen Autors A. le Chatelier, La Conquête du monde musulman, Kairo 1350 H. (arab. Übersetzung).
[44] M. al-Bahī, Al-Fikr al-islāmī al-ḥadīth wa ṣilatuhū bi l-isti'mār al-gharbī, Kairo [8]1975.
[45] So im Kapitel "Die Missionare und die Orientalisten und ihre Haltung gegenüber dem Islam", ebd. 457-476; Zitat: 459.
[46] Ebd. 459; vgl. 'Abd al-'Azīz 'Izzat, Al-Isti'mār a.a.O. 176-192.

4. Die arabische Philosophie sei lediglich griechisches Denken in arabischer Sprache;
5. Die literarische arabische Sprache solle durch Umgangssprachen und Dialekte ersetzt und die lateinischen Buchstaben eingeführt werden.[47]

Hinzu komme der Aufruf zur Belebung arabischer Traditionen:
1. des Pharaonismus in Ägypten,
2. des Assyrismus im Irak,
3. des Berberismus in Nordafrika,
4. des Phönizismus an der Küste Palästinas und des Libanons,
5. des Arischen (persische Sprache) auf Kosten des Arabischen.[48]

Darüber hinaus würden folgende Thesen propagiert:
1. Die Träger der literarischen Renaissance im arabisch-islamischen Orient Ende des 19. Jahrhunderts seien Christen gewesen, inspiriert von amerikanischen Missionaren in Syrien;
2. Die Träger der Zivilisation in Nordafrika und Andalusien seien ausschließlich die Berber;
3. Das heutige Leben der Muslime sei primitiv, und zwar aufgrund der Lehren des Islams.[49]

All das, so al-Bahî, werde von Missionaren und Orientalisten gleichermaßen vertreten.[50]
In ihrer von ihm behaupteten tendenziösen Ausrichtung sieht er allerdings eine qualitative Differenz: "Der Orientalismus hat sich eine wissenschaftliche Gestalt gegeben. Die Missionierung wendet sich an die allgemeine Mentalität"[51]; letzteres bezieht sich auf die Arbeit in Kindergärten, Schulen, Krankenhäusern, Alters- und Waisenheimen etc.[52]

[47] M. al-Bahî, Al-Fikr a.a.O. 459.
[48] Ebd.
[49] Ebd.
[50] Ebd.
[51] Ebd. 461.
[52] Ebd.

Missionierung und Kolonialisierung arbeiteten nach al-Bahî Hand in Hand: "Die Missionare haben die Kolonialmächte davon überzeugt, daß das Christentum die Stütze des westlichen Kolonialismus im Orient sein wird. Also hat der Kolonialismus den Missionaren ihre Aufgabe erleichtert, ihnen Schutz gewährt und sie mit Geld und Macht ausgestattet".[53] Diese unheilige Allianz habe das Entstehen des Orientalismus, wie al-Bahî sagt, favorisiert: primär ein Machwerk von Missonaren und Mönchen, sekundär ein Instrument des Kolonialismus.[54]
Als Stütze des Kolonialismus ist nach Angaben von 'Abd al-'Azîz 'Izzat der Orientalismus darauf aus, die Fundamente des Islams, seine kulturellen Leistungen sowie seine vielfältigen sozialen, politischen, wirtschaftlichen und künstlerischen Institutionen zu zerstören.[55]

[53] Ebd. 473.
[54] Ebd.; der Autor führt eine Namensliste von Orientalisten an und versieht sie mit kritischen Anmerkungen (ebd. 477-488); als "gefährlich" stuft er folgende Forscher ein: A.J. Arberry, A. Guillaume, B. Carra de Vaux, H.A.R. Gibb, I. Goldziher, S.M. Zwemer, A. 'Aṭiyya Sūriāl (ägyptischer Christ), G.E. von Grunebaum, P.K. Ḥittī, A.J. Wensinck, K. Cragg, L. Massignon, D.B. Macdonald, M. Khūrī (irakischer Christ), D.S. Margoliouth, R.A. Nicholson, Harvey Hall (?), H. Lammens, J. Schacht (ebd. 489-494). Unter den von al-Bahī genannten "gefährlichen Büchern" (ebd. 495-498) befindet sich u.a. "The Encyclopaedia of Islam".
[55] 'Abd al-'Azīz 'Izzat, Al-Isti'mār a.a.O. 176.

IV

MÖGLICHKEITEN DES GESPRÄCHS ZWISCHEN CHRISTENTUM UND ISLAM

Auf dem Hintergrund unserer bisherigen Analyse wollen wir der Frage nachgehen, ob und – wenn ja – wie sich die muslimischen Autoren zu einem etwaigen Gespräch zwischen Christen und Muslimen äußern. Sehen sie überhaupt Möglichkeiten und Chancen für ein solches Gespräch?
Wie sich zeigen wird, lassen sich bei den von uns untersuchten Ausführungen muslimischer Autoren unterschiedliche Strömungen und Richtungen unterscheiden.

1 TOTALE KONFRONTATION

Da ist zunächst jene Richtung, die sich für eine totale Konfrontation mit dem Christentum ausspricht. Einer ihrer Vertreter ist der oben schon erwähnte Schīʿit Muḥammad al-Ḥusayn Āl Kāshif al-Ghiṭāʾ.[1] Die Intention seiner Arbeit gibt er im Vorwort an; er schreibt, sein Buch solle dazu dienen, "die Bosheit der Missionare und ihre bösen Absichten zu enthüllen sowie die Wahrheit über die Evangelien und über Christen aufzudecken".[2] In einem ersten Teil fragt sich der Autor: "Warum wollen wir diese Wahrheiten schreiben?"[3] Weil, so Āl Kāshif al-Ghiṭāʾ, die

[1] Āl Kāshif al-Ghiṭāʾ, Al-Tawḍīḥ fī bayān ḥāl al-indjīl wa l-Masīḥ, Beirut 1980.
[2] Ebd. 3.
[3] Ebd. 6-30.

missionarischen Aktivitäten mit ihrer Polemik gegen Muḥammad und den Koran derzeit zunähmen. Deshalb habe er sich entschlossen, seine bisher zurückgehaltenen Untersuchungen zu veröffentlichen, stehe doch im Koran: "Wenn nun einer gegen euch Übergriffe begeht, dann zahlt ihm mit gleicher Münze heim" (Koran 2,194)[4]. Zwar weiß auch Āl Kāshif al-Ghiṭā', daß seine Publikation nicht zu einer Klimaverbesserung in den Beziehungen zwischen Christen und Muslimen beiträgt[5]; das hält ihn jedoch nicht davon ab, in unsagbarer Polemik gegen die Christen und ihre Glaubensüberzeugungen zu Felde zu ziehen.[6]

Zwischen dem im Koran überlieferten Bild Jesu und der neutestamentlichen Christologie vermag er nicht einmal Spuren der Gemeinsamkeit zu entdecken, nur unüberwindliche Gegensätze, die der Autor höhnisch und spöttisch vorträgt: "Was hältst du denn von diesen Legenden, die dir Christus als einen Lügner schildern, als einen listigen, verräterischen, gewalttätigen, pietätslosen, räuberischen, Zwietracht säenden, sich betrinkenden, weinsüchtigen Mann (Mt 11,19), der den Jüngling auf seinem Schoß liebkost, während das Mädchen seine Füße mit dem Haar trocknet, der die Ehebrecherin ansieht und die Vollstreckung der Gesetzesstrafe verhindert ..."[7] "Er wird gekreuzigt und geohrfeigt. Man speit ihm ins Gesicht, und er wird ans Kreuz gehängt; da hängt er zwischen den Räubern drei Tage oder mehr oder weniger. Dann wird er abgenommen und begraben. Dann behaupten seine Mutter und seine Tanten, daß er das Grab aufgebrochen hat und in den Himmel gefahren ist ..."[8] Einen solchen Christus der Christen, "wie ihn ihre Evangelien beschrei-

[4] Vgl. ebd. 8.

[5] Ebd.

[6] Ebd. 17 ff.; vgl. auch Aḥmad Zakī Tuffāḥa, Al-Islām a.a.O. 137.

[7] M. al-Ḥusayn Āl Kāshif al-Ghiṭā', Al-Tawḍīḥ a.a.O. 26; vgl. ebd. 68: "Der Christus der Evangelien flirtet mit den Frauen und nimmt die Jünglinge auf seinen Schoß"; vgl. ebd. 66.

[8] Ebd. 26 f.

ben"[9] erkennen nach Āl Kāshif al-Ghiṭā' die Muslime nicht an. Allerdings muß hier hinzugefügt werden, daß ein so verzerrtes Christusbild, wie es der Autor zeichnet, mit den Überlieferungen in den Evangelien nichts mehr zu tun hat; es entstammt der freien Phantasie des Verfassers.

Āl Kāshif al-Ghiṭā' ist der Auffassung, daß zwischen Christen und Muslimen "der Krieg" andauern wird[10], zentriert um die Frage nach Jesus, den der Autor als Sohn aus "Ehebruch" und "Unzucht" abqualifiziert.[11] Seinen muslimischen Lesern legt er ans Herz: "O Muslim, wenn ein Missionar dich dazu aufruft, an seine Evangelien zu glauben, dann wirf sie ruhig unter deine Füße und sag zu ihm: Du rufst mich dazu auf, an Schriften zu glauben, die voll von Lügen und Ungereimtheiten sind, die der Vernunft und dem natürlichen Menschenverstand widersprechen ..."[12], "... voll von Legenden, Lächerlichkeiten, Befremdlichem und Schwachsinn, Häßlichkeiten und Ungeheuerlichkeiten, Unterschieden und Widersprüchen, die nicht einmal zu den schwächsten Schwachsinnigen und Idioten, geschweige denn zu den vollkommenen Weisen oder zu den gesandten Propheten passen".[13] Seinen christlichen Lesern rät Āl Kāshif al-Ghiṭā', sich nicht über die Bitterkeit und Härte seiner Worte zu ärgern, sondern über "ihre heiligen Evangelien"[14], die ihn zu solcher Bitterkeit veranlaßten.

Obwohl der Titel "Gemeinsames zwischen Islam und Christentum" Dialogbereitschaft suggeriert, hebt Hasan Ndayisenga nach

[9] Ebd. 28.

[10] Ebd. 36.

[11] Ebd. 39.

[12] Ebd. 42; ebd. 50; vgl. A. Zaki Tuffāḥa, Al-Islām a.a.O. 125 ff.

[13] Āl Kāshif al-Ghiṭā', Al-Tawḍīḥ a.a.O. 51 f; vgl. A. Zakī Tuffāḥa, Al-Islām a.a.O. 127: "Das Christentum und seine Evangelien rufen zur Anbetung der Menschen, Statuen und Götzen sowie zur Rückkehr des Menschen zum Waldleben auf ... Sein Trinitarismus, seine Kirchen – voll von Kreuzen und Statuen – und seine Schriften bezeugen das ..."

[14] Āl Kāshif al-Ghiṭā', Al-Tawḍīḥ a.a.O. 56.

einer oberflächlichen Darstellung der Gemeinsamkeiten zwischen biblischer und koranischer Theologie in seiner abschließenden Betrachtung unmißverständlich hervor, daß nach ihm die beiden Religionen "keine gemeinsame Basis in Grundfragen ihrer Glaubenslehre mehr haben ...".[15] Das Christentum sei verfälscht und allein der Islam "die einzig vollkommene Religion, wie sie es als Gottes einzige Religion von Anfang an war."[16]

"In diesem Sinne ist die Zusammenarbeit zwischen einem Muslim und einem Christen nicht statthaft; wohl hat der Muslim ihn zu tolerieren und mit ihm einen begrenzten Dialog in sachlicher Form und mit geziemend mahnender Einladung zum Islam zu führen".[17]

2 ZURÜCK ZU DEN ISLAMISCHEN TRADITIONEN

Gemäßigter in ihren Äußerungen gibt sich jene Gruppe von Autoren, die nicht eine totale Konfrontation anstreben, sondern dafür plädieren, daß sich die Muslime in ihrem Erscheinungsbild von den Christen abheben. "Der Prophet war sehr darauf bedacht", schreibt Maḥmūd Shaltūt, "daß sich die Muslime in ihrer äußeren Erscheinung von den anderen unterscheiden ..."[1], um die eigene Identität zu bewahren und auch zum Ausdruck zu bringen. "Daher pflegte der Prophet ... seinen Leuten zu befehlen, sich in vielen äußeren Dingen von ihren Mitbürgern zu

[15] Im Gespräch: Islam und Christentum. Gott und Mensch – Gesellschaftsstruktur – Gemeinsamkeiten. Herausgegeben vom Arabischen Kulturzentrum Köln, Köln 1983, 101-110; Zitat: 109.
[16] Ebd. 109.
[17] Ebd. 110.

[1] M. Shaltūt, Al-Fatāwā, Beirut-Kairo [9]1978, 389.

unterscheiden, um ihre Persönlichkeit zu wahren, mit der viele Rechtsbestimmungen zusammenhingen ..."[2]. Mit den Ungläubigen, und als solche gelten die Christen, sollten die Muslime keine Ähnlichkeiten suchen "weder in ihren Kulthandlungen noch in ihren Festen noch in ihrer eigenen Bekleidungsart".[3] Für M. Nāṣir al-Dîn al-Albānî ist das "eine großartige Regel im islamischen Gesetz, das leider heute viele Muslime übertreten, auch diejenigen, die sich um die religiösen Dinge und die religiöse Verkündigung kümmern, sei es aus Unwissenheit über ihre Religion, sei es um ihren Neigungen zu folgen oder um die Gewohnheiten der heutigen Zeit und die Traditionen des ungläubigen Europa nachzuahmen ...".[4] Die Sunna bestätige diese Regel: Sowohl bei Kulthandlungen (Gebet, Fasten) als auch im alltäglichen Umgang und Verhalten, in Sitten und Gebräuchen soll stets ein entscheidend muslimisches Kriterium sichtbar werden. Unter den zahlreichen Beispielen, die al-Albānî anführt, sei eines herausgegriffen: "Der Prophet suchte, wie er die Gläubigen zum Gebet rufen sollte. Man schlug vor, eine Fahne aufzustellen. Es gefiel ihm nicht. Man erwähnte dann die Posaune der Juden; da sagte er: Das tun die Juden. Man erwähnte die Glocken; er sagte: Das tun die Christen ... Da sah er im Schlaf den adhān (Gebetsruf)"[5]. So werden im Unterschied zu Juden und Christen die Muslime durch den Gebetsruf des Muezzins zum Gebet aufgefordert.

Auch im alltäglichen Miteinander soll der genannte Grundsatz gelten und schon beim Gruß (Begrüßungsformel und Art des Grußes) zum Ausdruck kommen[6], ebenso im Tragen der Klei-

[2] Ebd. 290.

[3] M. Nāṣir al-Dīn al-Albānī, Ḥidjāb al-mar'a al-muslima fī l-Kitāb wa l-sunna, Kairo [5]1978, 78.

[4] Ebd. 78; Belege für diesen Grundsatz führt Al-Albānī aus Koran und Traditionen an. (ebd. 78 ff.).

[5] Ebd. 83 nach Abū 'Umayr Ibn Anas bei Abū Dawūd, Sunan.

[6] Ebd. 98: "Grüßt nicht wie die Juden, denn sie grüßen mit dem Kopf, der Hand und mit Zeichen", nach al-Ḥāfiẓ, al-Fatḥ 11/12, der ohne nähere

dung, wie es der Koran und die islamische Tradition vorschreiben.[7] Denn, so A. Z. Tuffāḥa: "Wir Muslime brauchen keine Reform der Religion; die Grundlagen der Religion stehen nämlich fest: Es sind der Koran und die ehrwürdige Sunna. Wir brauchen eher die Rückführung des Islams ins praktische Leben und seine Verwirklichung und die Füllung der Leere in den Seelen der Muslime".[8]

3 CHRISTENTUM: "EIN KÖRPER OHNE SEELE"[1]

Es kann nicht verwundern, daß alle muslimischen Autoren davon überzeugt sind, daß der Islam die "einzig wahre Religion" ist, so wie es der Koran formuliert.[2] Diesen Glauben versuchen sie aus ihrem Blickwinkel heraus zu verteidigen. Doch die Intensität und die Art und Weise ihrer Apologetik ist höchst unterschiedlich.

Die einen sehen in der totalen Konfrontation mit dem christlichen Glauben die einzige Chance, ihre Position zu retten; sie machen damit ein christlich-islamisches Gespräch a priori unmöglich. Die anderen, gelassener und gemäßigter, besinnen sich auf die eigene islamische Identität und rufen zur Renaissance genuin islamischer Traditionen auf; ein Dialog mit dem Christentum scheint ihnen offensichtlich überflüssig zu sein. Wieder andere nehmen die fortschreitenden westlichen Säkularisierungstendenzen zum Anlaß, die faktische Relevanz des christ-

Angaben diesen Spruch dem Nasā'ī zuschreibt; vgl. auch Al-Sayyid Sābiq, Islāmunā, Beirut o.J., 64-65.

[7] Al-Albānī, Ḥidjāb a.a.O. 93.

[8] A. Z. Tuffāḥa, Al-Islām a.a.O. 137.

[1] A. Shalabī, Al-Masīḥiyya a.a.O. 266.

[2] Koran 3,19; vgl. 48,28.

lichen Glaubens in der heutigen Welt in Frage zu stellen: Das Christentum mit seiner Botschaft der Evangelien, so drückt es A. Shalabî aus, ist "nur noch ein Körper ohne Seele".[3] Die von den muslimischen Autoren behauptete zunehmende Bedeutungslosigkeit des Christentums zielt darauf ab, die Christen als gleichwertige Partner der Muslime zu diskreditieren. "Der Islam muß regieren", schreibt Sayyid Quṭb[4], und versucht, seine These mit der sogenannten Privatisierung des Christentums zu begründen: "Im westlich-christlichen Bereich geht man in die Kirche, hört dem Prediger zu und lauscht den Liedern; das Herz sammelt sich bei der Predigt, der Musik, den andächtigen Liedern und dem wohlriechenden Weihrauch ... Aber wenn man die Kirche verläßt, findet man ein anderes Gesetz vor, das die Gesellschaft regiert, eine Gesellschaft, die dann mit dem Geist des Christentums keine Verbindung mehr hat".[5]

Die Zeit, da die Kirche als Institution das gesellschaftliche Leben beherrscht habe, gehöre längst der Vergangenheit an: Die mittelalterliche Einheit von Thron und Altar sei zerbrochen, die Trennung von Kirche und Staat Wirklichkeit und als Folge eine zunehmende Verdrängung des Christentums aus dem gesellschaftlichen Bereich zu registrieren. Der Glaube werde als Privatsache angesehen und in die private Sphäre verbannt, höre gewissermaßen "an der Schwelle der Kirche" auf.[6] Eine nach-

[3] A. Shalabī, Al-Masīḥiyya a.a.O. 266.

[4] S. Quṭb, Ma'raka al-Islām wa l-ra'smāliyya. Kairo [6]1979, 55-62.

[5] Ebd. 56; vgl. auch Ḥāzim 'Abd al-Muta'āl al-Ṣa'īdī, Al-Naẓariyya al-islāmiyya fī l-dawla, Kairo 1977, 378 ff.; Anwar al-Djundī, Suqūṭ al-'ilmāniyya, Beirut 1973, 18 ff.

[6] S. Quṭb, Ma'raka a.a.O. 58; Sayyid Quṭb – diese Entwicklung reflektierend – sieht Parallelen im heutigen Ägypten: "Wir in Ägypten machen dasselbe, wie Idioten, Sklaven und Affen, weil wir versuchen, aus Ägypten ein Stück Europa zu machen ..." (ebd. 57); ders. Al-Mustaqbal lihādhā l-dīn (ohne nähere Angaben), S. 96 ff. Daß die Autorität der Kirche nur noch innerhalb der Kirchenmauern relevant sei, schreibt auch 'Alī Muḥammad Djarwasha, Dīn wa dawla, Kuwait 1979, 107: Aufgrund der Privatisierung des Christentums – einsetzend mit der Französischen Revolu-

christliche, vom christlichen Geist nicht mehr inspirierte säkulare Gesellschaft sei das Ergebnis, die in ihrer Säkularität nun von der Kirche aufgrund ihrer gesellschaftlichen Standortlosigkeit in unkritischer Anpassung an vorherrschende Gesellschaftsattitüden einzuholen versucht werde: "Statt die Menschen zu sich emporzuheben, ... ging sie (die Kirche) zu ihnen herunter", um den "Leidenschaften und Wünschen der Menschen" zu schmeicheln, schreibt S. Quṭb[7]. Fazit: "Das Christentum hat bereits seine Rolle gespielt und ist nicht mehr ein positiver Faktor in der Realität der Menschheit, denn die Massen führen die Kirche, und sie folgt ihnen permanent ohne Gewissensbisse und ohne Verteidigung ihrer heiligsten Heiligtümer und ihrer nobelsten Ziele ...".[8] Da aber die Welt "nicht auf eine positive Glaubenslehre verzichten" könne[9], zieht der Autor folgende Konsequenz: "Der Islam muß regieren, denn er ist die einzige positive und kreative Glaubenslehre ..."[10]. Die Begründung dafür mag überraschen, erscheint zumindest eigenartig, bedenkt man ihre Implikationen: Der Islam müsse deshalb regieren, weil er sowohl die Ideale des Christentums als auch die Ideale des Kommunismus in sich verkörpere und darüber hinaus "Gleichgewicht, Harmonie und Mäßigung" bringe.[11] Bei diesen Worten fühlt man sich unweigerlich an Koran 2,143 erinnert, wo es heißt: "Und so haben wir euch (Muslime) zu einer in der Mitte stehenden Gemeinschaft gemacht, damit ihr Zeugen über die (anderen) Menschen seiet und der Gesandte über euch Zeuge sei." Danach ist der Koran als die abschließende, endgültige und letztverbindliche Offenbarung Gottes die goldene Mitte zwischen Thora

tion – zeitigten sich eigenartige Früchte: "... ungezügelte Freiheit wie die der Tiere, sexuelle Ausschweifung, Inzest, Homosexualität ...".

[7] S. Quṭb, Ma'raka a.a.O. 57; vgl. auch A.M. Djarwasha, Dīn wā dawla a.a.O. 107.

[8] S. Quṭb, Ma'raka a.a.O. 62.

[9] Ebd.

[10] Ebd. 61; vgl. ders., Al-Mustaqbal a.a.O. 106.

[11] S. Quṭb, Ma'raka a.a.O. 61.

und Evangelium. In Anpassung an die Moderne beschreibt S. Quṭb den Islam als die goldene Mitte zwischen Christentum und Kommunismus. Inwieweit hier ein Widerhall der seit Beginn der arabischen Renaissance im 19. Jahrhundert entstandenen vielfältigen und unterschiedlichsten "arabischen Sozialismen" mitschwingt, sei dahingestellt.[12]

4 AUFRUF ZUM GLEICHBERECHTIGTEN MITEINANDER

Neben Gruppierungen, die auf totale Konfrontation setzen, anderen, die Christen gegenüber auf Distanz gehen, wieder anderen, die ausschließlich den Islam als einzig gültiges Lebensmodell in der Welt von heute propagieren, gibt es auch Stimmen, die zum gleichberechtigten Miteinander von Muslimen und Christen aufrufen. Sie tun das nicht ohne Begründung! Der Koran selbst, so sagen sie, habe – ausgehend von der faktischen Pluralität der Religionsgemeinschaften[1] – einen derartigen Dialog nicht nur befürwortet, sondern sogar selbst geführt[2] und Hinweise für die Gestaltung solcher interreligiösen Gespräche gegeben.[3]

[12] Vgl. dazu P. Khoury, Arabischer Nationalismus, arabische Kultur und Islam, in: Cibedo-Texte 1 (1980) 8-14.

[1] Vgl. Koran 2,148; 5,48.
[2] Ebd. 3,64.
[3] Ebd. 16,125; vgl. M.S. Abdullah, Christlich-Islamischer Ökumenismus aus der Sicht des Islams, in: Christen und Moslems in Deutschland, Essen 1977, 59 ff.

4.1 Offizielle islamische Organisationen

Zehn Jahre nach der denkwürdigen Erklärung des II. Vatikanischen Konzils über das Verhältnis der Kirche zu den nichtchristlichen Religionen[4] hat sich im August 1975 der Islamische Weltkongreß als Dialogpartner des Christentums angeboten und erklärt: "Eine echte Partnerschaft zwischen Christentum und Islam, den beiden größten Weltreligionen, ist natürlich und gottgewollt. Daher ist eine enge Zusammenarbeit zwischen Christen und Moslems im Interesse des Weltfriedens und einer gesicherten Zukunft der Menschheit dringend geboten. Der Islamische Weltkongreß ist der natürliche Partner für den aufkommenden Dialog."[5]

Im September des gleichen Jahres nahm auch die "Weltmuslimliga" in einer Studie zum Verhältnis von Juden, Christen und Muslimen Stellung und setzte sich für den Dialog in einer "Atmosphäre aufrichtiger Freundschaft, frei von Haß und Verbitterung" ein.[6] Auf die "Islamerklärung" des II. Vatikanischen Konzils eingehend, heißt es u.a.: "Viele Menschen und Organisationen im Westen sind zudem davon überzeugt, daß eine aufrichtige Zusammenarbeit von Muslimen, Christen und Juden auch geeignet ist, über den religiösen Dialog hinaus zur Lösung der politischen Probleme beizutragen."[7]

Mit Blick auf atheistische und materialistische Ideologien hatte der Islamische Weltkongreß bereits im Dezember 1972 festge-

[4] Declaratio de ecclesiae habitudine ad religiones non-christianas: AAS 58 (1966) 740-744; lat.-dt. Ausgabe in: LThK, Das Zweite Vatikanische Konzil, Bd. II, Freiburg-Basel-Wien 1966, 488-495; zu den Muslimen ebd. 490/491.

[5] Zitiert nach M.S. Abdullah, Christlich-Islamischer Ökumenismus a.a.O. 68; vgl. auch ders., Islamische Stimmen zum Dialog, in: Cibedo-Dokumentation 12 (1981) 3-33; M. Talbi, Islam und Dialog, in: ebd. 10 (1981) 3-29.

[6] Ebd. 69.

[7] Ebd.

stellt: "Christen und Moslems sind gemeinsam aufgerufen, die antireligiösen Kräfte dieser Welt abzuwehren, zumal sie sich im Glauben an den Einen Gott finden. Anstatt im Konkurrenzdenken zu verharren, sollten Christen und Moslems auf gegenseitige Bekehrungsversuche verzichten und sich stattdessen gemeinsam der Verkündigung ihrer Glaubenswahrheiten und -erfahrungen unter den Atheisten und Materialisten widmen. Im Interesse der ganzen Menschheit ist es notwendig, daß sich Christen und Moslems näherkommen".[8]

Drei Monate später, im Februar 1973, folgte eine weitere Bekundung zur Verständigungsbereitschaft: "Der Islam ist für eine Verständigung mit den christlichen Kirchen. Er ist bereit, unter alle Unstimmigkeiten und Mißverständnisse, die die Vergangenheit belasten, einen Schlußstrich zu ziehen und mit den Kirchen zum Wohle der Menschheit zusammenzuarbeiten."[9] Im Sommer des gleichen Jahres konkretisierte der Islamische Weltkongreß diesen Vorschlag: "Der Islamische Weltkongreß ist der Meinung, daß man sich über eine bessere Verständigung zwischen Christen und Moslems hinaus darüber Gedanken machen muß, wie man die Zusammenarbeit der Anhänger der beiden Religionen in den Dienst der gesamten Menschheit stellen kann. Die Probleme sozialer Natur müssen dabei genauso angesprochen werden wie die, die der immer stärker um sich greifende Unglaube und die wachsende Unmoral mit sich bringen. Der Islam tritt für eine humane Gesellschaft ein, für einen Frieden, der alle Völker umfaßt, alle Menschen, gleich welcher Religion, Rasse, Nationalität oder Hautfarbe."[10]

In Übereinstimmung mit Koran 5,82, wo es heißt: "... Du wirst sicher finden, daß diejenigen (Menschen), die den Gläubigen (d.h. den Muslimen) in Liebe am nächsten stehen, die sind, die sagen: 'Wir sind Christen'", ließ der Islamische Weltkongreß

[8] Ebd. 67.
[9] Ebd. 67 f.
[10] Ebd. 68.

im April 1974 verlautbaren: "Die Christen als 'Volk der Schrift' stehen den Moslems näher als die Anhänger anderer Religionsgemeinschaften. Daher sind freundliche Beziehungen zu ihren Kirchen in der Welt nach wie vor ein wichtiger Bestandteil der Politik des Islamischen Weltkongresses. Die wirksamste Antwort auf die Herausforderung des religiösen Menschen ist eine feste und gesunde Allianz von Moslems und europäischen Christen".[11] Deswegen begrüßt der Islamische Weltkongreß "jeden Schritt, der geeignet ist, das Gewebe der Mißverständnisse, das Christen und Moslems voneinander trennt, zu zerreißen. Wir sollten aber davon abkommen, uns gegenseitig zu bekämpfen und zu verunglimpfen und uns stattdessen daran machen, den Atheisten und jenen, die den Glauben an geistige und moralische Werte verloren haben, Gott zu bezeugen. Dieses Bemühen sollte der zentrale Punkt unserer gemeinsamen Gespräche sein: daß wir unsere Hände vereinigen zur Rettung der Menschheit vom reinen Materialismus und von der Unmoral."[12]
Inzwischen haben zahlreiche Gespräche sowohl zwischen offiziellen Vertretern der beiden Religionen Christentum und Islam als auch viele Begegnungen an der Basis stattgefunden mit dem Ziel, Mißverständnisse abzubauen und eine Atmosphäre des Vertrauens zu schaffen.[13]

[11] Ebd.; vgl. ebenfalls die Interpretation von 'Abd al-'Aẓim Ibrāhīm al-Maṭ'anī, Muwādjaha ṣarīḥa, a.a.O. 66.

[12] Zitiert nach M.S. Abdullah, Christlich-islamischer Ökumenismus a.a.O. 68; Erklärung vom 23. Januar 1976.

[13] Vgl. die zahlreichen Beiträge der in Rom seit nunmehr über zehn Jahren erscheinenden Zeitschrift Islamochristiana, hrsg. v. Pontificio Istituto di studi arabi e d'islamistica 1 ff. (1975 ff.) mit weiterführenden detaillierten Literaturhinweisen; L. Hagemann, Christentum und Islām zwischen Konfrontation und Begegnung a.a.O. 97-119; R. Kirste, Zwanzig Jahre christlich-islamischer Dialog, in: Aktuelle Fragen 3. Jg./Nr. 2 (1983) 54-71; M.S. Abdullah, Christlich-islamischer Ökumenismus a.a.O. 69 ff.; ders., Gemeinsam in die Zukunft. Christlich-Islamischer Dialog von Colombo, in: Aktuelle Fragen 2. Jg./Nr. 2 (1982) 3-27; M. Borrmans, Wege zum christlich-islamischen Dialog, Frankfurt 1985, 157-162 (Lit.).

Vorerste Höhepunkte dieser positiven Entwicklung stellen zweifellos die vom Islamischen Weltkongreß und dem Ökumenischen Rat der Kirchen einberufene Konferenz zum "Christlich-Islamischen Dialog" in Colombo/Sri Lanka (30. März - 1. April 1982)[14] und der auf Einladung von König Hassan II. von Marokko erfolgte erste Papstbesuch in einem arabischen Land (21. August 1985 in Casablanca/Marokko) mit einem eindringlichen Appell zum christlich-islamischen Dialog dar.[15]

4.2 Einzelne muslimische Autoren

Auch vereinzelte Autoren sind einem Gespräch mit Christen nicht abgeneigt. So versucht Muḥammad 'Imāra, hinsichtlich der Stellung der Christen in Ägypten und ihrer Funktion und Aufgabe beim Aufbau der nationalen Einheit diesbezügliche traditionelle Grundsätze neu zu interpretieren.[16] Damit leistet der Autor einen konstruktiven Beitrag zum Miteinander von Christen und Muslimen vor Ort. Als konkrete Beispiele führt er folgende Punkte an:

a) Die sogenannte Kopfsteuer (ḏjizya)[17]
Nach Koran 9,29 werden die Muslime aufgefordert, gegen diejenigen zu kämpfen, "die nicht an Gott und den jüngsten Tag glauben und nicht verbieten, was Gott und sein Gesandter ver-

[14] Vgl. M.S. Abdullah, Gemeinsam in die Zukunft. Christlich-Islamischer Dialog von Colombo a.a.O. 3-22.

[15] Wie sehr sich christlicherseits gerade Papst Johannes Paul II. für den christlich-islamischen Dialog engagiert, haben wir anderweitig ausgeführt: L. Hagemann, Christentum und Islām zwischen Konfrontation und Begegnung a.a.O. 108-119.

[16] M. 'Imāra, Al-Islām wa l-waḥda al-waṭaniyya, Kairo 1979, 70-126.

[17] Vgl. dazu C.H. Becker, Artikel "Ḏjizya", in: Handwörterbuch des Islam, hrsg. v. A.J. Wensinck und J.H. Kramers, Leiden 1941; repr. 1976, 114-115.

boten haben, und nicht der wahren Religion angehören – von denen, die die Schrift erhalten haben – (kämpft gegen sie), bis sie kleinlaut aus der Hand Tribut entrichten!"[18]
Aufgrund dieser Stelle entwickelte sich im islamischen Recht (Fiḳh) die Lehre von der d̲jizya als Bezeichnung für die den 'Schriftbesitzern', also Juden und Christen, obliegende Kopfsteuer, gegen deren Zahlung ihnen für sich, ihre Familien und ihr Eigentum Sicherheit und Schutz gewährt wurde. Muḥammad 'Imāra spricht in diesem Zusammenhang von "politischen und administrativen Maßnahmen, die gar nicht islamisch waren, die aber den Segen der Gelehrten und Religionsführer erhielten", um die "Schriftbesitzer" als "Bürger zweiter Klasse" auszuweisen[19]. Im Namen der Religion sei so eine Trennwand aufgerichtet worden[20], die eine Spaltung der nationalen Einheit zur Folge gehabt habe[21]. In Wirklichkeit aber, das zeige die historische Analyse, sei die Entrichtung der d̲jizya nicht religiös fundiert, sondern vielmehr militärpolitisch; die d̲jizya sei eine "militärische Steuer", ein "Ersatz für den militärischen Dienst".[22] Wegen vielfältiger Übereinstimmungen in der Glaubenstradition von Muslimen und "Schriftbesitzern" beziehe sich der oben zitierte Koranvers nicht auf Juden und Christen insgesamt, sondern allenfalls auf gewissen Gruppierungen unter ihnen.[23]

b) Das Tragen besonderer Kleidung[24]

Entgegen der gängigen Volksmeinung, so M. 'Imāra weiter, rufe der Islam seine Anhänger nicht dazu auf, sich anders zu kleiden

[18] Vgl. zu diesem Koranvers R. Paret, Der Koran. Kommentar und Konkordanz, Stuttgart-Berlin-Köln-Mainz 1971, 199-200.
[19] M. 'Imāra, Al-Islām a.a.O. 72.
[20] Ebd.
[21] Ebd. 73.
[22] Ebd. 74.
[23] Ebd. 84.
[24] Vgl. ebd. 85-90.

als die "Schriftbesitzer". Diesbezüglich ließen sich im Koran selbst keinerlei Bestimmungen finden.[25] Wenn dennoch die Geschichte von derartigen Traditionen wisse, so seien sie als Religion und Politik vermischende Erlasse der jeweiligen Machthaber anzusehen.[26] "Die Rechtsgelehrten, die diese Regelung weiter vertreten", so schreibt M. 'Imāra, "haben sich keine Gedanken über den Sinn dieses Gesetzes gemacht, ansonsten hätten sie seine Aufhebung befürwortet."[27] Denn es ging von der historischen Genese her um "Unterscheidungsmerkmale" zwischen Siegern und Besiegten, und zwar aus sicherheitspolitischen Gründen, argumentiert der Autor.[28]

c) Verbot, neue Kirchen zu bauen[29]

Für ein Relikt aus vergangener Zeit hält Muḥammad 'Imāra das in den Rechtsbüchern vertretene Verbot der Errichtung neuer Kirchen. Es untergrabe die nationale und völkische Einheit und verkenne "die gemeinsamen Züge der Kinder dieser Nation" wie "die gemeinsame Loyalität gegenüber der arabischen Zivilisation", die Einheit in "Sprache und Kultur, ihre Gleichheit in der Mentalität, den Bräuchen und Traditionen usw."[30]; in diesen geschichtlich gewachsenen Gemeinsamkeiten sieht der Autor die jede religiöse Spaltung und jeden Konfessionalismus transzendierende Einheit der Nation begründet: "das war nicht so zur Zeit der Eroberung", schreibt M. 'Imāra[31]. Ja selbst in Fragen der religiösen Gesetzgebung und der Weltanschauung sei "aufgrund der Grundeinheit der Religion und dank der gegenseitigen Beeinflussung zwischen dem islamischen Kalām und der nichtislamischen Theologie" eine Annäherung

[25] Ebd. 86; vgl. dazu oben im Vierten Kapitel, den Abschnitt 2.
[26] M. 'Imāra, Al-Islām a.a.O. 86.
[27] Ebd. 88.
[28] Ebd. 89.
[29] Ebd. 91-97.
[30] Ebd. 91.
[31] Ebd.

der Standpunkte zu verzeichnen.[32] Die Einheit des Volkes und die Einheit der Nation sei das geschichtlich verbürgte Resultat: "Wir alle sind Menschen, die an Gott glauben und sich ihm im Gehorsam unterwerfen, dabei aber verschiedene Wege gehen, Wege, deren faktische Verschiedenheit gottgewollt und deren Toleranz eine seiner unabänderlichen Bestimmungen ist".[33] "Falten wir also dieses unrühmliche Blatt unserer Geschichte und unserer Tradition zusammen" und legen es ad acta, schreibt Muḥammad 'Imāra.[34]

d) "Vertraut nur denen, die eurer Religion folgen"[35]
Dieses Zitat aus Koran 3,73 – Muḥammad 'Imāra zitiert in diesem Zusammenhang die Verse 72-74 insgesamt – beziehe sich nicht, wie "das gemeine Volk" meine, auf die "Schriftbesitzer" als solche, sondern richte sich gegen die Juden, die diesen Grundsatz vertreten hätten. Das aber gerade tadele der Koran als Ausdruck des Fanatismus.[36]

e) "Nehmt euch keine Vertrauten außerhalb eurer Reihen"[37]
Muḥammad 'Imāra bezieht sich hier auf Koran 3,113-120. Auch in diesem Fall ziele der Koran nicht auf alle "Schriftbesitzer" ab, sondern wende sich gegen "die Bösen unter ihnen", meint der Autor.[38]

[32] Ebd. 92.

[33] Ebd. 97; vgl. 'Abd al-'Aẓīm Ibrāhīm al-Maṭ'anī, Muwādjaha ṣariḥa, a.a.O. 67; vgl. ebd. 252.

[34] M. 'Imāra, Al-Islām a.a.O. 97.

[35] Ebd. 97-100.

[36] Ebd.

[37] Ebd. 100-101.

[38] Ebd.; vgl. auch ebd. 117 mit Verweis auf Koran 3,75: Gott unterscheide zwischen guten und bösen "Schriftbesitzern"; vgl. auch Koran 3,13-15 (ebd. 118) und Koran 3,199 (ebd. 120); siehe oben im Ersten Kapitel, Abschnitt 3.

f) "Keiner, der an Gott und den Jüngsten Tag glaubt, wird den zum Freund nehmen, der Gott und seinen Gesandten ablehnt"[39]
M. 'Imāra zitiert Koran 58,14-22: Es gehe hier nicht um die "Schriftbesitzer", sondern um die Anhänger des Satans, um Feinde der Gläubigen, um Heuchler, die keine Religion hätten; denn im Koran stehe: "Sie gehören weder zu euch noch zu ihnen ..." (5,14).[40]

g) "Nehmt die Juden und die Christen nicht zu Vertrauten"[41]
Dieses Zitat aus Koran 5,51 will der Autor so verstehen: Das Gebot, weder Juden noch Christen zu Vertrauten und Freunden zu nehmen, gelte in Streit- und Kriegssituationen, nicht in Friedenszeiten, beschreibe also einen Ausnahmezustand. Wörtlich heißt es bei M. 'Imāra: "Dieser Vers verbietet Landesverrat, und dies in Kriegszeiten, und beinhaltet in keiner Weise das Gebot, denen Hilfe und Freundschaft zu verweigern, die unsere Religion nicht teilen, vor allem nicht, wenn sie unsere Brüder in der Nationalität und im Vaterland sind".[42]

h) "Nehmt nicht meinen und euren Feind zum Freund"[43]
Muḥammad 'Imāra rekurriert auf Koran 60,1: "Ihr Gläubigen! Nehmt euch nicht meine und eure Feinde zu Freunden, indem ihr ihnen (eure) Zuneigung zu erkennen gebt, wo sie doch nicht an das glauben, was von der Wahrheit (der Offenbarung) zu euch gekommen ist, und den Gesandten und euch (nur darum aus Mekka) vertrieben haben, daß ihr an Gott, euren Herrn, glaubt! ..." Dieser Vers, so die Interpretation von 'Imāra, sei gegen die Heiden gerichtet, die sich zur Zeit Muḥammads im Krieg mit den Muslimen befunden hätten. Das sei sein "Sitz

39 M. 'Imāra, Al-Islām a.a.O. 101-104.
40 Ebd.
41 Ebd. 105-106.
42 Ebd. 106.
43 Ebd. 106-109.

im Leben". Die damaligen heidnischen Mekkaner seien die Adressaten, nicht die Christen. Das Verhältnis zwischen Muslimen und Christen solle sich vielmehr durch "Zuneigung und Barmherzigkeit" auszeichnen.[44] Denn da der Koran die Heirat mit Christinnen erlaube, zwischen Ehepartnern aber "Zuneigung und Barmherzigkeit" herrschen solle[45], ergebe sich als Konsequenz daraus, daß eben "Zuneigung und Barmherzigkeit" jene Merkmale seien, die für die Beziehungen zwischen Muslimen und Christen (Verwandte seitens der christlichen Frau) kennzeichnend sein sollten.[46]

Diese beiden Eigenschaften "Zuneigung und Barmherzigkeit" sollten über alle religiösen Differenzen hinaus als Charakteristika für das Zusammenleben all derjenigen gelten, die ein und derselben Nation angehörten; denn: "Diese Nation ist *eine* Nation".[47] Religiöse und konfessionelle Unterschiede würden als solche erkannt und genauso wie alle anderen Differenzen, die der Vielschichtigkeit eines Volkes eigen seien, im *Dialog* zu meistern versucht, im "Dialog der Klugheit, der rechten(!) Ermahnung, wie er zu den Kindern eines Volkes paßt, dem Gott die 'Zuneigung und Barmherzigkeit' als Merkmale der Beziehungen seiner Kinder untereinander aufgetragen hat".[48] Imperialistischen und dem Islam gegenüber aggressiven Tendenzen, Strömungen und Gruppierungen hingegen werde jede Freundschaft verweigert.[49] Allen anderen, so M. 'Imāra, bringen wir "Zuneigung, Barmherzigkeit, Ehrerbietung, Hilfe und Freundschaft" entgegen, auch wenn dieses Angebot aufgrund der belastenden historischen Hypothek nur schwer in die Tat umzu-

[44] Ebd. 107.

[45] Koran 30,21; vgl. L. Hagemann, Moralische Normen und ihre Begründung im Islam a.a.O. 21 f.

[46] M. 'Imāra, Al-Islām a.a.O. 107.

[47] Ebd. 110.

[48] Ebd.

[49] Ebd. 112.

setzen sei.[50] Doch der Koran selbst gebiete den Muslimen, sich trotz der Verschiedenheit der Religionen an das zu halten, was zusammenführe und verbinde, nicht an das Trennende.[51] Juden und Christen, ja alle, "die an Gott und den jüngsten Tag glauben und tun, was recht ist", so heißt es im Koran 2,62, "brauchen (wegen des Gerichts) keine Angst zu haben, und sie werden (nach der Abrechnung am jüngsten Tag) nicht traurig sein".[52] Diese Verheißung bestehe auch nach der Verkündigung des Islams fort, schreibt M. 'Imāra, und weist damit gegenteilige Meinungen, wonach diese Verheißung sich lediglich auf die präislamische Zeit beziehe und mit der Verkündigung der koranischen Botschaft aufgehoben sei, da es nunmehr den Islam anzunehmen gelte, vehement zurück. Denn wiederholt spreche der Koran ausdrücklich positiv von Juden und Christen, auch wenn sie den Islam nicht angenommen hätten.[53] Deswegen verwahrt sich Muḥammad 'Imāra gegen jene Stimmen im islamischen Lager, die behaupten, daß alle guten Werke von Juden und Christen nichtig seien, solange sie nicht der islamischen Gesetzgebung folgten.[54] Dagegen vertritt er die Auffassung, daß Juden und Christen – auch ohne Annahme des Islams – zum Heil finden können.

[50] Ebd.

[51] Ebd. 113 ff.

[52] Ebd. 113; Seite 114 Zitat der parallelen Stelle: Koran 5,69.

[53] Ebd. 114 ff.; M. 'Imāra verweist auf Koran 5,82-85 (ebd. 114), Koran 5,65-66 (ebd. 115) und Koran 7,159 (ebd. 116).

[54] Vgl. ebd. 121-126. M. 'Imāra zieht die Koranstellen heran, in denen das Wort "nichtig machen" aḥbaṭ (iḥbāṭ) vorkommt: Koran 33,15-20; 47,4.8.9; 2,217; 47,25-32; 5,52-54; 9,64-70; 3,21.22; 6,88; 9,17; 5,5; 39,64-65; 18,103-106; 11,7.13.16; 7,147; 49,2; mit Ausnahme der letzten Stelle geht es in allen Versen um die Heiden, die nicht an Gott glauben, nicht an das Gericht und an ein Jenseits, oder die schwere Verbrechen begangen haben. Die ungläubigen Heiden aber sind nach Meinung des Autors von den "Schriftbesitzern" zu unterscheiden, weil letztere sowohl an Gott als auch an den jüngsten Tag, an das Endgericht sowie an ein Weiterleben nach dem Tode glauben.

Während sich Muḥammad 'Imāra im Namen der nationalen Einheit für einen Dialog zwischen Christen und Muslimen einsetzt, versucht Rashîd Shihāb al-Dîn "die dringenden Gründe für die Begegnung zwischen Muslimen und Christen" aus seiner Perspektive als Sozialist darzulegen.[55]
Ausführlich zitiert er zunächst Textstellen aus dem Koran, in denen die Beziehungen zwischen Christen und Muslimen angesprochen werden.[56] Angesichts des durch den Weltzionismus, wie der Autor meint, entfachten politischen Kampfes sowohl auf nationaler wie internationaler Ebene, sei eine Allianz zwischen Muslimen und Christen das Gebot der Stunde.[57] Theoretische Grundlage einer solchen Toleranz könnte und sollte der wissenschaftliche Sozialismus sein.[58] Die beiden Religionen sollten als Mittler zwischen linken und rechten politischen Strömungen fungieren[59] und darauf hinarbeiten, diesen politischen Gegensatz zwischen der Linken und der Rechten zu beseitigen mit dem Ziel, die religiösen Gesetze auf der Basis wissenschaftlicher Erkenntnis – R. Shihāb al-Dîn spricht von der "Etablierung einer religiösen sozialistischen Gesetzgebung"[60] – den Erfordernissen der Zeit anzupassen, um so für soziale Gerechtigkeit zu sorgen, Ausbeutung und Beherrschung von Schwächeren durch Stärkere zu verhindern und das Recht auf Freiheit des Individuums zu schützen.[61] Auf diese Weise könnten nach

[55] R. Shihāb al-Dîn, Al-Ḥaqîqa. Al-'Ilm asās al-liqā', 1972, 135-147.
[56] Ebd. 138: Koran 2,136; ebd. 139: Koran 10,72; 2,127-128; 10,84; ebd. 140: Koran 2,90; 12,101; 7,126; 3.52; ebd. 141: Koran 2,285; 6, 159; ebd. 141 f.: Koran 4,150-151; ebd. 142: 29,29; ebd. 143: Koran 57,26-28; ebd. 143 f.: Koran 28,52-54; ebd. 145: Koran 5,48; ebd. 146: Koran 3,199; 3,113-114.
[57] R. Shihāb al-Dîn, Al-Ḥaqîqa a.a.O. 137.
[58] Ebd. 159 ff.
[59] Vgl. ebd. 149-163.
[60] Ebd. 163.
[61] Ebd. 159.

Meinung des Autors der zerstörerische Atheismus und Zionismus, wie er sagt, von Muslimen und Christen gemeinsam bewältigt werden.[62]

Für einen Dialog zwischen Christen und Muslimen spricht sich auch 'Abd al-'Azîz Kāmil aus.[63] Er ruft nicht nur zum gemeinsamen Gespräch, sondern auch zum gemeinsamen Handeln auf.[64] Unter anderem schlägt er von Christen und Muslimen zusammen verfaßte Bücher vor, ferner den gegenseitigen Austausch von Theologen zu Forschungszwecken, die Zusammenarbeit von Historikern und Kulturwissenschaftlern, gemeinsame Symposien und Tagungen sowie den wechselseitigen Besuch von Jugendlichen. Nicht zuletzt sei auch die Palästina-Frage ein Muslimen und Christen gemeinsames Problem, das immer noch ungelöst sei und vereint angegangen werden müsse.[65] Im gegenseitigen Repekt vor der Glaubensentscheidung des Partners und unter Wahrung der Glaubensfreiheit sollten im Dialog zwischen Christen und Muslimen in erster Linie die theologischen Gemeinsamkeiten und nicht primär die Differenzen gesucht werden.[66]

Auf "Gemeinsamkeiten zwischen dem Islam und dem Christentum und ihre aktuellen Probleme" geht Jahja Schülzke ein[67] und hebt vier Punkte besonders hervor:

"1. Erhaltung und Festigung des Glaubens.
2. Schutz der Ehe, der Familie und der Kindererziehung.
3. Herstellung des Friedens unter den Menschen und zwischen den Menschen und den anderen Teilen von Gottes Schöp-

[62] Ebd. 163. Die Forderung einer derartigen Allianz paßt nicht zum katholischen Dialogbegriff, der eher positive Grundlagen gemeinsamer Bemühungen um Religiosität und sozialer Praxis sucht.

[63] Vgl. 'Abd al-'Azîz Kāmil, Al-Islām wal-mustaqbal. Kairo 1975.

[64] Ebd. 147 ff.

[65] Ebd. 150 in seinem Vortrag auf der Tagung in Cordoba (10.-15. September 1974) und ebd. 171 in seiner Ansprache vor dem Koptischen Kirchenvorstand in der 'Abbāsiyya-Kathedrale am 9. Oktober 1974.

[66] Ebd. 170.

[67] Im Gespräch: Islam und Christentum a.a.O. 111-123.

fung und das Bemühen um Gerechtigkeit und Barmherzigkeit insbesondere den Schwachen gegenüber.

4. Dialog der Religionen untereinander mit dem Ziel, mehr Verständnis und damit auch mehr Menschlichkeit untereinander zu schaffen."[68]

"Der eine sollte den anderen nicht hindern, seinen Weg zu gehen", heißt es da.[69] "Frieden, Gerechtigkeit, das sind die Wege, die zu einer Verständigung führen können".[70] Und schließlich die Aufforderung: "Lassen Sie es uns versuchen, gemeinsam auf diesem Wege zu gehen, ohne den anderen überreden zu wollen, daß nur der eigene Weg zum Ziel führt".[71] Denn schließlich stehe im Koran: "Es gibt keinen Zwang im Glauben".[72]

Auch für Aḥmad 'Abd al-Wahhāb hat eine "neue Ära in den Beziehungen zwischen Christentum und Islam" begonnen[73], die die Vergangenheit zu überwinden sucht und auf der Grundlage vorurteilsfreier Untersuchungen neue Perspektiven des gegenseitigen Verständnisses eröffnet[74]: "Am Horizont erscheint etwas, was von seiten des Christentums ein besseres Verständnis des Islams ankündigt"[75], schreibt er und beruft sich dabei unter anderem ausdrücklich auf diesbezügliche Aussagen des II. Vatikanischen Konzils.[76]

A. 'Abd al-Wahhābs Anliegen ist es, die Stellung Muḥammads innerhalb der Prophetengeschichte in den christlich-muslimi-

[68] Ebd. 111 f.

[69] Ebd. 122.

[70] Ebd. 123.

[71] Ebd.

[72] Ebd.: Koran 2,256. Vgl. A.Th. Khoury, Toleranz im Islam (Entwicklung und Frieden. Wissenschaftliche Reihe 22), München-Mainz 1980.

[73] A. 'Abd al-Wahhāb, Al-Nubuwwa a.a.O. 282.

[74] Ebd.

[75] Ebd. 283.

[76] Ebd.; es fehlt die konkrete Quellenangabe. Auch sind die Zitationen nicht korrekt. – Allerdings will A. 'Abd al-Wahhāb einen Dialog nur mit den "Monotheisten unter den Christen" führen, wie er in seinem Buch Ṭā'ifa al-Muwaḥḥidīn min al-Masīḥiyyīn a.a.O. 61 sagt.

schen Dialog miteinzubeziehen und die großen Gesandten Gottes Mose, Jesus und Muḥammad als den drei prophetischen Weltreligionen Judentum, Christentum und Islam gemeinsame Zeugen des Glaubens anzuerkennen und ihnen Hochachtung und Wertschätzung gleichermaßen entgegenzubringen.[77] Während der Autor in dieser Frage Ansätze einer Einigung zu erkennen glaubt, bleibt für ihn ein Problem, "das jede Einheit verhindert"[78]: Die christliche Lehre von der Gottheit Jesu Christi[79]. Die einzige Lösung bestehe darin, die in den Evangelien erwähnten Hoheitstitel Jesu daraufhin zu überprüfen, inwieweit Jesus selbst sie für sich in Anspruch genommen habe[80]: "Alle Evangelien stimmen darin überein, daß Christus der Menschensohn, der Sohn Davids, der Gesandte Gottes, ein Prophet, ein Meister, ein Lehrer ist."[81] Aber auch Gottes Sohn? Darauf antwortet der Autor mit einem entschiedenen Nein! Rekurrierend auf das von John Hick herausgegebene Buch "The Myth of God Incarnate"[82] zieht Aḥmad 'Abd al-Wahhāb den Schluß: "Wirklich, die Realisation der Einheit zwischen denjenigen, die an Gott glauben, und denen, die an Christus glauben, kennt nur einen [Lösungs]weg: Damit aufzuhören, Gott und Christus zu vermischen ..."[83].

In der Tat spricht Aḥmad 'Abd al-Wahhāb hier die entscheidend trennende Frage im Glauben von Christen und Muslimen an. Doch sein Vorschlag, die historische Kritik als ein Kriterium auf der gemeinsamen Suche nach der Wahrheit anzuerkennen, verdient Beachtung. Freilich impliziert dieser Vorschlag

[77] Vgl. A. 'Abd al-Wahhāb, Al-Nubuwwa a.a.O. 283 ff.

[78] Ebd. 288.

[79] Ebd. 287 mit einem langen Zitat aus S. Runciman, Geschichte der Kreuzzüge, 3 Bde, München 1957-60; hier: Bd. I der arabischen Übersetzung, Beirut, o. Jahresangabe, S. 20.

[80] A. 'Abd al-Wahhāb, Al-Nubuwwa a.a.O. 288.

[81] Ebd.

[82] J. Hick (Hrsg.) The Myth of God Incarnate. London [5]1978.

[83] A. 'Abd al-Wahhāb, Al-Nubuwwa a.a.O. 290.

dann auch die Anwendung der historisch-kritischen Methode auf den Koran, will man das Gleichheitsprinzip nicht verletzen!

Last not least sei an dieser Stelle hervorgehoben, daß sich seit nunmehr über zwei Jahrzehnten Muhammad Salim Abdullah um einen Dialog zwischen Christen und Muslimen im deutschsprachigen Raum bemüht.[84] Er darf mit Recht als muslimischer Initiator und darüber hinaus als permanenter Motor der christlich-islamischen Verständigung in der Bundesrepublik Deutschland angesehen werden.[85] Seine vielfältigen Publikationen und seine umfangreiche journalistische Tätigkeit legen ein redliches Zeugnis davon ab.[86]

5 RESÜMEE UND AUSBLICK

Überdenkt man die einzelnen Stellungnahmen der muslimischen Autoren zu einem etwaigen Gespräch zwischen Christen und Muslimen, so reicht die Palette von strikter Ablehnung über Distanzierung bis hin zur Anerkennung des anderen als eines gleichberechtigten und gleichwertigen Partners. Zwar spricht sich noch die Mehrheit der Muslime bis heute gegen eine Kontaktaufnahme mit Christen aus, es sei denn, um sie zum Islam zu bekehren, doch werden auch Stimmen laut, – von den genannten offiziellen islamischen Organisationen ganz abgesehen –, die für eine Öffnung zum Dialog plädieren.

[84] Vgl. M.S. Abdullah, Geschichte des Islams in Deutschland (Islam und westliche Welt, Bd. 5), Graz-Wien-Köln 1981; ders., Islam. Für das Gespräch mit Christen, Altenberge 1984.

[85] Vgl. R. Kirste, Zwanzig Jahre christlich-islamischer Dialog a.a.O. 54 ff.

[86] Vgl. u.a. M.S. Abdullah, Muslime und Christen in gemeinsamer Verantwortung, in: Der Glaube in Kultur, Recht und Politik, hrsg. von M.S. Abdullah, H. Dobers, W. Erl und A.Th. Khoury, Mainz 1982, 92-108; s. oben die in Anmerkung 5 dieses Kapitels angegebenen Literaturhinweise.

Die erste Etappe eines solchen Gesprächs sollte mit einer objektiven Information über die Religion des Gesprächspartners beginnen. Hier sind kritische Offenheit und kritische Sympathie zugleich gefordert und zwar aus zwei Gründen: aus Respekt vor der Glaubensursprünglichkeit des Partners und aus Liebe zur Wahrheit, zur authentischen Offenbarung Gottes. Die zweite Etappe könnte dazu führen, durch Austausch von Glaubenserfahrungen "das eigene religiöse Leben zu vertiefen und zu bereichern",[1] um so die ganze Dimension des universalen Wirkens Gottes zu entdecken: Denn "Gott gehört der Osten und der Westen. Wohin ihr euch auch wenden möget, da habt ihr Gottes Antlitz vor euch. Er umfaßt (alles) und weiß Bescheid" (Koran 2,115)[2], ja – so spricht es der Psalm 139 aus: "Herr, du hast mich erforscht und du kennst mich. Ob ich sitze oder stehe, du weißt von mir. Von fern erkennst du meine Gedanken. Ob ich gehe oder ruhe, es ist dir bekannt; du bist vertraut mit all meinen Wegen ..."[3] Er, Gott, sagt das Neue Testament, ist "der Retter aller Menschen"[4], "dafür mühen wir uns ab und kämpfen wir"[5]. Denn, so heißt es weiter, "wir haben auf den lebendigen Gott unsere Hoffnung gesetzt".[6] Kann es eine größere Gemeinsamkeit im Dialog zwischen Christen und Muslimen geben, als auf Gott seine Hoffnung zu setzen?

[1] A. Th. Khoury, Christen und Muslime – Konfrontation oder Begegnung? in: Orientierung 47. Jg./9 (1983) 109.

[2] Vgl. Koran 2,142; siehe auch A.Th. Khoury, Gottes ist der Orient – Gottes ist der Okzident (Herderbücherei 1001), Altenberge 1983.

[3] Ps 139,1-2.

[4] 1 Tim 4,10.

[5] Ebd.

[6] Ebd.

BIBLIOGRAPHIE

1. Werke in arabischer Sprache

Abū Sinn, ʿAlī: Al-ʿArab wa taḥaddiyāt al-ḥiwār maʿa Afrīqiyā, Kairo 1978.

Abū Zahra, Muḥammad: Muqārana al-adyān: Al-Diyānāt al-qadīma, Kairo 1965.

— : Al-ʿUqūba, Kairo o.J.

— : Al-Waḥda al-islāmiyya, Kairo [2]1977.

— : Muḥāḍarāt fī l-Naṣrāniyya, Kairo [3]1966.

Abū Zayd, Muḥammad ʿAbd al-Ḥamīd: Qaḍiyya al-ʿawda ilā l-Islām fī l-dawla wa l-mudjtamaʿ, Kairo 1976.

— : Makāna al-mar'a fī l-Islām, Kairo 1979.

Aḥmad, ʿAbd al-ʿĀṭī Muḥammad: Al-Fikr al-siyāsī li l-imām Muḥammad ʿAbduh, Kairo 1978.

Al-Albānī, Muḥammad Nāṣir al-Dīn: Ḥidjāb al-mar'a al-muslima fī l-Kitāb wa l-sunna, Kairo [5]1978.

Āl Kāshif al-Ghiṭā', Muḥammad al-Ḥusayn: Al-Tawḍīḥ fī bayān ḥāl al-Indjīl wa l-Masīḥ, Beirut 1980.

Al-Aʿradjī, Zuhayr: Al-Ra'y al-ʿāmm al-islāmī wa quwā al-taḥrīk, Beirut 1977.

— : Al-Shakhṣiyya al-islāmiyya mu'assasa iʿlāmiyya, Beirut 1977.

Asad, Muḥammad: Minhādj al-Islām fī l-ḥukm, Beirut [5]1978.

ʿAbbūd, ʿAbd al-Ghanī: Al-Usra al-muslima wa l-usra al-muʿāṣira, Kairo 1979.

ʿAbd al-ʿAzīz, Fatḥī: Al-Khumaynī, al-ḥall al-islāmī wa l-badīl, Kairo 1979.

ʿAbd al-Bāqī, Zaydān: Asās al-mudjtamaʿ al-islāmī wa l-mudjtamaʿ al-shuyūʿī, Kairo 1975.

ʿAbd Rabbih, ʿAbd al-Ḥāfiẓ: Falsafa al-djihād fī l-Islām, Beirut 1972.

— : Al-Thawra al-idjtimāʿiyya fī l-Islām, Beirut 1972.

ʿAbd al-Raḥmān, ʿĀ'isha: Al-Qur'ān wa qaḍāyā l-insān, Beirut [2]1975.

ʿAbd al-Rāziq, ʿAlī: Al-Islām wa uṣūl al-ḥukm, Beirut 1966 (neue Auflage).

ʿAbd al-Wahhāb Aḥmad: Al-Masīḥ fī maṣādir al-ʿaqā'id al-masīḥiyya. Khulāṣa abḥāth al-Masīḥiyyīn fī l-gharb, Kairo 1978.

— : Al-Nubuwwa wa l-anbiyā' fī l-Yahūdiyya wa l-Masīḥiyya wa l-Islām, Kairo 1979.

— : Ṭā'ifa al-Muwaḥḥidīn min al-Masīḥiyyīn, Kairo 1980.
'Abd al-Wāḥid, Muṣṭafā: Al-Islām wa l-mushkila al-djinsiyya, Kairo [2]1972.
— : Al-Mudjtama' al-islāmī, Kairo [2]1974.
— : Shakhṣiyya al-muslim kamā yuṣawwiruhā l-Qur'ān, Kairo [4]1975.
— : Al-Usra fī l-Islām, Kairo [2]1972.
'Abduh, 'Īsā: Waḍ' al-ribā fī l-binā' al-iqtiṣādī, Kairo [2]1977.
'Abduh, Muḥammad: Risāla al-tawḥīd, hrsg. Abū Rīda, Kairo [5]1977.
— : Al-Islām wa l-Naṣrāniyya.
'Ammār, Muḥammad: Al-Islām wa l-mar'a fī ra'y Muḥammad 'Abduh, Kairo 1975.
Al-'Amrūsī, Anwar: Uṣūl al-murāfa'āt al-shar'iyya fī masā'il al-aḥwāl al-shakhṣiyya, Kairo [2]1975/6.
'Aqqād, 'Abbās Maḥmūd: Al-'Abaqariyyāt al-islāmiyya 1, Opera I, Beirut 1974.
— : Al-'Abqariyyāt al-islāmiyya 2, Opera II, Beirut 1974.
— : Al-'Aqā'id wa l-madhāhib, Opera XI, Beirut 1978.
— : Ḥayāt al-Masīḥ, Kairo 1968.
— : Islāmiyyāt 1, Opera V, Beirut 1974.
— : Islāmiyyāt 3, Opera VII, Beirut 1974.
— : Islāmiyyāt 4, Opera VIII, Beirut 1975.
— : Al-Mar'a dhālika l-lughz, Beirut 1970.
Al-'Ashmāwī, Muḥammad Sa'īd: Ḍamīr al-'aṣr. Khulāṣa al-fikr al-dīnī, Beirut/Kairo [2]1979.
'Āshūr, Anwar 'Alī: Al-Zawādj wa ādāb al-zafāf fī ḍaw' al-sunna al-nabawiyya al-musharrafa, Kairo 1979.
'Āshūr, Muṣṭafā (zusammen mit 'Uways, 'Abd al-Ḥalīm): Ta'addud al-zawdjāt ... lā ta'addud al-'ashīqāt, Kairo 1978.
Al-'Askarī, Al-Qaḍāyā al-zawdjiyya al-kubrā, Kairo 1950.
Al-'Aṭṭār, 'Abd al-Nāṣir Ṭawfīq: Aḥkām al-usra 'ind al-masīḥiyyīn al-miṣriyyīn wa madā taṭbīqihā bi l-maḥākim, Kairo 1978.
'Awaḍ, Aḥmad Ṣafī al-Dīn: Ma'ālim al-dustūr al-islāmī, Kairo o.J.
'Awaḍ, Muḥammad 'Abd al-Raḥmān: Akhṭār al-tabshīr fī diyār al-muslimīn, Kairo 1980.
Al-'Awāmī, Al-Sayyid Ḥasan: Al-Mar'a fī l-tashrī' al-islāmī, Beirut 1979.
'Awda, 'Abd al-Qādir, Al-Islām wa awḍā'unā al-qānūniyya, Kairo [5]1977.
— : Al-Islām wa awḍā'unā al-siyāsiyya, Kairo [3]1978.
— : Al-Tashrī' al-djinā'ī al-islāmī, muqāranan bi l-qānūn al-waḍ'ī, II, Kairo [2]1964.

'Awf, Aḥmad Muḥammad: Al-Qādiyāniyya al-khaṭar alladhī yuhaddid al-Islām, Kairo 1969.
'Azzām, 'Abd al-'Azīz Muḥammad: Al-Ṣawm fī sharī'a al-Islām, Kairo 1977.

Bahdjat, Aḥmad: Anbiyā' Allāh, Beirut [6]1979.
Al-Bahī, Muḥammad: Al-Fikr al-islāmī wa l-mudjtama' al-mu'āṣir. Mushkila al-ḥukm wa l-tawdjīh, Beirut [2]1975.
– : Al-Fikr al-islāmī al-ḥadīth wa ṣilatuhū bi l-isti'mār al-gharbī, Kairo [8]1975.
Bakhīt, 'Abd al-Ḥamīd: 'Aṣr al-khulafā' al-rāshidīn, Kairo [4]1977.
Al-Barrāwī, Rāshid: Al-Qaṣaṣ al-qur'ānī, tafsīr idjtimā'ī, Kairo 1978.
– : Al-Qur'ān wa l-nuẓum al-idjtimā'iyya al-mu'aṣira, Kairo 1975.
Bennabi, Mālik: Fikra Commonwealth islāmī, Kairo [2]1971.
Al-Bīhānī, Muḥammad ibn Salām: Ustādh al-mar'a, Kairo 1973 (?).
Bint al-Shāṭi', 'Ā'isha 'Abd al-Raḥmān: Al-Shakhṣiyya al-islāmiyya; dirāsa qur'āniyya, Beirut 1973.
Al-Birrī, Zakariyyā: Al-Aḥkām al-asāsiyya li l-usra al-islāmiyya, Kairo 1974.
Biṣār, Muḥammad: Al-'Aqīda wa l-akhlāq wa atharuhumā fī ḥayāt al-fard wa l-mudjtama', Beirut [4]1973.

Al-Djabrī, 'Abd al-Muta'āl: Al-Muslima al-'aṣriyya 'inda bāḥitha al-bādiya Malak Ḥufnī Nāṣif, Kairo 1979.
Djamāl, Aḥmad Muḥammad: 'Alā mā'ida al-Qur'ān: dīn wa dawla, Beirut [2]1393 H (1973).
Djarwasha, 'Alī Muḥammad: Dīn wa dawla, Kuwait 1979.
Djawda, Hāshim: Al-'Aqā'id al-masīḥiyya bayn al-Qur'ān wa l-'aql, Kairo 1980.
Al-Djawharī, Muḥammad: Al-Ukht al-muslima asās al-mudjtama' al-fāḍil, Kairo 1978.
Djum'a, Sa'd: Allāh aw al-damār, Kairo [3]1976.
Al-Djundī, Anwar: Al-'Ālam al-islāmī wa l-isti'mār al-siyāsī wa l-idjtimā'ī wa l-thaqāfī, Beirut/Kairo 1979.
– : 'Ālamiyya al-Islām, Kairo 1977.
– : Akhṭā' al-manhadj al-gharbī al-wāfid, Beirut 1974.
– : Al-Islām wa l-'ālam al-mu'āṣir, Beirut 1973.
– : Al-Islām wa l-da'awāt al-haddāma, Beirut 1974.
– : Al-Islām wa ḥaraka al-tārīkh, Beirut/Kairo 1980.
– : Al-mu'āmara 'alā l-Islām, Kairo 1978.

– : Al-Mukhaṭṭaṭāt al-talmūdiyya al-ṣihyūniyya fī ghazw al-fikr al-islāmī, Kairo [2]1977.
– : Suqūṭ al-'ilmāniyya, Beirut 1973.
– : Al-Yaqẓa al-islāmiyya fī muwādjaha al-isti'mār, Kairo 1978.

Farrādj, 'Izz al-Dīn: Al-Mu'āmalāt bayna l-nās fī l-Islām, Kairo 1978.
Farrūkh, Sa'd al-Dīn: Min waḥy ramaḍān, Beirut 1974.
Farrūkh, 'Umar (zusammen mit Khālidī, Muṣṭafā): Al-Tabshīr wa l-isti'-mār, Beirut [5]1973.
Al-Fayyūmī, Muḥammad Ibrāhīm: Fī l-fikr al-dīnī al-djāhilī qabl al-Islām, Kairo 1979.
Fu'ād, Ni'mat Aḥmad: A'īdū kitāba al-tārīkh, Kairo/Beirut/Djidda 1974.
Furghul, Yaḥyā Hāshim: Ma'ālim shakhṣiyya al-muslim, Saida/Beirut o.J.

Ghallāb, 'Abd al-Karīm: Ṣirā' al-madhhab wa l-'aqīda fī l-Qur'ān, Beirut 1973.
Ghalwash, Aḥmad: Al-Da'wa al-islāmiyya, Kairo 1979.
Ghandūr, Aḥmad: Al-Ṭalāq fī l-sharī'a al-islāmiyya wa l-qānūn, Kairo [2]1976.

Haykal, Muḥammad Ḥusayn: Al-Ḥukūma al-islāmiyya, Kairo 1977.
Hilāl, Ibrāhīm: Al-Dīn wa l-mudjtama', Bd. I, Kairo 1976.
Al-Huḍaybī, Ḥasan: Al-Islām wa l-dā'iya, Kairo 1977.

Ḥabīb, Muḥammad Afendī: Maṣādir al-Masīḥiyya wa uṣūl al-Naṣrāniyya.
Ḥassān, Ḥusayn Ḥāmid: Al-Ḥukm al-shar'ī 'ind al-uṣūliyyīn, Kairo 1972.
Ḥaṭab, Zuhayr: Taṭawwur bunā al-usra al-'arabiyya, Beirut 1976.
Ḥawwā, Sa'īd: Djund Allāh thaqāfatan wa akhlāqan, Beirut [3]1979.
– : Min adjl khuṭwa ilā l-amām 'alā ṭarīq al-djihād al-mubārak, Kairo [2]1979.
Ḥilmī, Muṣṭafā: Al-Makhāṭir allatī tuwādjih al-shabāb al-muslim, Kairo 1977.
– : Niẓām al-khilāfa fī l-fikr al-islāmī, Kairo 1977.
Al-Ḥusaynī, Khalaf Muḥammad: Al-Bayān fī manhadj al-Islām, Kairo 1975.

Ibn al-Khaṭīb, Muḥammad 'Abd al-Laṭīf: Hādha Puwa l-ḥaqq, Kairo [2]1979.

Ibrāhīm, Muḥammad Ismā'īl: Al-Djihād, Kairo [2]1974.
– : Al-Ṣalāt, Kairo 1977.
Imām, Muḥammad Kamāl al-Dīn: Al-Ḥarb wa l-salām fī l-fiqh al-dawlī al-islāmī, Kairo 1979.
Ismā'īl, Sha'bān Muḥammad: Naẓariyya al-naskh fī l-sharā'i' al-samāwiyya, Kairo 1977.

'Imāra, Muḥammad: Al-Islām wa l-waḥda al-waṭaniyya, Kairo 1979.
'Īsawī, 'Abd al-Raḥmān Muḥammad (zusammen mit Sharaf, Muḥammad Djalāl): Sykolodjiyya al-ḥayāt al-rūḥiyya fī l-Masīḥiyya wa l-Islām, Alexandrien 1972.
'Izzat, 'Abd al-'Azīz: Al-isti'mār wa l-tabshīr ba'd ḥarb al-'āshir min ramaḍān, Kairo 1974.

Kāmil 'Abd al-'Azīz: Al-Islām wa l-mustaqbal, Kairo 1975.
Kannūn, 'Abd Allāh: Islām rā'id, Beirut/Kairo 1979.
– : Mafāhīm islāmiyya, Beirut 1964.
Al-Kīlānī, Nadjīb: A'dā' al-islām, Kairo 1977.
Al-Khafādjī, 'Abd al-Mun'im: Al-Islām wa l-ḥaḍāra al-insāniyya, Beirut 1973.
Khālid, Khālid Muḥammad: Al-Dīn li l-sha'b, Beirut/Kairo [4]1972.
– : Fī l-bad' kān al-kalima, Beirut [2]1973.
– : Hādhā ... aw al-ṭūfān, Kairo [6]1964.
– : Lillāh ... wa l-ḥurriyya, Bd. I, Kairo [2]1967.
Khālidī, Muṣṭafā: Al-Tabshīr wa l-isti'mār, Beirut [5]1973.
Khallāf, 'Abd al-Wahhāb: Al-Siyāsa al-shar'iyya aw niẓām al-dawla al-islāmiyya, Kairo 1977.
Khamīs, Muḥammad 'Aṭiyya: Al-Ḥarakāt al-nisā'iyya wa ṣilatuhā bi l-isti'mār ..., Kairo 1978.
Khān, Waḥīd al-Dīn: Al-Islām wa l-'aṣr al-ḥadīth, Kairo 1976.
– : Al-Muslimūn bayn al-māḍī wa l-ḥāḍir wa l-mustaqbal, Kairo 1978.
Al-Kharbawaṭlī, 'Alī Husnī: Al-Islām wa l-khilāfa, Beirut 1969.
Al-Khaṭīb, 'Umar 'Awda: Naẓariyyāt islāmiyya fī mushkila al-tamyīz al-'unṣurī, Beirut 1975.
Khaṭṭāb, 'Abd al-Mu'izz: 'Ishrūn imra'a fī l-Qur'ān al-karīm, Kairo 1970.
Khayrat, Aḥmad: Markiz al-mar'a fī l-Islām, Kairo 1975.
Al-Khūlī, Al-Bahī: Al-Islām wa qaḍāyā al-mar'a al-mu'āṣira, Kuwayt [3]1971.
Al-Khumaynī, Al-Ḥukūma al-islāmiyya, Kairo 1979.

Madkūr, Ibrāhīm: Fī l-falsafa al-islāmiyya, Bd. I, Kairo ²1968.
Madkūr, Muḥammad Salām: Al-Wadjīz li aḥkām al-usra fī l-Islām, Kairo 1978.
Al-Madjdūb, Aḥmad ʿAlī: Al-Mar'a wa l-djarīma, Kairo 1976.
Maghniyya, Muḥammad Aḥmad: Al-Shīʿa wa l-ḥākimūn, Beirut, 4. Auflage.
Maghniyya, Muḥammad Djawād: Maʿālim al-falsafa al-islāmiyya, Beirut ³1973.
Maḥmūd, ʿAbd al-Ḥalīm: Al-Munqidh min al-ḍalāl, Opera omnia, Beirut 1979.
— : Al-Tafkīr al-falsafī fī l-Islām, Opera omnia, Beirut 1974.
Maḥmūd, Djamāl al-Dīn Muḥammad: Qaḍiyya al-ʿawda ilā l-Islām fī l-dawla wa l-mudjtamaʿ, Kairo 1976.
Maḥmūd, Muṣṭafā: Al-Qur'ān. Muḥāwala li fahm ʿaṣrī, Kairo/Beirut 1970.
Makāna al-mar'a fī l-usra al-islāmiyya, Kairo 1975.
Manṣūr, ʿAlī: Sharīʿa Allāh wa sharīʿa al-insān, Kairo o.J.
Al-Maṭʿanī, ʿAbd al-ʿAẓīm Ibrāhīm: Muwādjaha ṣarīḥa bayn al-Islām wa khuṣūmihi, Kairo 1980.
Mawdūdī, Abū l-Aʿlā: Dhabā'iḥ ahl al-kitāb, Kairo ²1978.
— : Al-Ḥidjāb, Kairo 1977.
— : Minhādj al-inqilāb al-islāmī, Kairo ²1977.
— : Naẓariyya al-Islām al-siyāsiyya, Kairo o.J.
— : Qaḍāyā amām al-muslimīn, Kairo 1979.
Al-Muḥāmī, ʿAbd al-Fattāḥ ʿAbd al-Ḥamīd: Yā muslimī l-ʿālam ittaḥidū, Kairo 1976.
Al-Muḥtasib, ʿAbd al-Madjīd ʿAbd al-Salām: Ittidjāhāt al-tafsīr fī l-ʿaṣr al-ḥadīth, Bd. I, Beirut ²1973.
Munaymina, Djamīl Muḥammad: Mushkila al-ḥurriyya fī l-Islām, Bd. II: Al-Mushkila al-idjtimāʿiyya, Beirut 1974.
Murdjān, Muḥammad Madjdī: Allāh wāḥid am thālūth?, Kairo 1972.
— : Al-Masīḥ insān am ilāh?, Kairo 1975.
Al-Muṭahhirī, Murtaḍā: Al-Insān wa l-qaḍā' wa l-qadar, Iran 1978.
Mutawallī, ʿAbd al-Ḥamīd: Al-Islām wa mabādi' niẓām al-ḥukm fī l-marxiyya wa l-dimuqraṭiyya al-gharbiyya, Alexandrien 1976 (?).
Al-Muẓaffar, Muḥammad Riḍā: ʿAqā'id al-imāmiyya, Beirut 1973.

Al-Nadawī, Abū l-Ḥasan: Al-ʿArab wa l-Islām, Kairo (?) ²1397 H.
— : Ilā l-Islām min djadīd, Kairo ⁴1978.
— : Mādhā khasir al-ʿālam binḥiṭāṭ al-muslimīn, Beirut ⁶1965.

– : Naḥw al-tarbiya al-islāmiyya al-ḥurra fī l-hukūmāt wa l-bilād al-islāmiyya, Beirut [3]1977.
– : Ridda wa lā Abū Bakr lahā, Kairo [3]1978.
– : Al-Ṣirā' bayn al-fikra al-islāmiyya wa l-fikra al-gharbiyya, Kuwayt [2]1968.
Al-Nadjjār, Muḥammad Zakī: Al-Islām nūr al-akwān.
Nawfal, 'Abd al-Rāziq: Al-Qur'ān wa l-mudjtama' al-ḥadīth, Kairo o.J.
Ni'ma, Ibrāhīm: Al-Islām fī Afrīqiyā al-wusṭā, Kairo 1977.

Al-Qaraḍāwī, Yūsuf: Ghayr al-muslimīn fī l-mudjtama' al-islāmī, Kairo 1977.
– : Al-Ḥall al-islāmī farīḍa wa ḍarūra, Beirut 1974.
– : Al-Ḥulūl al-mustawrada wa kayf djanat 'alā ummatinā, Kairo [3]1977.
Qāsim, Qāsim 'Abduh: Ahl al-dhimma fī Miṣr al-'uṣūr al-wusṭā, Kairo 1977.
Qāsim, Yūsuf: Al-Ḥuqūq al-muta'alliqa bi l-tarka fī l-fiqh al-islāmī, Kairo 1979.
Al-Qurashī, Bāqir Sharīf: Al-'Amal wa ḥuqūq al-'āmil fī l-Islām, Beirut, 3. Auflage, o.J.
Qurbān, Mulḥim, Tārīkh Lubnān al-siyāsī al-ḥadīth, Bd. I, Beirut 1978.
Quṭb, Muḥammad: Djāhiliyya al-qarn al-'ishrīn, Kairo/Beirut 1980.
– : Hal naḥn muslimūn?, Beirut/Kairo 1978.
– : Shubuhāt ḥawl al-Islām.
Quṭb, Sayyid: Al-'Adāla al-idjtimā'iyya fī l-Islām, Beirut/Kairo [6]1979.
– : Khaṣā'iṣ al-taṣawwur al-islāmī wa muqawwimātuhū, Beirut.
– : Ma'raka al-Islām wa l-ra'smāliyya, Kairo [6]1979.
– : Al-Mustaqbal li hādhā l-dīn, (ohne nähere Angaben).

Raḍwān, Fatḥī: Min falsafa al-tashrī' al-islāmī, Beirut [2]1975.
Raḍwān, Muḥammad 'Abd al-Mun'im: Al-Ṭarīq li 'awda al-khilāfa al-rashīda, Kairo 1977.
Al-Rāfi'ī, Muṣṭafā: Al-Islām wa mushkilāt al-'aṣr, Beirut 1972.
Al-Rayyis, Muḥammad Ḍiyā' al-Dīn: Al-Kharādj, Kairo [4]1977.
Riḍā, Muḥammad Djawād: Al-Tarbiya wa l-tabaddul al-idjitimā'ī fī l-Kuwayt wa l-Khalīdj al-'arabī, Kuwayt 1975.
Riḍā, Muḥammad Rashīd: Fī ẓilāl al-Qur'ān.
– : Shubuhāt al-Naṣārā wa ḥudjadj al-Islām.
– : Tafsīr al-manār.
Al-Rifā'ī, Anwar: Al-Islām fī ḥaḍaritihī wa nuẓumihī, Beirut 1973.

Sābiq, Al-Sayyid: Islāmunā, Beirut o.J.
Sa'dāwī, Naẓīr Ḥassān: Al-Dawla al-'arabiyya al-islāmiyya, Beirut 1967.
Sa'dāwī, Nawāl: Al-Radjul wa l-djins, Kairo [2]1977.
— : Al-Unthā hiya l-aṣl, Kairo [2]1977.
— : Al-Wadjh al-'ārī lil-mar'a al-'arabiyya, Beirut 1977.
Sa'īd, 'Abd al-Sattār Fatḥ Allāh: Al-Ghazw al-fikrī wa l-tayyārāt al-mu'ādiya li l-Islām, Kairo 1977.
Sakākīnī, Wadād: Qāsim Amīn (1836-1908), Kairo 1965.
Sālim, Aḥmad Mūsā: Sibāq al-mustaqbal bayn al-dīn wa l-shuyū'iyya, Beirut 1976.
Salīm, R.: Al-Madkhal ilā l-thaqāfa al-islāmiyya, Kuwait o.J.
Al-Sammān, Muḥammad 'Abd Allāh: Al-'Aqīda wa l-quwwa ma'an, Beirut 1974.
Al-Sammār, 'Abd al-Ḥamīd Djawda: Al-Masīḥ 'Īsā ibn Maryam, Kairo 1959.
Al-Saqqā, Aḥmad Ḥidjāzī: Allāh wa ṣifātuhū fī l-Yahūdiyya wa l-Naṣrāniyya wa l-Islām, Kairo 1978.
— : Aqānīm al-Naṣārā, Kairo 1977.
Shākir, Maḥmūd: Al-Muslimūn taḥt al-sayṭara al-ra'smāliyya, 1977.
Shalabī, Aḥmad: Adyān al-Hind al-kubrā, Kairo [4]1976.
— : Al-Ḥayāt al-idjtimā'iyya fī l-tafkīr al-islāmiyy, Kairo 1968.
— : Al-Islām, Kairo [5]1977.
— : Al-Masīḥiyya, Kairo [6]1978.
— : Al-Yahūdiyya, Kairo [5]1978.
Shalabī, Maḥmūd: Ishtirākiyya 'Umar, Beirut [2]1974.
Shalabī, Ra'ūf: Aḍwā' 'alā l-Masīḥiyya, Kuwait o.J.
— : Yā ahl al-Kitāb ta'ālaw ilā kalima sawā', Kairo [2]1980.
Shaltūt, Maḥmūd: Al-Fatāwā, Beirut/Kairo [9]1978.
— : Al-Islām, 'aqīda wa sharī'a, Beirut [8]1978 (?).
Shams al-Dīn, Muḥammad Dja'far: Dirāsāt fī l-'aqīda al-islāmiyya, Beirut/Kairo 1977.
— : Al-Islām wa l-mar'a wa ḥaqq taqrīr al-maṣīr, Beirut o.J.
Sharābī, Hishām: Al-Muqāwama al-falisṭīniyya fī wadjh Isrā'īl wa Amerika, Beirut 1970.
Sharaf, Muḥammad Djalāl (zusammen mit 'Īsawī, 'Abd al-Raḥmān Muḥammad): Sykolodjiyya al-ḥayāt al-rūḥiyya fī l-masīḥiyya wa l-Islām, Alexandrien 1972.
Al-Sha'rāwī, Muḥammad Mutawallī, Al-Mar'a al-muslima wa l-ṭarīq ilā Allāh, Kairo 1979.

Shenuda, A.: "Al-Qur'ān wa l-Masīḥiyya", in: Al-Hilāl, Nr. 12 (Kairo 1970).
– : Istiḥāla taḥrīf al-Kitāb al-muqaddas, Kairo [2]1978.
Shenuda, Zakī: Tārīkh al-Aqbāṭ, Bd. I, Kairo [2]1968.
Shihāb al-Dīn, Rashīd: Al-Ḥaqīqa. Al-'ilm asās al-liqā', 1972.
Al-Ṣa'īdī, Ḥāzim 'Abd al-Muta'āl: Al-Naẓariyya al-islāmiyya fī l-dawla ma' al-muqārana bi naẓariyya al-dawla fī l-fiqh al-dustūrī al-ḥadīth, Kairo 1977.
Al-Ṣāliḥ, Ṣubḥī: Al-Nuẓum al-islāmiyya, Beirut [4]1978.
Al-Ṣāwī, Amīna: Ḥawwā' wa banātuhā fī l-Qur'ān al-karīm, Kairo 1977.

Tuffāḥa, Aḥmad Zakī: Al-Islām wa l-ḥukm, Beirut 1977.
– : Al-Mar'a wa l-Islām, Beirut/Kairo 1979.
– : Al-Taṭawwur wa l-dīn, Beirut 1977.
Ṭabbāra, 'Afīf: Al-Khaṭāyā fī naẓar al-Islām, Beirut 3. Aufl. o.J.
– : Ma' al-anbiyā' fī l-Qur'ān al-karīm, Beirut [7]1979.
– : Rūḥ al-ṣalāt fī l-Islām, Beirut [3]1972.
Al-Ṭahṭāwī, Muḥammad 'Izzat: Aḍwā' min ṣāḥib al-risāla al-khātima, Kairo 1974.
– : Al-Naṣrāniyya wa l-Islām, Kairo 1977.
Ṭu'ayma, Ṣābir: Al-'Aqīda wa l-fiṭra fī l-Islām, Beirut 1978.
– : Al-Sharī'a al-islāmiyya fī 'aṣr al-'ilm, Beirut 1979.

'Uways, 'Abd al-Ḥalīm (zusammen mit 'Āshur, Muṣṭafā): Ta'addud al-zawdjāt ... lā ta'addud al-'ashīqāt, Kairo 1978.
'Uways, Sayyid: Ḥadīth 'an al-mar'a al-miṣriyya al-mu'āṣira, Kairo 1977.

Al-Waqfī, Ibrāhīm Aḥmad: Tilka ḥudūd Allāh, Kairo [2]1979.

Yakan, Fatḥī: Ḥarakāt wa madhāhib fī mīzān al-Islām, Beirut [2]1977.
– : Al-Islām wa l-djins, Beirut [2]1975.

Al-Zayn, Samīḥ 'Āṭif: Al-Ṣūfiyya fī naẓar al-Islām, Beirut/Kairo, 2. Auflage, o.J.
– : Liman al-ḥukm?, Beirut 1974.
– : Al-Islām. Khuṭūṭ 'arīḍa 'an al-iqtiṣād – al-ḥukm – al-mudjtama', Beirut 1974.

2. Werke in europäischen Sprachen

Abdullah, M.S., "Christlich-islamischer Ökumenismus aus der Sicht des Islams", in: Christen und Moslems in Deutschland, Essen 1977, S. 59-73.

–, "Gemeinsam in die Zukunft. Christlich-islamischer Dialog von Colombo", in: Aktuelle Fragen, 2. Jg./Nr. 2 (Altenberge 1982), S. 3-27.

–, Geschichte des Islams in Deutschland (Islam und westliche Welt, Bd. 5), Graz/Wien/Köln 1981.

–, "Islamische Stimmen zum Dialog", in: Cibedo-Dokumentation 12 (1981), S. 3-33.

–, "Muslime und Christen in gemeinsamer Verantwortung", in: Abdullah, M.S./Dobers, H./Erl, W./Khoury, A.Th. (Hrsg.), Der Glaube in Kultur, Recht und Politik, Mainz 1982, S. 92-108.

–, Islam. Für das Gespräch mit Christen, Altenberge 1984.

Ahrens, K., Muhammed als Religionsstifter (Abhandlungen für die Kunde des Morgenlandes, hrsg. von der Deutschen Morgenländischen Gesellschaft, Bd. XIX/4), Leipzig 1935, Nachdr. Nendeln/Liechtenstein 1966.

Anawati, G.C., "Die Botschaft des Korans und die biblische Offenbarung", in: Paus, A. (Hrsg.), Jesus Christus und die Religionen, Graz/Wien/Köln 1980, S. 109-159.

Andrae, T., Mohammed, sein Leben und sein Glaube, Göttingen 1932.

Antes, Peter, "Die Darstellung des Christentums in ägyptischen Schulbüchern von 1981/82", in ZMR 67 (1983), S. 1-18.

Arabisches Kulturzentrum Köln (Hrsg.), Im Gespräch: Islam und Christentum. Gott und Mensch – Gesellschaftsstruktur – Gemeinsamkeiten, Köln 1983.

Askari, H., "Kontinuität und Konflikt in der monotheistischen Tradition", in: Falaturi, A./Petuchowski, J.J./Strolz, W. (Hrsg.), Drei Wege zu einem Gott. Glaubenserfahrung in den monotheistischen Religionen (Veröffentlichungen der Stiftung Oratio Dominica), Freiburg/Basel/Wien 1976, S. 162-188.

Baus, K., "Das Werden der Reichskirche im Rahmen der kaiserlichen Religionspolitik", in: HdK, Bd. II/1, Freiburg/Basel/Wien 1973, S. 1-93.

Beck, H.-G., "Die byzantinische Kirche im Zeitalter des photianischen Schismas", in: HdK, Bd. III/1, Freiburg/Basel/Wien 1966, S. 197-218.

Boisard, M.A., Der Humanismus des Islams, Kaltbrünn/Schweiz 1982.

Bouman, J., Das Wort vom Kreuz und das Bekenntnis zu Allah, Frankfurt a.M. 1980.
Borrmans, M., Wege zum christlich-islamischen Dialog, Frankfurt a.M. 1985.

Caspar, R., "La foi selon le Coran", in: PrOrChr 18 (1968), S. 21-25.
Cirillo, L. (ed.), Evangile de Barnabé. Recherches sur la composition et l'origine par L. Cirillo. Texte Italien et traduction par L. Cirillo et M. Frémaux, Paris 1977.

Dodd, Ch.H., According to the scriptures. The sub-structure of New Testament Theology, Fontana Books, London 1965.

Encyclopaedia Americana, International ed. Complete in 30 vol., 1-30, New York 1959 sqq.

Fenton, J.C., Saint Matthew, Penguin Books, Harmondsworth/England 1963.
Fitzgerald, M., "Islam und die Bibel", in: Cibedo-Texte 5 (1980), S. 2-16.
Fries, H., Fundamentaltheologie, Graz/Wien/Köln 1985.
Fritsch, E., Islam und Christentum im Mittelalter. Beiträge zur Geschichte der muslimischen Polemik gegen das Christentum in arabischer Sprache (Breslauer Studien zur historischen Theologie, Bd. XVII), Breslau 1930.
Fück, J., "Die Originalität des arabischen Propheten", in: ZDMG 90 (1936), S. 515-517.

Ganoczy, A., Einführung in die katholische Sakramentenlehre, Darmstadt ²1984.
Gottschalk, H., Weltbewegende Macht Islam. Wesen und Wirken einer revolutionären Glaubensmacht, Bern/München ²1980.
Guignebert, Ch., Jesus, (L'Evolution de l'humanité 29,1.2.), Paris 1933.

Haag, H. (Hrsg.), Bibellexikon, Zürich/Einsiedeln/Köln ³1982.
Hagemann, L., Der Ḳu'rān in Verständnis und Kritik bei Nikolaus von Kues (Frankfurter Theologische Studien, Bd. 21), Frankfurt a.M. 1976.
–, Moralische Normen und ihre Begründung im Islam, Altenberge 1982.
–, Christentum. Für das Gespräch mit Muslimen, Altenberge ²1984.
–, Christentum und Islam zwischen Konfrontation und Begegnung (Studien, Bd. 4), Altenberge 1983.

–, "'Empfangen kommt vor dem Tun' – Zum Offenbarungsverständnis im Koran", in: Aktuelle Fragen, 5. Jg./Nr. 4 (Altenberge 1985), 123-130.
–, Propheten – Zeugen des Glaubens. Koranische und biblische Deutungen (Islam und westliche Welt, Bd. 7), Graz/Wien/Köln 1985.
Hayek, M., Le Christ de l'Islam, Paris 1959.
Henninger, J., Spuren christlicher Glaubenswahrheiten im Koran, Schöneck/Beckenried 1951.
Hick, J., The Myth of God Incarnate, London [5]1978.

Jedin, H. (Hrsg.), Handbuch der Kirchengeschichte, Freiburg/Basel/Wien 1962 ff.
Jomier, J., Bible et Coran, Paris 1959.
–, "L'Evangile selon Barnabé", in: Mélanges de l'Institut Dominicain d'Etudes Orientales du Caire 6 (1959-61), S. 137-226.
–, "Une énigme persistante. L'Evangile dit de Barnabé", in: ebd. 14 (1980), S. 271-300.

Kasper, W., Jesus der Christus, Mainz [3]1975.
Khoury, A.Th., "Die Christologie des Korans", in: ZMR 52 (1965), S. 49-63.
–, "Der Islam als religiöses Phänomen. Versuch einer Strukturanalyse des Islams", in: Fitzgerald, M./Khoury, A.Th./Wanzura, W. (Hrsg.), Moslems und Christen – Partner?, Graz/Wien/Köln 1976, S. 29-35.
–, Einführung in die Grundlagen des Islams (Islam und westliche Welt, Bd. 3), Graz/Wien/Köln [2]1981.
–, Toleranz im Islam (Entwicklung und Frieden. Wissenschaftliche Reihe 22), München/Mainz 1980.
–, Gebete des Islams, Mainz 1981.
–, Der Islam. Anspruch und Herausforderung, Münster p.m. 1982/83.
–, Gottes ist der Orient – Gottes ist der Okzident, Altenberge 1983.
–, "Christen und Muslime – Konfrontation oder Begegnung?", in: Orientierung, 47. Jg./Nr. 9, S. 106-110.
–, "Jesus und die Christologie in den Aussagen des Korans", in: Bibel und Kirche, Heft 1/1. Quart. 1984, S. 15-20.
–, "Die rechtliche Stellung religiöser Minderheiten im Vorderen Orient", in: Zeitschrift für Vergleichende Rechtswissenschaft 84 (1985), S. 105-117.
Khoury, P., "Arabischer Nationalismus, arabische Kultur und Islam", in: Cibedo-Texte 1 (1980), S. 8-14.

Kirste, R., "Zwanzig Jahre christlich-islamischer Dialog", in: Aktuelle Fragen, 3. Jg./Nr. 2 (Altenberge 1983), S. 54-71.
Küng, H., Die Kirche, Freiburg/Basel/Wien [2]1968.

Lanczkowski, G., Sacred Writings, Fontana Books, London 1961 (= Heilige Schriften, Inhalt, Textgestalt und Überlieferung, Stuttgart 1956).
Le Chatelier, A., La Conquête du monde musulman (arab. Übersetzung), Kairo 1350 H.

Masson, D., Le Coran et la Révélation judéo-chrétienne I/II, Paris 1958.
di Matteo, I., "Taḥrīf od alterazione della Bibbia secondo i musulmani", in: Bessarione 38 (1922), S. 64-111. 223-260.
–, "Le pretese contraddizioni della S. Scrittura secondo Ibn Hazm", in: Bessarione 39 (1923), S. 77-127.
Mensching, G., Der offene Tempel. Die Weltreligionen im Gespräch miteinander, Stuttgart 1974.
Michaud, H., Jésus selon le Coran (Cahiers théologiques 46), Neuchâtel 1960.

Nicholson, R.A., The Mystics of Islam, London etc. 1975.

O'Shaughnessy, Th., The Coranic Concept of the Word of God (Biblica and Orientalia 11), Roma 1948.
–, The Development of the Meaning of the Spirit in the Koran (Orientalia Christiana Analecta 139), Roma 1953.

Paret, R., Der Koran. Übersetzung, Stuttgart/Berlin/Köln/Mainz 1966.
–, Der Koran. Kommentar und Konkordanz, Stuttgart/Berlin/Köln/Mainz 1971.
–, "Die Gottesvorstellung im Islam", in: ZMR 34 (1950), S. 81-92, 106-218.
–, Mohammed und der Koran (Urban-Bücher 32), Stuttgart/Berlin/Köln/Mainz [5]1980.
Parrinder, G., Jesus in the Qur'ān, London 1965.
Potter, C.F., The last years of Jesus revealed, New York 1963.

Räisänen, H., Das koranische Jesusbild. Ein Beitrag zur Theologie des Korans (Schriften der Finnischen Gesellschaft für Missiologie und Ökumenik, Bd. XX), Helsinki 1971.

Ragg, L., "The Mohammedan Gospel of Barnabas", in: The Journal of theological Studies 6 (London 1909), S. 424-433.
Ragg, L. u. L., The Gospel of Barnabas, Oxford 1907; 1973.
Rahner, K./Vorgrimler H., Kleines Theologisches Wörterbuch (Herderbücherei 557), Freiburg/Basel/Wien [14]1983.
Ratzinger, J., Eschatologie – Tod und ewiges Leben (Kleine katholische Dogmatik, Bd. IX), Regensburg [2]1977.
Runciman, S., Geschichte der Kreuzzüge, 3 Bde., München 1957-60.

Schacht, J. (Hrsg.), The Legacy of Islam, Oxford 1931.
Schedl, C., Muhammad und Jesus. Die christologisch relevanten Texte des Koran, Wien/Freiburg/Basel 1978.
Schelkle, K.H., Das neue Testament. Eine Einführung, Kevelaer [3]1966.
Schierse, F.J., Einleitung in das Neue Testament, Düsseldorf 1978.
Schreiner, J. (Hrsg.), Gestalt und Anspruch des Neuen Testaments, Würzburg 1969.
Schumann, O.H., Der Christus der Muslime. Christologische Aspekte in der arabisch-islamischen Literatur (Missionswissenschaftliche Forschungen, Bd. 10), Gütersloh 1975.
Schweitzer, A. Von Reimarus zu Wrede, Tübingen 1913.
–, Geschichte der Leben-Jesu-Forschung, 2. neu bearb. u. verm. Aufl. des Werkes "Von Reimarus zu Wrede", Tübingen 1913.
Slomp, J., "Das 'Barnabasevangelium'", in: Cibedo-Texte 14 (1982), S. 1-16.
Stieglecker, H., Die Glaubenslehren des Islam, Paderborn [2]1983.

Talbi, M., "Islam und Dialog", in: Cibedo-Dokumentation 10 (1981), S. 3-29.

Ware, Timothy, The Orthodox Church, Penguin Books, Harmondsworth/England 1964.
Watt, W.M., The Early Development of the Muslim Attitude to the Bible (Transactions of the Glasgow University Oriental Society 16), 1957.
–, Bell's Introduction to the Qur'ān, Edinburgh 1970.
Watt, W.M./Welch, A.T., Der Islam I, Stuttgart/Berlin/Köln/Mainz 1980.
Wellhausen, J., Reste arabischen Heidentums, Berlin 1887, Nachdr. Berlin/Leipzig 1927.
Wells, H.G., The Outline of History, New York 1921.

Wensinck, A.J./Kramers, J.H. (Hrsg.), Handwörterbuch des Islams, Leiden 1941, Nachdr. 1976.

Zwemer, S., The Moslem Christ, London/Edinburgh 1912, dt. Übers.: Die Christologie des Islams, Stuttgart 1921.

STUDIEN

1. A.Th. Khoury, Apologétique byzantine contre l'Islam
   Altenberge 1982, 148 S., DM 24,80. ISBN 3-88733-009-9

2. Maria Boxberg, Leiden – Ein Grundproblem menschlicher Existenz
   Altenberge 1981, 153 S., DM 24,-. ISBN 3-88733-007-2

3. Erhard Meier, Struktur und Wesen der Negation in den mystischen Schriften des Johannes vom Kreuz
   Altenberge 1982, 188 S., DM 38,-. ISBN 3-88733-010-2

4. Ludwig Hagemann, Christentum und Islām zwischen Konfrontation und Begegnung
   Altenberge 1983, 160 S., DM 32,-. ISBN 3-88733-021-8

5. Rita Rieplhuber, Die Stellung der Frau in den neutestamentlichen Schriften und im Koran
   Altenberge 1986, 300 S., DM 49,80. ISBN 3-88733-062-5

6. Karl Prenner, Muhammad und Musa. Strukturanalytische und theologiegeschichtliche Untersuchungen zu den mekkanischen Musa-Perikopen des Qur'ān
   Altenberge 1986, XL + 408 Seiten, DM 84,80. ISBN 3-88733-064-1

7. Adel Theodor Khoury/Ludwig Hagemann, Christentum und Christen im Denken zeitgenössischer Muslime
   Altenberge 1986, 205 S., DM 39,80. ISBN 3-88733-067-6

